庆祝福建师范大学地理科学学院建院20周年系列专著

本书研究及出版获以下项目支持

国家社会科学基金一般项目(14BSH102)

福建省社会科学规划项目(FJ2019B033)

# 自然保护区居民可持续生计研究

陈传明 著

科学出版社

北京

## 内 容 简 介

本书基于自然保护区居民可持续生计和生态保护的需求，通过理论分析和数学建模，构建了自然保护区居民可持续生计的研究框架；利用文献调研法，对生态保护和居民可持续生计的国内外研究进展和理论基础进行了系统归纳和梳理；运用博弈分析法，进行自然保护区生态保护与居民生计的博弈分析；以福建省不同类型自然保护区为研究案例区，采用问卷调查法、专家咨询法、回归分析法和倾向得分匹配法等，探讨了生态保护、生态旅游和生态补偿对自然保护区居民可持续生计的影响；利用专家咨询法、层次分析法、熵权法和问卷调查法等，进行自然保护区的居民生计可持续性、居民生计脆弱性、居民生计与生态保护耦合协调性的评价和分析；运用系统分析法和文本分析法，探索自然保护区居民可持续生计发展的保障机制。

本书可作为生态保护、居民可持续生计和资源环境管理等专业科技工作者、相关管理部门和相关专业学生的参考书。

**图书在版编目(CIP)数据**

自然保护区居民可持续生计研究 / 陈传明著. —北京：科学出版社，2022. 9

ISBN 978-7-03-072586-8

Ⅰ. ①自… Ⅱ. ①陈… Ⅲ. ①自然保护区-居民生活-研究-中国 Ⅳ. ①D669. 3

中国版本图书馆 CIP 数据核字（2022）第 107471 号

责任编辑：李晓娟 / 责任校对：樊雅琼

责任印制：吴兆东 / 封面设计：无极书装

**科学出版社** 出版

北京东黄城根北街 16 号

邮政编码：100717

http://www.sciencep.com

**北京捷迅佳彩印刷有限公司** 印刷

科学出版社发行 各地新华书店经销

*

2022 年 9 月第 一 版 开本：720×1000 1/16

2022 年 9 月第一次印刷 印张：16 3/4

字数：330 000

**定价：218.00 元**

（如有印装质量问题，我社负责调换）

# 前　言

长期以来，人类在发展经济的同时，忽视了资源环境可持续利用和生物多样性保护，造成资源利用不合理、环境污染、生态退化和生态服务功能下降等一系列问题，严重影响了区域社会经济可持续发展。生物多样性保护和生态服务功能恢复的有效途径是建设和管理自然保护区，建立自然保护区对生物多样性保护、区域环境质量改善、减少资源浪费、生态安全维护和生态文明建设等方面具有重要意义。

我国复杂多样的自然环境，孕育并保存了丰富的自然资源和多样的生物，但气候变化等自然原因以及社会经济发展中资源开发、城镇扩张和基础设施建设等人为因素对生物多样性造成了一定影响，我国生物多样性正面临着严重的威胁，生物多样性保护刻不容缓。近年来，我国政府十分重视生物多样性保护工作，加上公众生态环境保护意识的提高，我国自然保护区得到了快速发展，目前初步形成了类型较为齐全、布局较为合理和功能较为健全的自然保护区网络；通过我国自然保护区建设和管理，有效地保护了众多的陆地生态系统、珍稀野生动植物物种和天然湿地。

自然保护区及其周边地区分布有一定数量的社区居民，这些居民由于所处地理位置偏僻，当地交通落后，对自然资源和环境的依赖度高，生计方式较为单一，生计脆弱性程度较高。而在自然保护区建设和管理过程中面临着资金短缺、生态保护与当地居民生计冲突、价值隐性化和生态补偿制度缺失等问题。建立自然保护区限制了当地居民对资源环境的利用，造成居民损失，同时又缺乏完善的生态补偿制度。自然保护区当地居民是生态保护的最重要利益相关者，在生态保护过程中，忽视了居民在生态保护中所承担的成本和应该获得的利益，当地居民的生存权受到严重挑战，更深层次的发展权也无从体现，从而影响了当地居民生计的可持续发展。

因此，统筹兼顾自然保护区生态保护和居民生计，探讨生态保护、生态旅游和生态补偿对自然保护区居民可持续生计的影响，合理评价自然保护区的居民生计可持续性、居民生计脆弱性、居民生计与生态保护耦合协调性，探索自然保护区居民生计可持续发展的保障机制，为制定科学合理的居民生计可持续发展政策、深化居民可持续生计和生态保护的理论提供科学依据，以实现自然保护区居民生计可持续发展和生态保护成效的目标。

本书依据自然保护区居民可持续生计和生态保护的需要，重点探讨自然保护区居民可持续生计的问题，具体包括以下内容。第 1 章为绪论部分，首先，介绍了研究背景、研究意义和研究特色、研究思路与技术路线，其次，在辨析居民可持续生计、自然保护区、生态补偿、生态旅游、生计脆弱性等核心概念的基础上，对生态保护和居民可持续生计的国内外研究进展和理论基础进行了系统归纳、梳理和分析。第 2 章主要是基于博弈理论的视角，探讨自然保护区生态保护与居民生计的博弈，探索生态补偿在自然保护区生态保护与居民生计中的作用。第 3 至第 5 章主要以福建省的戴云山国家级自然保护区、武夷山国家级自然保护区、闽江源国家级自然保护区为研究案例区，通过大量的问卷调查数据，分析自然保护区的生态保护、生态旅游和生态补偿对居民可持续生计的影响。第 6 至第 8 章主要以福建省的闽江河口湿地国家级自然保护区、雄江黄楮林国家级自然保护区、将乐龙栖山国家级自然保护区为研究案例区，进行自然保护区的居民生计可持续性、居民生计脆弱性、居民生计与生态保护耦合协调性的评价和分析。第 9 章在上述研究的基础上，提出促进自然保护区居民生计可持续发展的保障机制，希望为相关部门政策制定提供科学依据和决策参考。

本书的出版，也得益于许多人的智慧和劳动。在此，我要感谢吴丽媛、刘晓满、郭连超、侯雨峰、李恺、胡国建、胡旭荣。他们的辛勤付出，对这本书的出版功不可没。

本书获得以下项目的联合资助：国家社会科学基金一般项目（14BSH102），福建省社会科学规划项目（FJ2019B033）。本书部分章节来源于吴丽媛、郭连超、刘晓满、侯雨峰、胡旭荣的硕士毕业论文，部分章节发表于《林业科学》《地理科学》《中国农业资源与区划》《湿地科学》《资源开发与市场》《世界科技研究与发展》等刊物，编辑部与审稿专家提出许多的宝贵意见，特此说明并致谢。

限于作者水平与时间，本书不免出现缺点和疏漏，敬请专家与读者批评指正，在此一并感谢。

陈传明

2022 年 5 月

# 目　　录

# 第1章　绪　论

**本章提要**：首先，从建设生态文明的需要、自然保护区建设的重要性和居民生计可持续发展的需要三个方面，交代了研究背景。其次，分析了研究的理论价值和实践意义；并且从居民可持续生计研究框架的构建以及多种研究方法综合运用等方面，梳理了研究特色。再次，阐析了研究思路和研究技术路线。最后，基于本书涉及的核心概念辨析，通过国内外相关文献查阅和梳理，从自然保护区的居民生计与生态保护关系、生态保护和生态旅游以及生态补偿对居民可持续生计的影响等方面，对国内外相关研究进行系统归纳和回顾以及展望；并且对研究中涉及的可持续生计理论、公共物品理论、外部性理论、资源配置理论、社区参与生态旅游理论和风险社会理论等相关理论进行梳理与分析。

## 1.1 研究背景

### 1.1.1 建设生态文明的需要

生态文明是以可持续发展为目标的社会形态，关注人与自然、人与社会之间的协调发展以及人与人之间的良性关系，其核心是“人与自然协调发展”。建设生态文明需要经济发展模式由粗放转变为集约，摆脱单纯追求经济目标，达到社会经济和生态可持续发展的目标，生态文明建设关乎人类生存与发展的大计（沈满洪等，2012），其对生态保护和区域社会经济可持续发展具有重要作用。

改革开放以来，随着我国社会经济的发展，资源短缺、环境污染和生态破坏等一系列问题给社会经济发展带来了很大的影响。为了资源环境的保护，20世纪90年代我国政府开始重视生态文明建设，党的十七大报告中强调“生态文明建设”作为国家发展战略的一项重大内容；党的十八大报告将生态文明建设纳入“五位一体”中国特色社会主义的总体布局，强调了建设生态文明的地位和作用；近年来，我国政府提出加快生态文明制度建设，通过制度加强资源环境的保护，重视区域之间和主体功能区的生态补偿制度建设以及生态产业发展。在这样的背景下，迫切需要区域生态环境保护管理的研究与实践，而生态补偿作为保护和可持续利用生态系统服务的一项制度，对于平衡区域之间及区域内部的各个利益主体的关系、促进区域社会经济和生态的可持续发展以及实现社会公平等方面具有重要作用（靳乐山和魏同洋，2013），通过生态补偿机制创新能够实现居民生计可持续发展和生态保护的“双赢”目标；另外，生态旅游在自然保护区的合理开展，对解决自然保护区生态保护与当地居民生计发展之间的矛盾具有重要作用。生态补偿机制创新和生态旅游发展有利于在全社会推广生态文明的理念，提升生态文明建设的水平。

### 1.1.2 自然保护区建设的重要性

人类在发展经济的同时，忽视了资源环境可持续利用和生物多样性保护，造成资源破坏、环境污染和生态退化等一系列问题，严重影响了区域社会经济发展。自然条件和人为活动的影响，导致生物多样性减少、资源环境破坏和生态服务功能下降，严重威胁区域生态安全，影响社会经济可持续发展。

中国复杂多样的自然环境，孕育并保存了丰富的自然资源和生物，但气候变化等自然原因以及社会经济发展中资源开发、城镇扩张和基础设施建设等人为因素，对生物多样性保护造成了一定影响，我国生物多样性保护刻不容缓。生物多样性保护和生态服务功能恢复的有效途径是建立和管理自然保护区，建立自然保护区有助于改善环境，维护地区生态平衡，能有效地利用资源环境为科研、教学和生产服务，意义重大。

我国政府十分重视生物多样性保护工作，至今已经建立了自然保护区 2750 个（中华人民共和国国家统计局，2019），面积 14 732.2 万 $hm^2$，通过我国自然保护区建设和管理，90.0% 的陆地生态系统、85.0% 以上的珍稀野生动植物物种、45.0% 的天然湿地得到了有效保护（蒋明康，2015）。建立和管理自然保护区对生态保护、区域环境质量改善、减少资源浪费、生态安全维护和生态文明建设等方面具有重要意义。

### 1.1.3 居民生计可持续发展的需要

自然保护区不可能成为完全未受人类干扰的自然生态系统，自然保护区当地拥有较多的社区居民，因为位置偏僻、交通不便和经济落后，居民生计主要依赖于当地资源和环境，居民生计的类型简单，风险程度较高。而在自然保护区建立和管理过程中面临着众多问题：第一是资金短缺的问题。我国仅有的国家级自然保护区建立和管理的资金来源于上级财政拨款，资金短缺严重影响了自然保护区的建立和维护工作。第二是自然保护区与当地居民和企业之间矛盾协调的问题。建立自然保护区之后影响了当地居民和企业的生产方式，当地居民和企业只能改变其原有的生产方式，限制资源环境利用使其收入降低，造成自然保护区与当地居民和企业之间的矛盾日益严重。第三是价值隐性化和生态补偿制度缺失的问题。自然保护区建设和管理能够带来水土保持、旅游和水利水电等方面的价值，具有较大的生态效益和经济效益；而自然保护区产生的价值没有合理地分配给自然保护区以及承担损失的利益相关者，而从自然保护区中受益的群体并未返还资金进行自然保护区资源环境的维护和恢复，致使自然保护区很难从经济上取得因保护资源环境而产生的相应收益；另外，自然保护区内及其周边地区的人口众多，当地居民对土地具有使用权和承包权，可以进行农作物种植、放牧和水产养殖等维持生计的传统生产经营活动，而《中华人民共和国自然保护区管理条例》中规定任何人不得进入自然保护区的核心区，在自然保护区的缓冲区严格禁止生产经营活动；建立自然保护区限制了当地居民对资源环境的利用，造成当地居民经济损失，但《中华人民共和国自然保护区管理条例》中缺乏完善的生态补偿制度，影响了当地居民生计的可持续发展。

自然保护区与当地社区的区域空间接壤和重叠，自然保护区和当地社区利益共存，自然保护区当地居民是生物多样性保护的最重要利益相关者，在生物多样性保护过程中，当地居民更多地被认为是威胁者，忽视了居民在生物多样性保护中所承担的成本和应该获得的利益，当地居民的生存权受到严重挑战，更深层次的发展权也无从体现（Naughton et al.，2011；王献溥，2011；王昌海，2014），从而影响了当地居民生计的可持续发展。现代生态保护理念强调的是自然保护区生物多样性保护和社区社会经济可持续发展，更加重视当地居民参与自然保护区生物多样性的保护以及在保护过程中受益。

消除贫困和生态保护是 21 世纪全球面临的两大挑战，生态保护对居民贫困的影响受到中国政府的高度重视，我国在《中华人民共和国国民经济和社会发展规划纲要》《全国主体功能区规划》《中国农村扶贫开发纲要》等重要决策中给予关注。如何实现居民生计可持续发展和生态保护的双赢是目前国际学术界关注的焦点（Scoones，2009；Palmer and Difalco，2012；张芳芳和赵雪雁，2015；郭连超等，2016；傅斌等，2017）。近年来，国内外研究者在利用资源环境政策工具来解决这两个问题上逐渐达成一致，研究指出通过生态补偿建立居民可持续生计在生态保护中占有至关重要的地位，认为通过生态补偿能够实现生态保护和当地居民生计的可持续发展（Engel et al.，2008；Pechacek et al.，2013；郝文渊等，2013；袁梁等，2017）；另外，研究者普遍认为通过发展生态旅游等生态产业能够获得生态保护和当地居民生计可持续性的理想成效。因此，应统筹兼顾生态保护、社区发展和居民生计改善，探索生态保护、生态旅游和生态补偿对居民可持续生计的影响，合理评价居民生计的脆弱性和可持续性，科学评价居民生计与生态保护耦合协调程度，为制定科学合理的生态旅游发展政策和生态补偿政策以及促进自然保护区居民生计可持续发展提供科学依据。

## 1.2 研究意义和研究特色

### 1.2.1 研究意义

1. 理论价值

通过生态保护、生态旅游和生态补偿对自然保护区居民可持续生计影响的分析，揭示其对居民可持续生计的影响机制，为我国自然保护区的生态旅游发展和生态补偿制定以及居民生计可持续发展政策的制定提供理论和实践依据。

生态保护和精准扶贫是发展中国家的两大核心政策领域，建设和管理自然保护区在生物多样性保护、改善区域环境质量、国家生态安全维护和建设生态文明等方面均具有重要意义；但是，自然保护区的建立限制了当地居民对资源的利用，给当地居民造成损失，但缺乏生态补偿和居民替代生计，不能解决当地居民的生计问题，造成居民贫困。利用生态补偿和生态旅游建立居民可持续生计在自然保护区生态保护中占有至关重要的地位，而居民可持续生计的作用至今未能引起重视。因此，基于国内外相关文献资料的查阅、收集、归纳和整理，系统梳理生态保护、生态补偿、生态旅游对居民可持续生计影响的研究进展和基础理论，进行生态保护、生态补偿、生态旅游对自然保护区当地居民可持续生计影响的分析，揭示其对当地居民可持续生计的影响机制，对科学合理地制定生态补偿和生态旅游发展的政策、深化生态补偿和生态旅游以及可持续生计的理论研究、生态文明建设等方面具有重要的理论价值。

2. 现实意义

以福建省戴云山国家级自然保护区、福建省武夷山国家级自然保护区、福建省闽江源国家级自然保护区、福建省闽江河口湿地国家级自然保护区、福建省雄江黄楮林国家级自然保护区、福建省龙栖山国家级自然保护区等为研究案例区，利用自然保护区当地居民和管理人员以及专家的问卷调查和访谈、系统分析和数学建模等方法，基于研究案例区的居民调查数据收集和处理，以可持续生计框架作为分析工具，识别和认定居民可持续生计影响因素，建立影响居民可持续生计的分析模型，构建居民可持续生计的测度指标体系及其评价模型，进行生态保护、生态旅游和生态补偿对研究案例区居民可持续生计影响的分析，对研究案例区的居民生计的脆弱性和可持续性、居民生计与生态保护耦合协调性进行评价和分析，提出自然保护区居民可持续生计发展的保障机制；对促进自然保护区资源环境保护和当地居民生计可持续发展具有重要的现实意义。

### 1.2.2 研究特色

1. 构建居民可持续生计的研究框架

本书基于自然保护区生态保护和居民可持续生计的需求，构建自然保护区居民可持续生计的研究框架，包括生态保护和居民可持续生计的研究进展和理论基础，自然保护区生态保护与居民生计的博弈，生态保护、生态旅游和生态补偿对自然保护区居民可持续生计的影响，自然保护区居民生计的脆弱性和可持续性评价，自然保护区居民生计与生态保护耦合协调性评价，自然保护区居民可持续生计发展保障机制的框架体系，拓展了居民生计可持续研究的范畴，为后续的生态保护和居民可持续生计相关研究提供一个可以借鉴的研究范式，具有一定的参考价值。

2. 运用多种研究方法

本书基于国内外居民可持续生计研究方法的归纳和梳理，同时考虑到建立自然保护区具有一定规律性而并不是随机的，采用调查数据的标准化处理、得分匹配等方法，解决调查数据量纲不同和研究样本选择异质性等问题。另外，依据研究的需要，利用文献调研法，对生态保护和居民可持续生计的国内外研究进展和理论基础进行系统归纳和梳理；运用博弈分析法，进行自然保护区生态保护与居民生计之间博弈的分析；采用问卷调查、回归分析和倾向得分匹配等方法，分析生态保护、生态旅游和生态补偿对自然保护区居民可持续生计的影响；利用专家咨询、层次分析、熵权和问卷调查等方法，进行自然保护区居民生计的可持续性和脆弱性以及耦合协调性的评价；运用系统分析和文本分析的方法，对自然保护区居民可持续生计发展保障机制进行分析。

# 1.3 研究思路与技术路线

## 1.3.1 研究思路

本书基于“研究案例区的选择和研究资料的收集→影响的因素识别和回归模型构建→评价指标的辨识和计量模型的建立→影响分析和评价→保障机制”的研究思路，选择福建省戴云山国家级自然保护区、福建省武夷山国家级自然保护区、福建省闽江源国家级自然保护区、福建省闽江河口湿地国家级自然保护区、福建省雄江黄楮林国家级自然保护区、福建省龙栖山国家级自然保护区等为研究案例区，基于文献调研、词频分析和专家咨询，识别和认定居民可持续生计的影响重要因素和评价指标，构建影响回归模型和评价计量模型，探析自然保护区生态保护、生态旅游和生态补偿对居民可持续生计的影响，对居民生计的可持续性、脆弱性和耦合协调性进行评价和分析，提出自然保护区居民生计可持续发展的保障机制。

## 1.3.2 研究方法

1. 文献调研法

通过检索外文数据库及中国知网、万方数据库和超星电子图书等中文数据库，获取生态保护、生态补偿、生态旅游、居民生计和自然保护区等相关文献资料，包括学位论文、会议论文、著作、期刊论文、研究报告和政策文件等。运用文献分析软件对下载的相关文献进行分析，厘清生态保护、生态补偿、生态旅游、居民生计和自然保护区领域的研究脉络和前沿热点，揭示和发掘生态保护、生态补偿和生态旅游发展过程中的关键点，系统梳理生态保护、生态补偿、生态旅游、居民生计和自然保护区领域的经典文献。与此同时，通过中外文搜索引擎解读生态保护、生态补偿、生态旅游、居民生计和自然保护区相关文件资料和政策法规，对自然保护区生态保护、生态补偿、生态旅游和居民生计、生态保护和生态补偿以及生态旅游对居民可持续生计影响和评价等方面有比较清晰的掌握。

2. 问卷调查法

根据本书的研究需要，设计调查问卷（详见附录），问卷调查内容主要包括受访居民的基本信息，自然保护区生态保护政策实施前后、生态补偿政策实施前后和发展生态旅游前后的居民生计资本、生计策略和生计结果的变化情况，自然保护区的生态保护、生态补偿、生态旅游对居民可持续生计的影响情况，居民对自然保护区的生态保护、生态补偿和生态旅游的认知等。每一类问卷的条目都经过专家的筛选、评定和补充，进行调整后试发第一轮，经过对条目的再次评鉴，之后开始大规模问卷的发放。根据自然保护区的实际情况，选取不同类型自然保护区作为研究案例区，对调查对象进行问卷调查并当场回收问卷；后期是问卷数据处理阶段，将各类的调查问卷进行分类，删除废卷，最后将数据进行整合后分类统计。

3. 专家咨询法

就有关生态保护、生态补偿和生态旅游对自然保护区居民可持续生计的影响、自然保护区居民生计的可持续性、脆弱性以及居民生计与生态保护耦合协调性等相关问题，咨询生态环境保护和林业等相关部门的研究人员和管理人员，咨询从事资源环境管理和居民生计等研究领域的专家，从中获得很多重要信息，加深对研究内容的理解，让研究框架设计思路更加清晰。通过专家咨询，构建自然保护区居民生计资本、生计策略和生计结果等影响的分析因素和评价指标体系，对相关评价指标进行权重赋值，为生态保护、生态旅游和对生态补偿自然保护区居民可持续生计影响的分析、自然保护区居民生计的可持续性、脆弱性以及居民生计与生态保护耦合协调性评价提供科学依据。

4. 数据分析法

采用相关软件对问卷调查过程中所收集到的数据进行处理、统计与分析，最重要的数据处理软件有 SPSS 软件和 Microsoft Excel 软件，利用相关软件对调查问卷获得的数据进行频数分析，并将处理后的数据绘制柱状图、饼图以及表格等，更加直观地呈现问卷调查的数据成果，能够更好地提供有力的论述依据。

5. 模型分析法

基于研究案例区调查数据的收集、统计和处理，运用博弈模型分析法、回归模型分析法和评价计量模型分析法等，进行自然保护区生态保护与居民生计的博弈分析，对自然保护区当地居民可持续生计状况进行定量评价和分析，分析生态保护、生态旅游和生态补偿对自然保护区当地居民生计资本、生计策略和生计结果的影响过程和作用，对自然保护区居民生计的可持续性、脆弱性以及居民生计与生态保护耦合协调性进行评价和分析，探索自然保护区居民生计可持续发展的保障机制。为制定合理的自然保护区生态补偿政策和生态旅游发展政策提供科学依据，以促进自然保护区生态保护成效和当地居民生计可持续发展“双赢”目标的实现。

### 1.3.3 技术路线

本书的技术路线如图 1-1 所示。

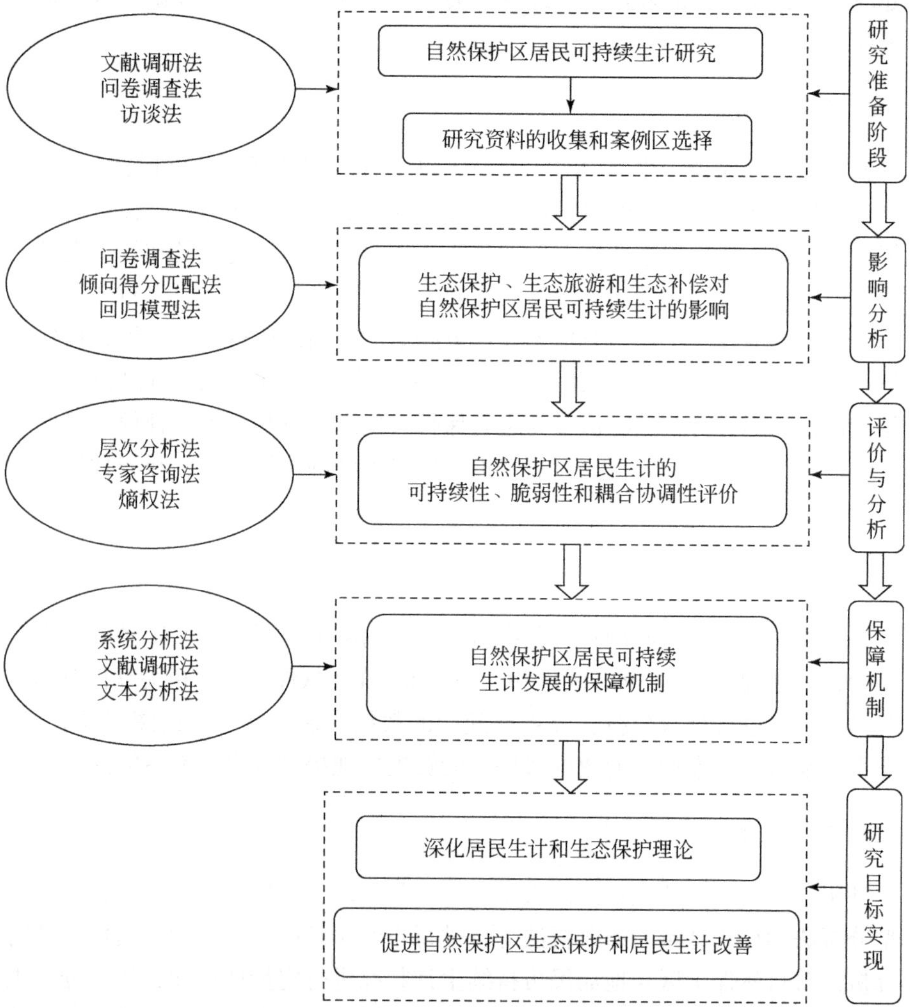


图 1-1　本书的技术路线图

# 1.4　研究进展和理论基础

## 1.4.1　相关概念的界定

1. 居民可持续生计

居民生计指的是其谋生方式，随着对生计发展的限制因素、发展能力和机会等方面的思考，生计概念获得较大的发展，目前普遍认可的生计概念为：公众为了谋生所需要的能力、资产和从事的活动。与此同时，研究者认为可持续生计是指在脆弱环境背景下，居民在面临各种风险的时候，能够抵御自然灾害、经济危机和社会变化的能力；能够对各种资源进行长期稳定的利用，同时又不会对资源可再生能力造成损害，并且能够在各种风险中不断地提升其生计的能力（Chambers and Conway，1992；汤青，2015）。之后众多的学者和研究机构利用可持续生计的概念，不断地加以实践。

居民可持续生计是指在脆弱环境背景下，居民的家庭或个人在自然、经济、社会各种风险下，能够抵御自然灾害、社会变化、经济危机的能力；能够长期稳定地利用各种资源，而又不损害资源的可再生能力，并且能够在风险中不断地提高其生计能力。由于居民生计的影响因素总是不断变化，因此，对居民可持续生计的研究需要分析其变化的原因，以达到居民生计的可持续性。

2. 自然保护区

早期没有公认的自然保护区概念，美国黄石国家公园通常被认为是第一个自然保护区，早期认可的自然保护区概念是来源于“国家公园”的定义，1992 年第四届国家公园和自然保护区国际大会才真正对自然保护区进行了界定：自然保护区指的是致力于保护与维持生物多样性、自然和相关资源，并且利用立法等手段对陆地或者海域进行管理的区域。

我国于 1994 年颁布的《中华人民共和国自然保护区条例》中指出：自然保护区是指对有代表性的自然生态系统、珍稀濒危野生动植物物种的天然集中分布区、有特殊意义的自然遗迹等保护对象所在的陆地、陆地水体或者海域，依法划出一定面积予以特殊保护和管理的区域（马建章，1992；赵献英，1995），自然保护区按照不同功能划分为实验区、缓冲区和核心区。核心区内为保存完好的天然生态系统，是濒临危机以及珍稀动植物的集中分布区，禁止个人和单位进入，也不允许从事科研活动，只允许保护性的定位监测；缓冲区为核心区与实验区的过渡带，只允许从事科研观测活动；缓冲区外围为实验区，允许居民居住，可以有效地开展科研活动、教学实验、生态旅游和保护野生动物等，但是其活动必须以保护生态景观和动植物资源为前提。

3. 生态补偿

国外通常用“生态服务付费”或者“生态效益付费”来表述生态补偿，其含义主要是对享受生态系统服务价值的付费（Millennium，2005；Pagiola et al.，2007）；生态服务付费被认为是一种至少由一个生态服务购买者和一个提供者所参与的自发的交易行为，并且提供者只有持续提供生态服务才能得到相应回报（Wunscher et al.，2010；Wunder et al.，2008）。另外，国外学者依据资源环境和动植物物种破坏后的保护和恢复性行为，主要是以生物多样性保护和恢复办法进行补偿，这可以认定为生物多样性补偿（Koning et al.，2007）。

20 世纪 80 年代后期我国才开始对生态补偿的概念和内涵进行界定，依据我国的实际情况，国内相关研究者界定了生态补偿的含义，而生态补偿概念和内涵的界定经历了从生态学意义到经济学意义的过程。研究认为，环境资源受益者是生态补偿主体，环境资源破坏者需要承担相应的责任，包括对环境资源保护者的补偿、对环境资源破坏者的惩罚，以促进资源环境的保护（毛显强等，2002；王丰年，2006；何承耕，2008）。总体上，我国生态补偿概念的内涵主要包括：①将居民直接经济损失作为生态补偿制定的主要依据；②以现金补偿为主要的补偿形式，结合其他补偿方式；③实施生态补偿的目的是将自然资源与环境的外部性实现内部化，防止“搭便车”现象；④由政府主导，对受益者收费，对受损者补偿。当前国内研究中所使用的生态补偿概念总体上可概括为两类：人地生态补偿与人际生态补偿，其中人际生态补偿是目前研究的重要内容。

生态补偿内涵是根据生态系统服务价值、保护成本和发展成本，以政府主导，对受益者收费，对受损者和生态保护者补偿的政策行为。

4. 生态旅游

世界旅游界普遍认为生态旅游起源于 20 世纪 60 年代，其雏形是“生态型旅游”，是赫特泽在反思当时文化、教育和旅游的基础上提出的旅游发展思路。1983 年，世界自然保护联盟特别顾问塞巴洛斯提出生态旅游的概念，他认为生态旅游就是前往相对没有被干扰的自然区域，专门为了学习、赞美、欣赏这些地方景色和野生动植物存在的文化表现的旅游，该概念在 1986 年召开的国际环境会议上得到正式确认（Ceballos，1987）。1991 年国际生态旅游协会（The

International Ecotourism Society）强调生态旅游应该有社区及其居民的积极参与，指出生态旅游是在自然地区开展并能保护自然环境和改善当地居民福利的旅游活动。学者认为生态旅游是在较为原始的自然地域中进行有责任的旅游行为，以享受和欣赏历史和现存的自然文化景观，这种行为促进生态环境保护、具有较低的旅游负面影响并为当地居民提供有益的社会经济活动（Ceballos，1996）。研究者将社区的参与和增权等纳入生态旅游当中，指出生态旅游是在脆弱的、原始的和自然保护区的旅游，具有较低的旅游负面影响和较小的规模，有助于教育旅行者、提供保护资金、直接惠及地方社区的经济发展和社区增权以及培养对不同文化和人权的尊重（Honey，2008）。

中国旅游协会生态旅游专业委员会在中国科学院西双版纳热带植物园召开了第一届“中国生态旅游研讨会”，首次倡导在中国开展生态旅游活动。生态旅游的概念虽然已经提出了30多年，但是对其内涵的界定还是有很大争议，在21世纪初已经有20多个生态旅游的定义，还处在百家争鸣的阶段（万绪才等，2002）。但是，生态旅游的概念主要集中在保护、负责任以及居民利益等关键词上面。强调生态旅游是在保护自然资源和环境的基础上，本着对旅游地负责的原则，在能够与当地居民利益协调的前提下开展的旅游活动。所以，总体上来看，生态旅游的概念界定和内涵随着公众认识不断深入而愈加丰富。

5. 生计脆弱性

人们对脆弱性的认识主要集中在风险评估和自然灾害领域（Bernard and Ostlander，2008），脆弱性最早被用于分析饥荒、战争以及社会动荡所带来的影响。20世纪90年代之后，对脆弱性研究关注度越来越高，其深度和广度被不断挖掘，目前脆弱性研究被社会学、经济学领域广泛进行。因为学科的研究视角各异，脆弱性定义有所不同，国外学者认为脆弱性是单一灾害导致不利影响的频度和程度（Parry，2008）。社会学领域主要基于可持续生计的视角，认为脆弱性是区域缺乏抵御能力而承受风险带来的不利影响。虽然很多学者都对脆弱性提出界定，但使用范围最广的是世界银行于2000年世界发展报告上提出的，脆弱性是家庭面临风险而导致经济、生活严重下降的可能（世界银行，2001）。国内学者对脆弱性概念提出各自的理解，刘燕华（2001）认为脆弱性是指系统内不稳定且敏感，容易遭受损害。余中元（2014）认为脆弱性概念是指风险、敏感性、适应性和恢复力等概念的集合。郭劲光（2006）指出脆弱性与贫困不同，贫困是静态的，而脆弱性是动态的。唐丽霞（2010）指出脆弱性由两方面组成，即面临的冲击及抵御风险的能力，脆弱性是两者相比较的结果，当遭受冲击相同时，抵御冲击能力高则脆弱性低；当抵御冲击能力相同时，遭受冲击大则脆弱性相对较高。

总体上看，因为学科视角、研究对象的不同，对脆弱性定义的理解也不尽相同，但共同点在于脆弱性都是主要针对某种风险导致的严重后果而采取相应的策略，以缓解风险带来的负面影响。

社会学领域对脆弱性的研究主要集中在贫困、生计等方面，国内外许多学者开始关注居民生计的脆弱性。莫瑟（1998）通过生计资本脆弱性框架对贫困人口进行分类，指出生计脆弱性是指居民个人或者家庭由于缺乏生计资本而无法抵御生计风险。国内学者谷雨和王青（2013）认为居民生计脆弱性是指居民生计过程中遭遇的不利因素冲击，使其家庭陷入风险当中。赵锋和杨云彦（2009）指出生计脆弱性是指居民个人或者家庭因资源变化而导致生计活动易受到外力冲击，从而造成其家庭的损失。

综上所述，生计脆弱性主要是系统内因或者外因所造成的风险冲击以及居民本身抵御风险的能力或者适应力缺乏而导致其家庭的损失。

## 1.4.2 研究进展

1. 自然保护区居民生计的相关研究

**1）自然保护区居民生计与生态保护关系的研究**

居民生计和生态保护之间的相互关系是目前可持续科学研究的热点问题之一（Kates et al.，2001），自然保护区当地居民对自然资源有着天生的依赖，而外部干预致使这种权属关系发生改变，必然会对自然保护区当地居民生计产生较大的影响（王会等，2017；段伟等，2016）。研究表明居民生计压力和生计策略变化都会对生态保护产生重要的影响，一方面，研究指出在人口快速增长和经济贫困的双重压力下，自然保护区当地居民为了解决粮食不足和能源短缺问题而采取大规模的开荒和过度砍伐薪柴行为，使得大量的地表植被被破坏，引起严重的生态退化，并形成“贫穷—薪柴采集和农地扩张—生态破坏—贫穷加剧”的恶性循环（Fan et al.，2011；Sirivongs and Tsuchiya，2012；郭洁和赵宁，2012；李国平等，2015）。另一方面，研究认为自然保护区当地居民通过生计非农化，减少了农村劳动力并增加了居民收入，从而减轻了当地居民对生态系统的负面影响，有利于生态保护，而农业专业化通过集约利用优质农地以及替代劣质农地促进了生态保护（Macedo et al.，2012；潘大东等，2012；孙润等，2017）。所以，妥善处理自然保护区生态保护与当地居民生计之间的关系，有利于自然保护区生物多样性保护与当地居民生计可持续发展。当前居民生计与生态保护关系的研究主要集中在生态保护驱动因素的移除或者减轻上，尚未涉及应用资源环境政策工具将居民生计与生态保护加以耦合的研究，因此，难以满足消除居民贫困和生态保护目标的实践需求。

**2）自然保护区生态保护对居民可持续生计影响的研究**

自然保护区建设对保护生物多样性和维护区域生态安全具有重要作用，近年来自然保护区生态保护对居民可持续生计的影响研究是国内外学者关注的热点，主要研究内容有自然保护区生态保护对居民生计资本的影响、自然保护区生态保护对居民生计策略的影响、自然保护区生态保护对居民生计结果的影响等。

（1）自然保护区生态保护对居民生计资本的影响。

自然保护区多位于偏远山区，大多数当地居民较为贫穷，对当地资源的依赖度较高，而自然保护区实施生态保护以后，限制了当地居民对资源的利用，对居民生计资本造成重要的影响。生计资本指居民所依赖的、用以维持家庭生存和发展的各种资源，包括自然资本、物质资本、人力资本、金融资本和社会资本。相关学者指出自然保护区生态保护对居民生计资本的影响主要体现在两个方面，一方面，研究认为自然保护区生态保护使原本属于当地居民管理经营的海域、山林等被规划到生态保护范围内，通过行政手段限制了当地居民进行滩涂养殖、海洋捕捞、木材和非木质林产品经营等生计活动，使得当地居民利用资源的可能性降低，减少了居民的就业机会和收入，减少了当地居民生计的自然资本、人力资本和金融资本；如果不能为当地居民生计发展找到有效的替代途径，居民将失去原有的谋生手段和经济来源，导致自然保护区生态保护与当地居民生计发展之间发生矛盾（Kirsten，2005；Nepal and Spiteri，2011；赵海兰，2015；杨彬如，2017）。另一方面，研究指出在自然保护区生态保护过程中，改善当地社区基础设施、发展生态旅游业和实施共管项目等，有利于协调自然保护区生态保护与当地社区发展之间的关系，增加居民的就业机会，提高其收入水平，转变居民原有的生计模式，增加居民生计的物质资本、金融资本和社会资本（Mcnally et al.，2011；Bing and Ming，2013；邓天仙和任晓冬，2017），提高其生计能力。

（2）自然保护区生态保护对居民生计策略的影响。

生计策略指家庭或个人为了改善自身的生产生活状况，追求能够带来更有效率的生计产出，而采取的一种重新调整自己的生产活动以及配置所拥有资产的选择行为。生计策略是为了实现生计目标而采取的行动和选择。由于受到生态环境变化的影响，居民生计资本、脆弱性环境和外部环境等发生相应变化，这些变化往往能够转变当地居民的生计策略。目前国内外关于自然保护区生态保护对当地居民生计策略影响的研究包括居民替代生计和居民生计多样化两个方面。

在自然保护区生态保护对当地居民替代生计影响方面，在生态建设和扶贫发展项目等实践中提出替代生计的概念，替代生计是指旧的生计策略被新的生计策略完全取代的过程。国内外学术界利用替代生计解决当地居民贫困和自然保护区生态保护等方面的问题，研究指出替代生计项目实施的直接推动力是自然保护区生态保护和减贫的需求，这与居民提高生产生活水平的需求一致，通过替代生计能够同时实现自然保护区生态保护成效和提升当地居民生计水平的目标（Baker, 2008；Alix et al., 2012；张春丽等，2008）；研究发现将居民替代生计融入自然保护区生态保护计划中，通过当地居民积极参与的生态农业和生态旅游等替代生计项目的发展，可达到自然保护区资源环境保护和当地居民生计改善的双赢，实现生态保护和居民贫困降低的目标（Rehema and Alexander, 2013；Gulay et al., 2014；胡崇德等，2009；韦惠兰和谢文斌，2010）。

生计多样化是居民重要的生存发展策略，生计多样化指生计活动由单一转向多元的过程，居民生计多样化是其应对生计风险、降低生计脆弱性、增加收入的生计策略，居民能否有效地实现生计多样化与所处环境和自身能力关系密切。生计多样化的相关研究已经成为一个热门话题，近年来，研究者探讨了自然保护区生态保护与当地居民生计多样化之间的相互影响（Ellis and Bahiigwa, 2003；Sherbinina et al., 2008；许恒周和田浩辰，2018），研究发现，一方面，由于生态保护，当地居民资源利用受到限制和就业机会缺乏，居民生计变得更加单一化，因此居民生计脆弱，难以实现生计多样化（Berzborn, 2006；段伟等，2015）；另一方面，研究认为，当地政府的政策扶持，增加了居民非农就业机会，获得多样化的生计，拓宽了家庭收入渠道，增加其收入，从而减少了居民乱砍滥伐森林和不合理开荒等破坏活动，促进了生态系统的保护（Katikiro, 2016）。

（3）自然保护区生态保护对居民生计结果的影响。

生计结果是居民在综合考虑生计脆弱性背景和政策条件后，利用自身生计资本形成生计策略，并进一步由生计策略的实施得到的最终结果。目前自然保护区生态保护对当地居民生计结果的影响主要包括自然保护区生态保护对当地居民收入的影响以及居民生计行为对自然保护区生态保护的影响两个方面。

重视当地居民在自然保护区生态保护活动中获得的利益和承受的损失，能够有效解决生态保护与社区发展之间的矛盾。因此，研究自然保护区生态保护对居民收入的影响是近年来国内外学者关注的热点，学术界对自然保护区当地居民收入的研究大多数和居民贫困问题相联系，研究认为自然保护区当地居民普遍存在贫困问题，指出自然保护区社区社会经济可持续发展应该体现生态保护和居民贫困消除。研究发现，由于自然保护区生态保护而限制了当地居民对资源利用，降低了居民的经济收入，给居民带来损失（Adams et al., 2004；Sime, 2008；陈传明，2011；侯一蕾和温亚利，2012）；另外，研究者认为在自然保护区生态保护过程中，通过改善周边社区基础设施和发展生态产业等，促进生态保护与社区之间的协调发展；让居民积极参与生态保护和生态产业发展，为居民提供更多的就业机会，改变其原有的生计方式，能够有效地控制经济活动对生态的破坏，促进社区发展，增加当地居民收入（靳乐山和郭建卿，2011；Paul et al.，2012；刘静等，2009；韩锋等，2015）。

关于居民生计行为对自然保护区生态保护影响的研究，有研究表明居民在自然保护区生态保护过程中更多地被认为是威胁者，而忽视了其承担的成本和应该获得的利益，需要重视居民生计行为对自然保护区生态保护的影响。研究认为自然保护区当地居民生计行为对其资源利用的方式和效率具有重要影响，为了解决粮食不足和能源短缺等问题，过度地砍伐薪柴和开荒种植，致使生态遭受破坏（陈传明，2012；Agata et al.，2012；帅亮乾和张卉芳，2013）；另外，研究者指出自然保护区当地居民通过生计非农化减少了农村劳动力，增加其收入，降低了当地居民对生态系统的负面影响，促进了自然保护区生态保护（Ian et al.，2014）。

**3）自然保护区居民生计影响因素的研究**

自然保护区居民生计影响因素主要包括退耕还林、禁牧、社区共管等生态保护政策以及居民社会经济特征等方面。自然保护区生态保护政策的实施对当地居民生计带来的变化，是国内外学者研究的重点，也是居民可持续生计的重要部分，研究认为，居民是自然保护区生态保护政策的重要参与主体，退耕还林和禁牧的补贴提高了居民参与生态保护的意愿，其目标是实现居民收入的最大化；只有退耕居民在退耕还林过程中能够获得相当的经济利益，才能提高居民退耕的积极性（Amoah and Wiafe，2012；Thapa，2013；王昌海等，2010；韦惠兰和祁应军，2016）。社区共管作为自然保护区管理的一种新方式，强调当地社区和自然保护区管理部门之间共同分担责任、权利和义务，在决策过程中享有相同的地位，在改善居民生计、促进社区发展以及缓和自然保护区与社区冲突矛盾等方面发挥重要的作用（周觅，2013）。

近年来国内外研究者从自然保护区当地居民社会经济特征的角度，进行自然保护区居民生计影响因素的研究；自然保护区当地居民收入水平对生物多样性保护、解决潜在的居民贫困问题、缓解生态保护与社区发展之间矛盾等方面具有重要作用，而自然保护区当地居民收入水平受到多种因素的影响。研究认为，居民的健康和教育、劳动力人数、社会关系以及自然保护区培训与发展项目等对居民家庭人均纯收入产生显著的正向影响；家庭地理位置、市场距离、家庭负担比等方面则对居民的家庭人均纯收入产生负向显著影响（Penjani et al.，2008；马奔等，2017）。研究自然保护区当地居民对自然资源依赖程度的影响因素，对降低社区对资源环境保护管理工作的干扰以及居民生计策略的选择等具有重要意义，研究指出，非农就业是商业性非木质森林资源采集的重要替代生计策略，资源越丰富，居民对资源的收入性依赖就越高，海拔对居民收入性资源依赖有正向作用；家庭经济条件对居民的自然资源依赖影响并不明显，但家庭债务承担对资源依赖有正向作用（Steve，2004；宋莎等，2016）。作为传统能源的薪柴是自然保护区当地居民主要的生活生产能源，自然保护区当地薪柴消耗问题是影响生物多样性保护及其社区协调发展的重要因素，自然保护区当地居民薪柴消耗影响因素主要包括居民的家庭结构、生产经营活动、家庭收入结构等，研究发现，家庭人口数、家庭人口平均年龄、养殖业收入对当地居民薪柴消耗具有显著正向影响，外出务工收入对当地居民薪柴消耗具有显著反向影响（吴伟光等，2012；韩锋等，2014）。

### 2. 生态补偿对居民可持续生计影响的研究

#### 1）生态补偿对居民生计资本的影响

生态补偿是生态保护政策领域的重要方面，当前生态补偿对居民生计资本影响的研究是国内外研究者关注的焦点，相关研究主要集中在生态补偿方式对居民生计资本的影响、生态补偿对居民生计资本影响的评估等方面。

（1）生态补偿方式对居民生计资本的影响。

生态补偿具有纠正生态保护外部性环境政策的作用，通过生态补偿可以实现生态保护和扶贫的双重目标，而不同的生态补偿模式对居民生计资本具有不同的作用和意义。政策补偿和技术补偿（造血型补偿）通过增强居民的生计资本和创造新的发展机会，可以获得理想的生态补偿效果，能够实现生态补偿和居民生计的持续性目标（Roberts et al.，2003；尚海洋和苏芳，2012；Bhandari，2013）；而现金补偿和实物补偿（输血型补偿）是简单和成本低的补偿方式，难以解决居民发展能力的问题，无法实现生态保护与居民生计资本之间的良性循环，难以实现生态补偿的有效性（Cranford and Mourato，2011；张磊磊和支玲，2014）。

另外，由于生态系统受损风险、生态保护成本和区域社会经济条件等具有空间异质性，生态补偿在自然和社会经济条件方面都存在较大的空间差异；研究发现，居民对生态补偿方式选择的偏好，受居民生计资本和区域社会经济条件等的影响显著（张丽等，2012；Ram et al.，2017）。因此，同一种生态补偿方式对居民生计资本的影响具有差异性，“一刀切”式的生态补偿难以满足居民生计的多样化需求。

（2）生态补偿对居民生计资本影响的评估。

生态补偿是生态保护与社区发展相互协调的基础，进行生态补偿对居民生计资本影响的科学评估，对揭示生态补偿对居民生计资本影响机制具有重要作用。研究者以生计资本为中心，建立生态补偿对居民生计资本影响的具体测度指标体系，通过案例比较生态补偿前后居民生计资本的变化，评估生态补偿对居民生计资本的影响程度（Pascual et al.，2010；李军龙，2013；王一超等，2016；袁梁等，2017）。研究发现，虽然量化生态补偿对居民生计资本的影响进行探索，但是，忽略了生态补偿对居民生计资本的重要作用和影响的动态性特征，所以，难以获得科学的评估结果（Mcdermott et al.，2013；李军龙和滕剑仑，2013；徐建英等，2017）。

**2）生态补偿对居民生计策略的影响**

通过生态补偿能够很好地调整利益相关者保护或者破坏资源环境行为产生的环境和经济利益分配关系，并运用政策手段实现生态保护外部性的内部化。生态补偿政策作为生态保护的重要手段，对协调生态保护与居民生计策略选择之间的关系具有重要作用。由于生态补偿参与者在生态系统服务贡献、保护的机会成本和生态补偿诉求等方面的不同，不同生态补偿方式对其生计策略的影响是有差异的，现金补偿缓解了封山育林等措施对居民生计策略造成的不利影响；实物补偿通过增强居民的物质资本，确定了居民以“农业为主”的生计策略；政策补偿使居民获得具有稳定产权的山地资源，选择了以“非农业为主”的生计策略；技术补偿对居民生计策略选择的作用相对较弱（Ellis，2011；王成超和杨玉盛，2013）。

在不同的生计资本状况下，生计活动呈现多样性，并且相互结合来实现不同类型的生计策略，不同生计策略对生态补偿方式的选择具有显著的影响（Wunder，2008；苏芳和尚海洋，2013；李海燕和蔡银莺，2014），采取“农业为主”生计策略的居民，更多地选择实物补偿和技术补偿，希望通过种子、苗圃和化肥等的提供以及农业生产技术的培训，提升其生计能力；而采取“非农业为主”生计策略的居民，更多地选择政策补偿和资金补偿，希望获得税收和信贷政策的扶持，提高其生计水平。

**3）生态补偿对居民生计结果的影响**

生态环境和资源的公共性与居民追求经济利益之间存在着矛盾，生态保护工程如果不辅以补偿措施，很可能会加剧居民的贫困，造成不良的生计结果，影响生态保护项目的顺利实施。目前，生态补偿对居民生计结果影响的研究受到国内外学者的关注，生态保护良好的区域通过生态补偿政策实施，提供生态系统服务可以减少森林砍伐、实现基础设施改善并促进旅游业发展，进而达到生态保护和减轻贫困的目标；但是，生态补偿方式中的现金补偿和实物补偿虽然增强了居民生计的物质资本和金融资本，但难以解决居民生计的可持续性，无法实现理想的生计结果；而政策补偿和技术补偿通过增强居民生计资产和增加就业机会，能够提高其收入和家庭生活水平以及实现生计的可持续性（Carpenter et al.，2009；韦惠兰等，2008；李欣等，2015）。

居民受到外界的冲击和压力，可以通过提升生计资本和改善生计策略，获得良好的生计结果；而居民生计资本、生计策略和区域社会经济条件等，对居民生态补偿方式选择具有重要的影响，所以，生态补偿方式对居民生计结果的影响具有差异性（Lockie，2013；胡振通等，2016；吴乐等，2018）。研究认为生态补偿能够提升居民的社会福利，改变居民传统的生计方式，对调整产业结构和提高居民生活水平等方面具有重要作用（Asquith et al.，2008；谷丽萍等，2007；宋敏和韩曼曼，2016）；还有研究发现，生态补偿的实施推动了居民土地利用结构调整，增加了居民土地利用的可持续性，改善了居民生产生活状况，对提高居民的生活满意度和福利水平具有积极意义（Turpie et al.，2008；洪睿等，2008；李惠梅和张安录，2013；刘向华，2016）。

3. 生态旅游对居民可持续生计影响的研究

生态旅游属于生态产业发展领域的重要内容，对居民生计可持续发展和生态保护具有重要作用，当前生态旅游对居民可持续生计影响的研究受到国内外学术界的广泛关注（Reimer and Walter，2013；Das and Chatterjee，2015；张丽琼，2016），相关研究主要集中于生态旅游对居民生计资本的影响、生态旅游对居民生计策略的影响、生态旅游对居民生计结果的影响等方面。

**1）生态旅游对居民生计资本的影响**

英国国际发展署等相关部门为了解决居民贫困问题，提出了可持续生计分析框架，强调外界环境条件对居民生计资本的影响，基于此，目前生态旅游对居民生计资本影响的研究成为国内外学者关注的焦点，相关研究主要体现在生态旅游对居民生计的自然资本、物质资本、人力资本、金融资本和社会资本的影响，在生态旅游对居民生计的自然资本影响方面，研究指出社区居民参与政策制定和发展决策在生态旅游发展过程中具有重要作用（Scheyvens，1999），而社区居民参与生态旅游主要包括社区居民生态旅游资源控制以及生态旅游发展决策等方面，其中社区居民生态旅游资源控制对社区居民生态旅游发展决策具有决定作用；研究发现，政府通过立法让渡部分权利给社区及当地居民，使其得到部分的公共财产所有权，开发利用资源环境以解决居民参与生态旅游发展过程中需要土地所有权的问题，与此同时，通过政府立法的有效干预，能够较好地促进生态旅游发展，增强居民生计的自然资本（Scheyvens and Momsen，2008）。

在生态旅游对居民生计的物质资本影响方面，研究认为，居民通过参与生态旅游获得的收益被用于改善住房条件和添置生产设备，直接提升了居民生计的物质资本（Nyaupane and Poudel，2011）；另外，研究发现，通过发展生态旅游增加了政府旅游业税收和社区集体旅游收入，为当地社区的道路、供电和供水系统、学校和医院等公共设施的建设提供了资金保障，从而有效地促进了当地社区基础设施和地方公共事业的发展，在一定程度上增强了居民生计的物质资本（Snyman，2014）。

在生态旅游对居民生计的人力资本影响方面，为了给游客提供满意的生态旅游服务，参与生态旅游的居民应该具备熟练的技能和丰富的知识，研究指出，居民参与生态旅游为其提供了接受教育和学习的机会，通过旅游就业技能培训和自主学习等形式，参与生态旅游的居民的技能和知识等自身能力得到明显提高，增强了居民生计的人力资本（Stronza and Gordillo，2008）；与此同时，研究发现，参与生态旅游居民获得的收入往往还用于资助家庭其他成员接受教育，使得居民家庭的人力资本提升（Guha and Ghosh，2007）。

在生态旅游对居民生计的金融资本影响方面，社区居民通过参与生态旅游从中直接获得就业机会和工资性收益，研究认为，发展生态旅游能够为当地居民提供餐饮、住宿、交通、导游和纪念品销售等就业机会和工资性收益，使其获得直接的经济收入，从而直接增强了居民生计的金融资本（Mitchell and Ashley，2010）；另外，研究指出，生态旅游具有乘数效应，也就是通过生态旅游产业和当地其他产业相连接，促进了当地手工业、种植业和养殖业以及服务业的发展，致使没有直接参与生态旅游的居民也能够间接从中获得收益，从而增加居民生计的金融资本（Pillay and Rogerson，2013）。

在生态旅游对居民生计的社会资本影响方面，居民通过积极参与生态旅游，增强了居民之间的凝聚力和团结意识，研究发现，发展生态旅游为当地居民提供了发展机会，在这个过程中将分散的、无组织的居民组织起来，致使居民获得更多收入和更公平的收入分配，在一定程度上提升了当地居民生计的社会资本（Ramos and Prideaux，2014）。另外，研究认为，生态旅游过程中的收益分配不公平，造成当地居民抱怨、不愿意合作和纠纷，致使居民之间产生了的分化和隔阂，破坏了当地居民之间的和谐，降低了居民的凝聚力，从而减弱了居民生计的社会资本（Rogerson，2012；Scheyvens，2011）。

**2）生态旅游对居民生计策略的影响**

近年来，生态旅游对居民生计策略影响的研究受到学术界的广泛关注，相关研究主要体现在生态旅游对居民生计替代的影响、对居民生计多样化的影响。在生态旅游对居民生计替代影响方面，研究指出，生态旅游通过为贫困居民提供生计的人力资本、物质资本和社会资本等，有利于其选择替代生计甚至摆脱贫困；利用部分生态旅游收入为居民提供生计技能和增收项目的培训，促进当地居民从传统生计向非农就业转化（Adiyia et al.，2016）。研究认为，生态旅游发展提供了更多的就业岗位，使得原本依靠自然资源维持生计的居民，可以有更多的机会参与到生态旅游中，改变了原有对自然资源依赖的生计方式，使得生态旅游成为居民主要的收入来源（Foucat，2002）。另外，有学者研究发现，生态旅游的开展对居民生计替代的影响是有限的，生态旅游岗位的要求比较高，对于当地居民而言带来的机会是有限的，加上生态旅游开展对资源的限制使用，由于居民生计方式比较单一，在一定程度上找不到可以替代的生计（Campbell，1999）。

在生态旅游对居民生计多样化影响方面，研究者发现生态旅游发展会带来乘数效应，生态旅游的发展往往会和当地其他产业结合起来，当地居民除了选择参与生态旅游外，还可以选择与生态旅游相关的其他行业，为当地居民提供更多的就业机会，从而提升居民生计多样化水平（王成超等，2017）；另外，生态旅游活动的开展，当地居民可以选择投资农家乐、开发生态旅游项目、销售生态旅游特色纪念品等，在一定程度上增加居民生计的多样化。

**3）生态旅游对居民生计结果的影响**

生态旅游作为在自然区域开展并维护资源环境的旅游活动，对当地居民的生计结果产生了重要影响，相关研究主要集中在生态旅游对居民收入的影响、生态旅游对资源环境保护的影响。在生态旅游对居民收入影响方面，研究发现，在生态旅游发展过程中，当地居民通过直接参与餐饮、住宿、交通、导游、纪念品销售等生态旅游的项目和活动，获得直接经济收益；与此同时，基于乘数效应，在生态旅游与当地相关行业相衔接过程中，对没有直接参与生态旅游的居民也可以从事相关行业，从而间接地从生态旅游发展中得到经济收入；生态旅游为当地居民带来持续经济收益，提高了居民的生活水平（Mustika et al.，2012）。另外，由于生态旅游提供岗位不多且对职业素养要求较高，而当地居民大多从事简单的生产活动，缺乏旅游劳动技能，难以获得旅游就业岗位，所以，对其收入影响有限。

在生态旅游对资源环境保护影响方面，生态旅游的环境资源影响一直存在着很大争议，一方面认为生态旅游是资源环境保护必不可少的手段，在开展生态旅游过程中，带来新的思想观念使当地居民能够主动地保护维持其生计来源的生境，让居民直接参与到资源环境保护，有利于居民生计的可持续发展；同时，在生态旅游过程中旅游者也会感受到保护资源环境带来的益处。另一方面，研究发现生态旅游带来的资源环境破坏超出其修复能力，使遭到破坏的资源环境难以得到修复（王瑾等，2014），开展旅游活动造成当地资源破坏和环境退化，生物多样性遭受威胁、地方文化被破坏等，造成当地居民失去赖以生存和发展的资源环境，致使居民承受较大的生计风险。

4. 综合评价与研究展望

**1）综合评价**

通过系统归纳总结国内外自然保护区居民生计的相关研究，指出自然保护区生态保护对当地居民生计的影响具有双重性，一方面，在正确制定和实施自然保护区生态保护政策和管理措施的情况下，通过改善当地社区基础设施、发展生态农业和生态旅游等替代生计项目，增加了当地居民的就业机会，实现居民生计的多样化，增强了居民生计的金融资本、社会资本和物质资本，提高其生计能力，达到自然保护区生态保护和当地居民生计改善的双赢；另一方面，在不完善的自然保护区生态保护政策和管理措施下，当地居民利用资源受到限制，不能为居民找到有效的替代生计途径，难以实现居民生计的多样化，减少了其收入和就业机会，降低了居民生计的自然资本、人力资本和金融资本，给居民生计带来不利影响。近年来，国内外学者关于自然保护区居民生计的研究成果大多是体现居民生计的某一方面，缺乏全面、系统的研究。如何协调自然保护区生态保护和当地居民生计之间的关系，全面、系统地分析自然保护区生态保护对当地居民生计资本、生计策略和生计结果的影响及其驱动因素，探析居民生计改善的策略，这些问题有待于今后进一步解决。

在研究生态补偿和生态旅游对居民可持续生计影响方面，当前学术界在运用资源环境政策工具和发展生态旅游来解决居民生计能力提升以及改善居民生计状况的问题上已经达成共识，认为通过实施生态补偿和发展生态旅游可以实现居民生计资本提升、激励居民从事更加持续的生计策略、获得较好生计结果的目标，但实践证明，只有少量的生态补偿项目和生态旅游项目能够取得理想成效。虽然近年来有些学者探讨了生态补偿和生态旅游对居民可持续生计的影响程度，但由于大多以一次性调查所获得的截面数据为主，较长跨度的时间序列调查数据较少，因此，进行生态补偿和生态旅游对居民可持续生计影响动态分析的研究成果不多。而生态补偿和生态旅游对居民可持续生计影响具有持续性，不同时期生态补偿和生态旅游对居民可持续生计影响的过程、规律和机制截然不同，如何分析生态补偿和生态旅游对居民可持续生计影响的变化过程及其驱动因素，探讨其变化规律，剖析其变化的驱动机制，这些问题都急需深入研究。

另外，有些问题有待于进一步解决。一是研究区域的选择，目前主要集中在山区、贫困地区和生态脆弱区，较少选择自然保护区作为研究区域；二是研究空间尺度，当前研究成果中界定的影响目的地是“当地社区”，而对“当地”属于县（市）、乡（镇）、村之中的哪种空间尺度没有说明；同时，大多研究缺乏对“社区”进行空间划分，没有探讨影响的空间差异。

在研究方法和技术手段方面，目前在生态补偿和生态旅游对当地居民可持续生计影响的研究中，大多学者运用了相关研究方法和技术手段进行影响的现状评估和结果分析，而对影响的过程和机理研究鲜见报道。虽然，近年来有些学者对研究方法和技术手段给予了一定的关注，但较少利用数学模型分析不同生态补偿和生态旅游政策对居民可持续生计的影响，缺乏运用技术手段结合空间分析法，进行生态补偿和生态旅游对居民可持续生计影响的过程、机理和空间差异研究。

**2）研究展望**

（1）居民可持续生计影响过程与机制的探索。

虽然国内外学术界研究认为通过实施生态补偿和发展生态旅游可以实现生态保护与居民生计改善的目标，但实践表明仅有少数生态补偿项目和生态旅游项目能同时在实现生态保护与居民生计改善的目标上取得理想效果。近年来，研究者进行的生态补偿和生态旅游对居民可持续生计影响的研究大多集中于静态方面，缺乏动态视角下生态补偿和生态旅游对居民可持续生计影响过程与机制的系统研究。

能否科学有效地探究生态补偿和生态旅游对居民可持续生计影响的过程、规律和机制等问题，对生态保护和社区社会经济可持续发展具有重要意义。因此，在缺乏已有系统研究参考的背景下，选择合适的研究案例区，将生态补偿和生态旅游对居民可持续生计的影响看作一个动态的演化过程，通过对历史时期生态补偿和生态旅游对居民可持续生计作用过程的详细探析，建立生态补偿和生态旅游对居民可持续生计影响的回归模型，揭示生态补偿和生态旅游对居民可持续生计的影响机制，提出促进居民生计可持续的生态补偿和生态旅游政策等，是今后研究生态补偿和生态旅游对居民可持续生计影响过程与机制的重点内容。

（2）自然保护区居民可持续生计的研究。

中国当前研究与实践主要集中在山区、生态脆弱区和经济落后地区等区域，缺乏对自然保护区居民可持续生计的研究。自然保护区建设对资源环境保护、生态功能恢复和维护国家生态安全具有重要意义，但自然保护区的建立限制了当地居民对资源的利用，给居民造成损失，未能解决居民生计问题，使居民陷入贫困。当前，在全国主体功能区全面实施背景下，可结合国家主体功能区规划战略需求，进行居民可持续生计研究，今后应该选择自然保护区作为居民可持续生计研究的重点区域。

为解决居民贫困问题而提出可持续生计，其强调居民生计的稳定性和保护力。居民生计水平提高和生计可持续对于自然保护区可持续发展具有重要意义，目前在研究和实践当中，以自然保护区为研究区域，进行居民可持续生计研究还鲜见报道。事实上，随着区域社会经济发展和快速转型，居民作为自然保护区社区的行为主体，其生计行为对自然保护区资源环境保护具有重要的影响，生态保护项目所取得的生态保护效果与居民生计的正向变化关系密切，只有自然保护区居民生计行为与生态保护目标一致，才能达到生态保护的预期成效。依据上述背景，基于可持续生计分析框架，进行自然保护区的居民生计可持续性和脆弱性以及生态保护与居民生计耦合协调性的评价、探讨自然保护区居民可持续生计发展的保障机制，以实现自然保护区资源环境保护和社区社会经济可持续发展的目标，将是今后自然保护区资源环境保护和社区社会经济可持续发展的关键问题。

（3）应用新技术方法研究居民可持续生计。

目前国内外学者对居民可持续生计的研究方法和技术手段的运用给予较多的关注，研究方法主要有样带研究方法、参与性农村评估法等，研究技术手段主要有 Logistic 回归模型和多元概率单位模型等。但是，目前在居民可持续生计研究中的调查数据缺乏较长时间序列，研究和实践中缺少居民可持续生计的动态研究，而且将 3S（遥感、地理信息系统、全球定位系统）技术应用于居民可持续生计的相关研究较少，缺乏新技术方法在居民可持续生计研究中的运用。

居民可持续生计涉及经济、社会和制度等方面的内容，具有复杂性、动态性和区域性等特点。所以，今后在研究和实践中，应该基于不同时期问卷调查结合遥感和全球定位系统技术获取时间序列数据，运用数学模型分析不同生态补偿和生态旅游政策对居民可持续生计的影响，利用地理信息系统技术手段结合空间分析法进行生态补偿和生态旅游对居民可持续生计影响的过程、机理和空间差异研究。

### 1.4.3　理论基础

1. 可持续生计理论

**1）可持续生计的内涵**

20 世纪 80 年代钱伯斯等提出的生计概念获得国际的关注，世界环境与发展委员会于 1987 年在《我们共同的未来》中，对可持续生计概念进行了界定，并首次用可持续生计这一概念去探讨资源权属、居民基本需求和生计安全等问题；1992 年联合国环境与发展大会将可持续生计看作联系社会经济与生态环境的方法之一；20 世纪 90 年代《哥本哈根宣言》中指出“使得所有男人和女人都能自由地选择职业和生产活动，从而获得稳定可靠的生计才是可持续的”。这些国际会议的召开及理念的提出将生态环境方面的议题扩展到居民生计活动层面，并将可持续生计纳入其中（辛格和吉尔曼，2000）。

可持续生计是指在脆弱性背景下，居民在面临社会、经济和自然等各种风险下，能够抵御社会变化、经济危机和自然灾害的能力，能够对各种资源进行长期稳定的利用，同时又不会对资源可再生能力造成损害，并且能在各种风险中不断地提升其生计能力的生计方式。

**2）可持续生计分析框架**

基于社会、经济和生态可持续发展的观念以及可持续生计的思路，建立可持续生计的分析框架，运用可持续生计分析框架能够较好地探析社会发展与资源环境之间的关系，对相关研究发展机构以及学术界探寻居民生计能力和水平的提升具有重要作用。

国际上提出多种可持续生计分析框架，主要是为了可持续生计模型运行能够得到更好的解释，当前可持续生计分析框架主要包括：①依据英国发展学院的早期成果，可持续性农村生计咨询委员会制定出的可持续生计分析框架（DFID，2000）；②美国援外合作组织制定的农户生计安全分析框架；③联合国开发计划署制定的可持续生计途径的分析框架；④英国国际发展署制定的可持续生计分析框架。目前得到研究机构和学术界普遍认可的是英国国际发展署提出的可持续生计分析框架（图 1-2）。英国国际发展署提出的可持续生计分析框架主要内容有脆弱性背景、生计资本（包括自然资本、物质资本、人力资本、金融资本和社会资本）、政策和结构以及过程、生计策略、生计结果等；分析框架中各个组成要素之间关系密切并且互相作用，生计要达到可持续的发展，首先需要具备一定的生计资本，然后在脆弱环境背景中利用生计资本进行发展，在发展过程中同时受

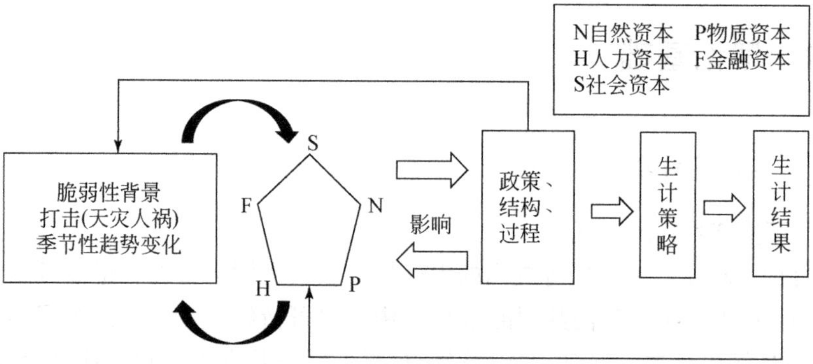


图 1-2　可持续生计分析框架

到制度和政策的影响，选择生计策略获得生计结果，而输出的生计结果在一定程度上又会对生计资本产生影响，因此，可持续生计分析框架的过程是相互作用的。

（1）脆弱性背景。

脆弱性指的是居民在面对冲击、压力和危险的时候，呈现出的其缺乏生计安全、抵御冲击和压力以及危险的能力不足、容易受灾的程度。作为可持续生计分析框架基本背景的脆弱性背景，指的是居民生存环境的脆弱性，代表的是灾害和环境承受损失的潜在能力，居民生存环境受到许多因素的影响而经常发生变化。在脆弱性背景下，居民生计会受到洪水、干旱、疾病、价格波动和社会动荡等自然、经济、社会灾害的冲击，还会受到人口、资源和市场发展等因素变化趋势的影响，同时金融危机、政局变迁和就业波动等周期性情况也会对生计安全造成威胁。居民生计在各种不稳定的情况下发展艰难，这也是导致居民贫困的重要原因，脆弱性背景是居民贫困的潜在因子。

（2）生计资本。

生计资本指的是居民的资产状况，居民生计资本对其家庭或者个人的发展机会和面临的风险具有重要影响，同时决定着居民生计策略的选择。居民生计资本的状况是其应对生计脆弱性、抵御生计风险的基础，也是解决居民贫困问题的关注重点。生计资本包括自然资本、物质资本、人力资本、金融资本和社会资本，其中，自然资本是指居民所拥有的耕地、林地、园地和滩涂等各种自然资源的数量及质量；物质资本是指居民维持生计所需的各种生产资料和固定资产，包括家庭所拥有的房屋条件、农用生产设备、家用电器和交通工具等；人力资本是居民的健康状况、受教育程度、知识与技能储备情况等要素的综合；金融资本是指居民通过各种生计活动累积的可支配资产以及可以利用的各类金融资源；社会资本指的是居民为了实现生计目标而利用的各种社会资源，主要包括居民的社会交往能力和领导潜力等。生计资本是可持续生计框架的核心内容，是居民生计状况的重要评价因素。

（3）政策、结构与过程。

政策、结构与过程指的是政策、立法、制度和组织等影响居民生计的要素，是居民生计的政治、社会、制度和组织结构的背景，是政府、非政府组织以及个人等通过法律制定、政策实施和文化传播等方法影响居民生计资本的状况，并对居民生计策略选择和生计结果呈现等方面产生影响。政策、结构与过程对居民生计资本拥有权、各种生计资本之间交换条件、生计策略选择和生计结果状况等方面具有重要作用。合理有效的法律法规、政策等均能提高居民应对脆弱环境的能力，但不合理的结构设置和制度建设也会对居民生计安全造成巨大危害。

（4）生计策略。

生计策略是指在脆弱性背景和各种政策、法规的作用下，居民结合自身生计资本状况而选择的生计方式，以使生计目标最终实现。生计策略的研究是为了寻找有利并且可以操控的生计模式，达到改善居民贫困的生计目标，主要包括发现替代生计方案和增加生计多样化等方面的内容。生计策略随着自然环境、政策背景和生计资本状况的变化而变化，在不同的生计资本状况下，生计策略也表现出不同的形态。多样化的生计策略能够充分利用生计资本，应对脆弱的背景以及变化的政策环境，创造出更为丰富的财富。

（5）生计结果。

生计策略发挥作用后，会产生生计结果，生计结果是指居民在综合考虑生计脆弱性背景以及政策条件后，利用自身生计资本形成生计策略，并进一步由生计策略的实施所得到的最终结果。生计结果对提升居民收入水平、降低居民生计脆弱性、提高居民生活满意度和降低居民生计风险等方面具有重要影响，也能够实现资源环境的可持续利用，生计结果是生计资本和生计策略的最终实现。而生计结果具有反馈作用，不一样的生计结果又对生计资本产生不一样的影响，造成各种生计资本的增加或者减少，从而选择不一样的生计策略，最终又产生不同的生计结果。

可持续生计分析框架中各种要素之间关系密切，其中“生计资本”与“生计策略”的互动关系、“生计资本”与“生计结果”的互动关系、“脆弱性背景”与“政策、结构和过程转变”的互动关系，可持续生计分析过程的核心内容是探析这些互动关系，居民生计可持续状况受到不断变化的各种力量和因素的影响。所以，进行居民可持续生计研究的时候，需要调查、整理、统计和分析居民生计资本状况、探讨居民生计策略的选择，探析居民生计结果，以实现居民生计的目标。可持续生计分析框架是个不断循环的过程，通过其中各因素的变化而对最终结果输出产生影响，以使得生计结果向着高水平方向发展。

**3）可持续生计的原则**

可持续生计分析所遵循的原则有：以人为中心原则、响应和参与原则、多层次原则、动态性原则和可持续性原则。

（1）以人为中心原则。

“人”作为可持续生计理论的主体，居民需要自己解决生计中的相关问题，在解决居民生计问题的过程中，政府管理部门只起到辅助和引导的作用，不能解决居民生计中的本质问题。在可持续生计理论中让居民参与相关政策方针的制定，充分吸收居民的意见，根据居民的实际情况与需求，结合居民生计资本以及能力状况制定措施，协同当地居民，以便更好实现居民的生计目标。

（2）响应和参与原则。

居民支持与否是政策措施能否最终实现生计可持续的关键。居民参与到政策的制定与实施中来，积极听取当地居民意见，增强其主人翁意识，有利于可持续生计目标的实现。

（3）多层次原则。

可持续生计的最终实现有赖于脆弱背景的改善、生计资本的提升、生计策略的优化，是一个多层次综合作用的结果。宏观上政策法规的制定，微观上道路、管网的建设，多层次共同提高，才能更好地带动居民走出贫困，实现生计发展。

（4）动态性原则。

居民生计结构优化重塑不是一朝一夕就能实现的，自然和社会经济条件以及居民生计资本状况等是不断变化的，对居民生计产生影响和作用的环境制度因素在不断变化，因此，必须采取相应措施来适应各种变化，以促进居民生计结构的优化。

（5）可持续性原则。

经济、社会和生态的可持续性是居民生计可持续发展的基础，经济方面需要可持续性地消灭贫困，社会方面将低收入人群边缘化效应降到最低以实现最大限度的公平，生态方面必须保持和增强生产力。要用发展的思想去审视可持续生计建设，从经济、社会和生态等方面综合分析，实现各部分的可持续发展，使居民生计能够应对不断变化的环境，实现真正的生计可持续发展。

**4）可持续生计理论的指导作用**

在实际运用中，专家学者结合不同类型区域特点进行可持续生计的研究，对提升居民生计能力具有重要作用。可持续生计理论主要致力于居民贫困问题的解决，因为自然保护区所在地的交通欠发达、基础设施落后，居民生计脆弱性明显；与此同时，建立和管理自然保护区之后，当地居民对资源环境的利用受到极大限制，对当地社区社会经济发展产生了制约，造成当地社区和居民收入下降，导致贫困，加大了自然保护区当地经济发展与生态保护的矛盾；当地居民为了解决贫困问题而采取盗伐、偷采和偷猎等破坏资源环境的行为，致使自然保护区建设和管理成本上升和资源环境破坏，又影响了居民生计的可持续发展；需要政府管理部门对居民盗伐、偷采和偷猎等生计行为进行约束，以促进自然保护区资源环境保护和当地居民生计的可持续发展。所以，自然保护区和当地居民的关系呈现“长期共存，短期矛盾”的局面。当前自然保护区建设离不开当地居民的支持，而居民生计水平提高、生计方式改善有助于居民参与到生态保护和建设中去。因此，确保自然保护区当地居民生计朝着可持续方向发展是有关部门在实施资源环境保护、生态恢复的同时所必须关注的要点。

自然保护区作为维持生态系统平衡的特定区域，在建设、运行过程中时刻都要考虑人的感受，既要注意生态建设，又要兼顾当地居民生计发展。从某种程度上说，当地居民生计发展与自然保护区建设和管理具有同样的追求目标，倡导以人为中心的可持续生计理论，运用于自然保护区可持续发展中就是将当地居民作为中心进行探讨，从当地居民视角考虑其生计改善和自然保护区建设和管理之间的问题，达到人与自然、人与社会以及人与人之间的协调发展。可持续生计理论运用于自然保护区居民可持续生计发展中，应该将居民生计的环境脆弱性背景、居民生计资本、相关的政策和制度、居民生计策略、居民生计结果等方面，纳入居民可持续生计研究的系统中，为居民抵抗环境脆弱性背景、提升居民生计资本、居民替代生计的合理选择、居民生计水平的提高、改善自然保护区管理部门和当地居民之间关系等方面提供理论指导作用，以实现自然保护区资源环境保护和当地居民生计可持续发展双赢的目标。

政府期望通过生态补偿政策的配套实施改善居民生计资本状况、优化居民收入结构，最终实现居民收入水平、生活质量的提升，而这也正是可持续生计分析框架所需努力实现的目标。自然保护区生态补偿与可持续生计分析方法上殊途同归，目标上高度一致，可持续生计理论可以很好地运用于生态补偿各方面的实施过程中，为合理制定生态补偿政策和实现居民可持续生计发展预期目标保驾护航。

### 2. 公共物品理论

#### 1）公共物品的内涵

公共物品是指人们对一种物品的消费，均不会减少其他人对此物品的消费，也就是说大多数人可以同时享用该物品，每个人对物品的消费不会导致该物品自身的减少，也不会造成其成本的增加（埃莉诺，2000；谷国锋等，2010）。公共物品主要有准公共物品和纯粹公共物品，政府提供的公共或者集体资源、利益等都属于公共物品。

#### 2）公共物品的特性

（1）产权上的非排他性。

产权上的非排他性是指不付费者同样可以对公共物品进行消费，也就是说公共物品带来的益处，不付任何费用和支付费用的人同样能够享受。一个人对公共物品消费的时候，不能够排除其他人对该物品的消费，或者说因为排他成本（经济成本、技术成本、制度成本）过高使得通过收费等手段限制人们对其使用变得十分困难（沈满洪和谢惠明，2009），所有消费者都可以同时消费同一个公共物品。

不需要付出成本容易造成公共物品的无序使用，使用者对公共物品没有足够的责任意识，会对公共物品可持续利用造成威胁，所以，公共物品在产权上的非排他性容易产生“搭便车”现象。

（2）消费上的非竞争性。

消费上的非竞争性是指人们消费公共物品的时候，其他人从公共物品消费中获得的效用不会受到影响，也就是说增加一个人消费的边际成本为零（郭伟和，2001）。即任何一个人消费这种物品，不会造成其他人对该物品消费的减少。

消费中的非竞争性往往导致其被过度使用，最终出现资源耗竭、环境污染和生态破坏的结果，从而产生“公地悲剧”的问题。

**3）公共物品理论的指导作用**

根据公共物品的内涵和特性，总体上看自然保护区属于国家提供的公共物品，具有产权上的非排他性和消费上的非竞争性，容易产生“搭便车”现象和“公地悲剧”问题。依据公共物品理论，自然保护区生态服务功能的受益者应该购买生态服务，生态服务受益者应该对生态服务提供者付费，明晰自然保护区生态补偿中的生态服务受益者和生态服务提供者，能够为自然保护区生态补偿主体和客体的确定提供科学依据。因此，根据“谁受益、谁补偿”和“谁保护、谁受偿”的原则，进行自然保护区生态补偿主体和客体的确定，以保障自然保护区生态补偿的公平。

运用公共物品理论，通过政府的介入，运用行政手段对公共物品的使用分配、付费管理进行宏观掌控，通过对生态服务的受益者收费、对生态服务的提供者付费，实现公共物品的可持续使用，以防止发生“搭便车”和“公地悲剧”的现象和问题，保障自然保护区居民生计、生存和发展的权益。

### 3. 资源环境价值理论

**1）资源环境价值的内涵**

资源环境的效用性决定其具有价值，价值反映物质对人的功效或者效用，资源环境是人类生存和发展必不可少的基础，是人类的财富，因而资源环境具有价值。资源环境价值包括使用价值和非使用价值（张彦英和樊笑英，2011），使用价值由直接使用价值、间接使用价值和选择价值三部分构成，非使用价值指的是存在价值，存在价值和资源环境内在价值有关而和其利用无关。

**2）资源环境价值理论的指导作用**

资源环境价值理论对自然保护区生态补偿标准确定具有重要作用，在自然保护区生态补偿机制研究中，确定生态补偿标准是重点和难点，且会影响生态补偿的可行性和效果，所以，自然保护区生态补偿标准的确定需要科学合理地选择可操作的核算方法。由于自然保护区资源环境保护中利益受损方的利益受损程度容易量化，同时利益受损方需要得到直接补偿以维持其生计，因此，当前对自然保护区资源环境保护中利益受损方补偿受到学术界普遍认可。依据自然保护区的实际情况，根据区域社会经济发展水平和居民生活水平等相关因素，利用生态补偿系数对自然保护区资源环境价值量进行修正，修正后的资源环境价值量可以作为确定自然保护区生态补偿标准的依据；同时结合自然保护区资源环境保护者的机会成本和直接损失、资源环境受益者的受益程度，遵循可操作性原则，运用机会成本法、直接成本法、意愿调查法，进行自然保护区生态补偿标准的确定。科学合理地确定自然保护区生态补偿标准，在一定程度上能够为自然保护区当地居民生计可持续发展提供资金保障。

4. 外部性理论

**1）外部性的内涵**

外部性指的是一个经济主体在生产或者消费活动中对其他经济主体的福利产生有利、不利的影响（庇古，2003），其中有利影响带来的收益并不是生产者或者消费者本人获得，不利影响带来的损失并不需要生产者或者消费者本人承担，而是一种“非市场性”的附带影响，这种“非市场性”表现为一种经济力量对另一种经济力量的附带影响。外部性包括负外部性和正外部性两种类型，其中，负外部性指的是造成某种损害或者不利效应的外部性，正外部性指的是带来某种利益或者积极效应的外部性。

在人类社会的现实生活中，外部性的存在将会阻滞市场机制对资源的优化配置，这是由于外部性的存在，一个经济主体在进行经济活动的时候，其社会成本（或者收益）和私人成本（或者收益）是不一致的，而在整个经济活动过程中，经济主体的决策始终坚持私人边际成本等于私人边际收益的原则，最终造成资源的低效配置（沈满洪和何灵巧，2002）。

外部性的出现是市场调控失灵所致，由此造成私人成本与社会成本不统一，此时必须通过政府干预，对正外部性给予补偿，对负外部性加以处罚，从而均衡个人收益与社会收益。

**2）外部性理论的指导作用**

目前，外部性理论已被广泛地运用到资源环境保护中。外部性理论和公共物品理论关系密切，因为公共物品的非排他性造成了外部性的产生，作为较为典型公共物品的自然保护区，具有明显的正外部性。

自然保护区的建设和管理对保护当地资源、提高环境质量和提升水质等具有重要作用，体现其正外部性的特征。而自然保护区的正外部性主要集中于生态功能方面，但是，生态效益难以用货币表现，从而致使参与自然保护区生态保护的人员没能得到相应回报，因此，需要外部力量的介入，完善自然保护区生态补偿制度，以合理地选择生态补偿方式。

外部性理论提供了解决自然保护区生态补偿方式的思路，作为生态补偿机制研究中核心内容之一的生态补偿方式，主要解决生态补偿中“怎么补”的问题。自然保护区生态补偿方式主要包括市场补偿和政府补偿两种形式，市场补偿形式主要有“一对一交易”、“市场贸易”和“生态标记”等，政府补偿主要包括资金补偿、实物补偿、技术补偿和政策补偿等。我国大多数自然保护区位于经济欠发达的边远地区，作为公共利益重要代表者的国家应该是自然保护区生态补偿主体，另外，从自然保护区资源环境中获益的群体也应该作为生态补偿主体；自然保护区建立和管理之后，当地居民对资源环境的利用受到限制，居民受到损失又缺乏补偿，影响了居民生计，导致居民贫困。因此，各级政府和自然保护区生态服务功能受益者应该对当地居民和生态服务提供者进行补偿，以缓解自然保护区建设和管理对当地居民收入和生活水平的影响。依靠政府干预或市场交易等方式，实现自然保护区资源环境保护和居民生计可持续发展；但在选择生态补偿方式的时候，需要依据所涉及的公共物品具体属性以及产权明晰程度进行细分。外部性理论很好地解释了自然保护区生态效益外扩的原理与机制，可为解决自然保护区的生态补偿和当地居民可持续生计等相关问题提供理论依据。

5. 社区参与生态旅游理论

**1）社区参与生态旅游理论的内涵**

在早期的生态旅游发展中，主要是以生态旅游资源的开发和环境资源的消耗为代价，最终带来的结果是当地居民的生活环境压力逐渐增大，生态旅游发展给社区及其当地居民带来了各方面的变化。生态旅游的发展，离不开当地居民的支持与配合。在早期的研究中，社区参与的概念主要是在生态旅游规划中，强调在生态旅游规划过程中要把当地居民的意见和建议作为重要的参考依据。因此，要实现区域社会经济可持续发展，必须有社区及当地居民的参与，让其了解当地生态旅游资源和环境状况以及未来发展、参与讨论重大生态旅游项目的规划、共同协商生态旅游开发的利益分配、协助制定面向社区及其当地居民的就业政策（谢婷等，2006；吕君，2007；刘丽梅和吕君，2010；孙凤芝和许峰，2013）。

社区参与强调当地居民在生态旅游发展中的重要性，在自然保护区发展生态旅游项目过程中，利用当地生态旅游资源需要征得当地居民的同意与认可。此外，当地居民拥有生态旅游资源开发与生态旅游发展模式的知情权与参与权。

**2）社区参与生态旅游理论的指导作用**

生态旅游发展是一个全方位的、多层次的复杂系统，涉及的利益相关者众多，其中当地居民是关键。自然保护区生态旅游要达到可持续发展，需要得到当地居民的支持，同时要加强当地社区与生态旅游相关基础设施的建设，强调当地居民的参与度，居民参与度越高，越能够提高其满意度，从而越能激发当地居民对生态旅游发展的支持态度。以社区参与理论为基础，能够较好地解释发展生态旅游与当地居民之间的关系，居民享有生态旅游开发过程中的知情权与参与权，以社区参与理论为基础，为实现自然保护区生态旅游资源保护与协调当地社区社会经济可持续发展提供参考依据，同时在开展生态旅游的经营中也可以通过社区参与促进当地居民实现收入的公平，改善居民生计状况。

6. 风险社会理论

**1）风险社会理论的背景和内涵**

风险社会理论由德国社会学家乌尔里希·贝克在其著作《风险社会》中首次提出，乌尔里希·贝克用“风险社会”这一概念描述高度发达的西方后现代社会（乌尔里希·贝克，2004），在世界上引起了广泛关注。他认为风险是有可能发生的灾难，是“系统地处理现代化自身引致的危险和不安全感的方式”，并指出现代社会中充满了风险，甚至风险社会已经成为社会形态，将风险社会定义为“遭受损失的不确定性”。在此之后，英国著名学者安东尼·吉登斯（2001）将风险置于现代社会，提出了风险的概念和影响都具有双重性，风险分为外部风险和人为风险，外部风险主要是在一定条件下某种自然现象对于社会发展和人类安全造成的损失；而人为风险顾名思义是人为制造出来对世界产生的风险，这种风险在外部风险之后慢慢成为主导风险，它的不确定性令人感到威胁。英国学者斯科特·拉什（2002）从文化的角度解读了三类风险：即社会政治风险、经济风险和自然风险。

**2）风险社会理论的特征**

风险社会理论认为风险始终与人类社会的发展共生，与“文明进程和不断发展的现代化紧密相连”。风险社会的特征可以概括为：全球性、人为性、双重性和广泛性（崔德华，2008；李谧和唐伟，2009）。

（1）全球性。

全球化的到来为世界政治、经济和文化等方面带来了新的机遇，同时也带来了风险。风险社会并不局限于某个国家或某个民族，而是全球性的现代化产物。风险在全世界占据了主导地位，“现代风险的危害已远远逾越了现代工业社会所包含的民族国家发展及其疆域边界逻辑”（薛晓源和刘国良，2005）。风险跨越了时间和空间的范畴，迅速向全世界扩散，形成具有高度风险性的社会。这种扩散现象伴随资本的全球化扩张而不分国家、不分区域地快速发展。不仅仅会发生在发达国家，对发展中国家的威胁更是空前巨大。

（2）人为性。

科学技术的快速发展和人类活动范围的扩大不仅仅可以带来好的方面，同时也带来了一系列风险与挑战，人类社会面临着全球环境变化和可持续发展等一系列问题，例如，生态环境破坏、资源消耗过大和人口数量增多等。在人类解决外部风险后，又制造出新的人为风险。吉登斯认为人为风险已经逐渐成为风险社会的主导风险。

（3）双重性。

吉登斯在完善的风险社会理论中，提出风险的影响具有双重性，一方面是需要规避甚至极大限度降低的危险和灾难，另一方面未知的风险存在无限的可能性，存在脱离传统、充满活力的各种机会和希望。国外学者也对风险的双重性提出了不同的看法，道格拉斯认为应该制造风险，而斯科特·拉什则强调规避风险。

（4）广泛性。

风险社会的到来，使风险更加具有复杂性，风险的结构和性质都发生了变化，由最初的自然风险逐渐蔓延到各个领域，例如，金融风险、社会风险和文化风险等。风险作用的对象在不断扩大，涉及领域在逐渐升级，从就业危机到食品安全等，产生了广泛的破坏作用，风险类型也更加多样化。

**3）风险社会理论的指导作用**

作为现代社会特征之一，任何国家、任何地区的人类都处于风险中。农村居民相较城镇居民，在生活环境和经济收入等方面都存在更大的威胁。即使是步入小康的农村居民家庭，一旦发生自然灾害、土地权属整合、家庭疾病等不同程度的风险，也可能会对家庭成员日常生产生活带来挑战，甚至会严重影响到其基本生活保障，造成生活困难的结果。对于自然保护区当地居民而言，风险类型复杂多样，在研究中纳入风险社会理论，结合可持续生计理论，能够更好地定义自然保护区当地居民的生计风险，便于剖析居民生计风险存在的类型及原因。

随着生态保护全面推进，自然保护区生态保护政策实施使居民面临资源利用受限的问题，生活环境和生计类型都发生巨大改变，致使居民生计暴露在风险之中。在生计转型阶段，风险社会理论有助于理解自然保护区当地居民所处的复杂风险环境，有助于正确理解和应对生态危机和社会发展所面临的冲击。

# 第 2 章 自然保护区生态保护与居民生计博弈分析

**本章提要**：生态保护与居民生计之间的相互关系是目前可持续科学研究的热点问题之一，如何实现生态保护成效和居民生计改善的双赢受到学术界的关注。本章从博弈的角度出发，探讨自然保护区管理部门与居民生计的博弈，探索生态补偿在自然保护区生态保护与居民生计中的作用。结果表明，当自然保护区管理部门采取生态保护策略，同时居民选择可持续生计，其综合效益值最大；如果自然保护区管理部门采取生态保护策略得到居民的支持，或者居民选择可持续生计获得自然保护区管理部门的支持，其综合效益值较佳；当居民选择传统生计同时自然保护区管理部门采取生态破坏策略，或者当居民选择传统生计且自然保护区管理部门也支持居民选择传统生计的时候，其综合效益值小；如果不实施生态补偿，居民会选择传统生计；当采取生态补偿，并且生态补偿标准大于居民选择传统生计与可持续生计的收益差，此时，居民会选择可持续生计；生态补偿到期后，只有当居民选择可持续生计与传统生计的收益差大于二者的成本差，此时，居民才会继续选择可持续生计。博弈分析的结果对提升自然保护区生态保护效应和居民生计水平具有重要意义，可为自然保护区生态保护和社区社会经济可持续发展提供借鉴。

## 2.1 引　言

建立自然保护区是保护生物多样性的有效手段，自然保护区的健康发展为生态系统保护和当地社区社会经济发展提供了重要保障。然而，自然保护区建设和管理中的利益相关主体，尤其是自然保护区管理部门和当地居民，在利益需求不一致、自然保护区管理部门与居民生计之间为争夺资源的使用权引发冲突时，会造成自然保护区生态保护和居民生计发展的矛盾。生态保护和居民生计的相互关系是当前可持续研究的重要问题之一，国际上众多自然保护区当地居民长期遭受“贫困”的困扰，所以，如何实现居民生计改善和生态保护成效的双赢受到学术界的关注（罗辉等，2010；Barrett et al.，2011）。生态保护与居民生计之间的相互影响是目前可持续科学研究的热点问题之一，在生态保护对居民生计影响方面，研究指出，生态保护对居民生计的影响具有双重性，一方面，生态保护致使居民资源环境利用受到限制和居民缺乏就业机会，使得居民生计资本减弱，导致居民生计多样化下降和收入减少，造成生态保护与居民生计之间的冲突（Ehussien et al.，2012；Yihew et al.，2017；唐芳林，2017；温亚利等，2019）；另一方面，在生态保护过程中，通过政府的政策扶持，发展生态旅游和社区共管项目，一定程度上增加了居民就业，提升了居民的生计资本和生计能力以及收入水平，从而促进生态保护与居民生计的协调发展（Rebecca et al.，2018；吴承照，2017；杨锐，2018）。另外，在居民生计行为对生态保护影响方面，研究认为居民生计行为决定资源利用的方式和效率，为了维持生计，居民过度砍伐薪柴和开荒，不合理的利用资源造成生态破坏（Nantachai 2018；苏芳，2015；杨锐，2017）；研究发现，居民生计非农化通过减少劳动力和增加其收入，对优质农地集约利用和劣质农地改良替代，从而降低了居民对生态系统的负面干扰，促进了生态保护（Chiara et al.，2017；吴承照，2018）。总体上看，当前生态保护与居民生计相互影响的研究主要集中于影响因素的减轻和移除、影响前后对比等方面，而缺乏从博弈的视角进行生态保护与居民生计之间互相影响的研究，在实践上难以达到生态保护有效性和居民生计可持续性的目标。因此，客观审视自然保护区生态保护与居民生计之间的博弈，对于实现自然保护区生态保护成效和居民生计可持续发展具有重要意义。

自然保护区生态保护和居民生计博弈分析的利益相关者，包括自然保护区管理部门、居民、政府、企业、非政府组织和科研机构等，这些利益主体的利益诉求不同甚至存在冲突，自然保护区管理部门是代表国家和政府对自然保护区进行管理，其利益诉求是生态效益，所以，自然保护区管理部门作为国家和政府的博弈方来进行决策。在自然保护区生态保护与居民生计的利益主体博弈过程中，自然保护区管理部门与居民生计之间相互作用是其博弈过程的核心。从博弈的角度出发，分析自然保护区管理部门与居民生计的博弈，探讨生态补偿在自然保护区生态保护与居民生计中的作用。博弈结果对提升自然保护区生态保护效应和居民生计水平具有重要意义，对自然保护区生态保护和社区社会经济可持续发展具有参考价值。

## 2.2 博弈理论

博弈是一种过程，指个人、群体或组织面对给定的环境条件，在一定规则下，可以同时或先后、一次或多次，各自从允许的行为或策略中进行选择，并加以实施，从而取得相应结果，因此，博弈理论又称为对策理论。博弈理论最初是由美国经济学家冯·诺依曼在1937年提出，并于1944年在其与经济学家奥斯卡·摩根斯特恩合著的《博弈论与经济行为》一书中，首次将博弈理论应用到经济领域中，为后续的博弈理论研究提供了理论基础。此后，在1950年，美国数学家约翰·纳什在其博士论文中开创性地提出“纳什均衡”这一概念，进一步推动了博弈理论的“普世化”。如今，博弈理论已发展成为一门较完善的学科，在经济学、生物学、金融学、国际关系、政治学等许多学科上都有着广泛的应用。

## 2.2.1 博弈中的相关概念

博弈中的相关概念包括：参与者、行动、信息、策略、收益、均衡，其中参与人、策略和收益是最基本的要素（表2-1）。

**表2-1 博弈中的相关概念**

| 概念 | 说明 |
| --- | --- |
| 参与者 | 参与博弈并做出决策的主体，可以是个人、群体或组织 |
| 行动 | 参与者的决策变量 |
| 信息 | 参与者在决策中的认知 |
| 策略 | 参与者在博弈中选择的行动方案 |
| 收益 | 参与者从博弈中获得的效益，可以是正值也可以是负值 |
| 均衡 | 参与者的最优策略组合，其中非合作博弈均衡分为纯策略与混合策略均衡 |

## 2.2.2 博弈类型

依据不同的划分标准，博弈可以分为多种类型。根据参与者的人数，可以划分为两人博弈与多人博弈。从参与者行为的时间序列上看，博弈进一步划分为静态博弈和动态博弈，其中，静态博弈是指参与者同时选择或者虽然非同时选择，但并不知道后行动者所采取的具体行动；动态博弈是指在博弈过程中参与者的行动有先后顺序，后行动者可以观察到先行动者所选择的行动或策略。从参与者对其他参与者特征、策略及收益的了解程度，可以划分为完全信息博弈与非完全信息博弈。根据发生相互作用的参与者之间有无约束力的协议，可以划分为合作博弈和非合作博弈，其中，合作博弈强调的是集体主义，注重“集体利益最大化”；而非合作博弈强调的是个人主义，注重“个人利益最大化”；非合作博弈又可以进一步细分为完全信息静态博弈、完全信息动态博弈、不完全信息静态博弈、不完全信息动态博弈四种类型（表 2-2）。由于合作博弈理论远比非合作博弈理论复杂，目前理论成熟度不高，因此，经济学家更多地是从非合作博弈的角度去分析问题。

**表 2-2 非合作博弈分类**

| 分类 | 完全信息 | 不完全信息 |
|---|---|---|
| 静态 | 完全信息静态博弈（纳什均衡） | 不完全信息静态博弈（贝叶斯纳什均衡） |
| 动态 | 完全信息动态博弈（子博弈精炼纳什均衡） | 不完全信息动态博弈（精炼贝叶斯纳什均衡） |

自然保护区实施生态保护必然会牵扯众多群体的利益，由于各群体的利益诉求不同，为了追求各自的利益最大化，自然保护区生态保护过程同时也是多元利益主体互相博弈的过程。因此，利用博弈理论分析问题，能够为自然保护区生态保护中各利益方的矛盾冲突提供解决的思路与方法。

### 2.2.3 博弈分析模型的假设

局中人：主要是指自然保护区管理部门和自然保护区当地居民，假设自然保护区管理部门和自然保护区当地居民都是“理性经济人”，管理部门首要追求的是社会效益和生态效益的最大化，当地居民首要追求的是经济效益的最大化。

策略：在自然保护区生态保护过程中，自然保护区管理部门采取生态保护和生态破坏两种策略；自然保护区当地居民观察到管理部门策略后作出配合或不配合的抉择，同时，居民选择传统生计和可持续生计两种生计策略；最后，探索生态补偿在自然保护区生态保护与居民生计中的作用。

## 2.3 自然保护区管理部门和居民生计的博弈

博弈理论是研究决策主体行为之间发生直接相互作用时的决策，以及这种决策的均衡问题（张维迎，1996；左其亭和赵春霞，2009），一个利益主体的选择会受到其他利益主体选择的影响，同时反过来影响其他利益主体的选择与决策。通过博弈分析，能够较为明晰地展现各利益方之间相互影响、相互适应的过程，为最终解决方案的制定提供科学依据。

博弈是一方不断抉择，另一方不断应对的过程。自然保护区生态保护主要考虑的是生态效益，对居民生计会造成较大的影响。自然保护区生态保护与居民生计的博弈是生态利益的保护与经济利益的获取之间的对抗。

### 2.3.1 生态保护与居民传统生计的博弈

我国自然保护区大多位于偏远地带，当地居民以传统生计为主，从表 2-3 可以看出，如果自然保护区管理部门采取生态保护策略，并且居民也接受生态保护策略，因为执行生态保护是自然保护区管理部门的主要职责，所以，这个时候从自然保护区管理部门角度来看其获得的综合效益值大；而在居民接受生态保护策略的过程中，自然保护区管理部门可以聘请居民作为资源环境管理的临时人员(如聘用居民为临时的护林员)，使得居民在参与生态保护中获得一定效益，然而此时居民所获得效益难以弥补自然保护区生态保护给居民造成的损失，因此，还是需要通过生态补偿来改善居民生计，这个时候自然保护区管理部门与居民的综合效益值分别假定为(80,50)。如果居民选择传统生计，并且自然保护区管理部门也支持居民选择传统生计，此时，主要考虑经济效益，忽视生态效益，自然保护区管理部门与居民的综合效益值分别假定为(20,20)，综合效益最小。如果自然保护区管理部门采取生态保护策略，而居民只愿意选择传统生计，自然保护区管理部门与居民的综合效益值分别假定为(40,60)。如果自然保护区管理部门支持居民选择传统生计，而居民接受自然保护区管理部门采取生态保护策略，此时，自然保护区管理部门与居民的综合效益值分别假定为(60,40)，后两种博弈的综合效益值介于前两种之间。

**表 2-3 生态保护与传统生计的收入矩阵**

| 分类 | | 自然保护区管理部门 | |
|---|---|---|---|
| | | 生态保护 | 传统生计 |
| 居民 | 生态保护 | (80,50) | (60,40) |
| | 传统生计 | (40,60) | (20,20) |

### 2.3.2 生态保护与居民可持续生计的博弈

如表 2-4 所示，当自然保护区管理部门采取生态保护策略，而居民也接受此策略的时候，自然保护区管理部门与居民的综合效益值假定为(80,50)；当居民选择可持续生计，而自然保护区管理部门也支持此选择，此时，自然保护区管理部门与居民的综合效益值假定为(80,80)；当自然保护区管理部门采取生态保护策略，居民选择可持续生计，或者当自然保护区管理部门支持居民可持续生计，居民接受自然保护区管理部门生态保护策略时，则同时考虑生态保护效应和经济发展成效，自然保护区管理部门与居民的综合效益值假定为(100,100)，实现收益最大化。

**表 2-4　生态保护与可持续生计的收入矩阵**

| 分类 | | 自然保护区管理部门 | |
|---|---|---|---|
| | | 生态保护 | 可持续生计 |
| 居民 | 生态保护 | (80,50) | (100,100) |
| | 可持续生计 | (100,100) | (80,80) |

## 2.3.3　生态保护策略和居民生计的博弈

自然保护区管理部门和居民生计的博弈，集中表现为生态保护与居民生计发展的权衡。从表 2-5 可以看出，当居民采取传统生计，而自然保护区管理部门采取生态破坏策略的时候，其收益的综合效益值最低，此时自然保护区管理部门与居民的综合效益值假定为(10,10)，低于表 2-3 中的居民选择传统生计且自然保护区管理部门也支持居民选择传统生计的综合效益值。当居民选择可持续生计，管理部门采取生态破坏策略的时候，居民的收益较之选择传统生计的时候有所增加，但是自然保护区管理部门的决策选择会使其效益较之采取生态保护策略的时候出现下降，这个时候综合效益值假定为(50,20)。

**表 2-5　管理部门生态保护策略和居民生计博弈的报酬矩阵**

| 分类 | | 自然保护区管理部门 | |
|---|---|---|---|
| | | 生态保护 | 生态破坏 |
| 居民 | 可持续生计 | (100,100) | (50,20) |
| | 传统生计 | (40,60) | (10,10) |

从以上分析可以看出，在不同的均衡状态中，当自然保护区管理部门采取生态保护策略，同时居民选择可持续生计的时候，社会经济效益与生态保护效益均得到充分考虑，其综合效益值达到最大，是一种兼顾生态保护与社会经济发展的双赢模式。如果自然保护区管理部门采取生态保护策略得到居民支持，或者居民选择可持续生计获得自然保护区管理部门支持，其综合效益值较佳。而当居民选择传统生计同时自然保护区管理部门采取生态破坏策略，或者当居民选择传统生计且自然保护区管理部门也支持居民选择传统生计的时候，其综合效益值排名最低，此时生态效益与经济效益均处于不良状态。

## 2.4 生态补偿在自然保护区生态保护与居民生计中的作用

生态保护和农村扶贫是发展中国家两大核心政策领域，自然保护区在生态保护、功能恢复和维护国家生态安全等方面具有重要意义，但自然保护区的建立限制了当地居民对资源环境的利用，给居民造成损失，而缺乏生态补偿，未能解决居民的生计问题，使之陷入贫困。目前生态补偿作为纠正生态保护外部性的环境政策工具，能够很好地协调各利益相关者之间关系，因具备实现生态保护和农村扶贫双重目标的潜力受到国内外学者广泛关注，并且开始将生态补偿应用于自然保护区的建设和管理中（Garbach et al.，2012；Moreno et al.，2012；王宇和延军平，2010；王蕾等，2011）。自然保护区生态补偿主要涉及居民、自然保护区管理部门和各级政府部门等，其中，自然保护区管理部门是代表政府对自然保护区进行生态保护和补偿的决策，其利益诉求是生态效益；居民为了维持生计对自然保护区内资源环境进行开发利用，其利益诉求是经济效益。

自然保护区管理部门与居民的博弈集中体现在生态保护与居民生计之间，自然保护区管理部门在落实生态保护政策的同时，也要关注居民的生计问题，生态补偿就是最为常用的一种。生态补偿政策的制定与实施，促成自然保护区管理部门与居民生计之间博弈状态的改变，自然保护区管理部门策略有补偿给居民和不补偿给居民，居民生计选择有可持续生计和传统生计。

自然保护区管理部门补偿与否会对居民生计方式选择产生重要的影响，从表 2-6 可以看出，如果居民选择可持续生计，其前期的投入成本要大于选择传统生计，即 $B>D$。所以，如果自然保护区管理部门在居民选择可持续生计的早期不进行生态补偿，那么居民会因为成本原因而继续选择传统生计；在自然保护区管理部门采取生态补偿的情况下，因为生态补偿标准的不同会对居民生计的选择产生影响，居民选择可持续生计的前提为 $CA-BA+AH>EA-DA$，即 $H>(E-D)-(C-B)$。由此可见，当自然保护区管理部门确定的生态补偿标准大于居民选择传统生计与可持续生计的收益差情况下，居民会选择可持续生计。

**表 2-6 自然保护区管理部门和居民生计博弈的报酬矩阵**

| 分类 | | 居民 | |
|---|---|---|---|
| | | 可持续生计 | 传统生计 |
| 自然保护区管理部门 | 补偿给居民 | $(F-AH,\ CA-BA+AH)$ | $(F-AH,\ EA-DA+AH)$ |
| | 不补偿给居民 | $(G,\ CA-BA)$ | $(G,\ EA-DA)$ |

注：①采取可持续生计和传统生计的对象数量均为 $A$；②采用可持续生计成本为 $B$ 元，居民所得收益为 $C$ 元；③传统生计的成本为 $D$ 元，收益为 $E$ 元；④自然保护区管理部门补偿与不补偿的收益分别为 $F$ 元与 $G$ 元；⑤采用可持续生计的补偿为 $H$ 元。

以上分析主要针对居民可持续生计选择的初期，此时，为了居民生计模式的转变，需要投入大量的人力和物质等资本，居民也需要花费较多的时间与精力去掌握新知识、新技能以适应可持续生计的模式，为了鼓励居民进行生计模式转变，生态补偿是一种行之有效的策略，并在诸多区域取得了良好成效。但生态补偿不可能无止境地持续进行，当生态补偿停止之后，如何让居民依然坚持可持续生计模式，给居民足够的动力以防止其重回传统生计的老路，是可持续生计能否真正成功的关键。在生态补偿到期之后，只有当居民选择可持续生计的收益大于传统生计的收益，即 $CA-BA>EA-DA$，也就是 $C-B>E-D$，此时，居民选择可持续生计与传统生计的收益差大于二者的成本差，能够从可持续生计中获利，才会继续选择可持续生计。

# 2.5 结论与政策启示

## 2.5.1 研究结论

自然保护区建立对生态保护、改善区域生态环境和维护国家生态安全具有重要作用，但是建设自然保护区的同时限制了居民对资源环境的利用，未能解决居民的生计问题，使其陷入贫困。自然保护区建设和管理对生态保护和居民生计有着重要的影响，协调自然保护区生态保护与居民生计之间的关系，关注居民的生计、生存和发展，使自然保护区居民收入和生活水平不因自然保护区的建立而受到影响，促进自然保护区生态保护和社区社会经济可持续发展。

通过自然保护区管理部门和居民生计的博弈分析得知，当自然保护区管理部门采取生态保护策略，同时居民选择可持续生计，其综合效益值最大；如果自然保护区管理部门采取生态保护策略得到居民的支持，或者居民选择可持续生计获得自然保护区管理部门的支持，其综合效益值较佳；但是，当居民选择传统生计同时自然保护区管理部门采取生态破坏策略，或者当居民选择传统生计且自然保护区管理部门也支持居民选择传统生计的时候，其综合效益值最小。

是否实施自然保护区生态补偿会对居民生计方式选择产生重要的影响，如果不实施生态补偿，居民会选择传统生计；当采取生态补偿，并且生态补偿标准大于居民选择传统生计与可持续生计的收益差，此时，居民会选择可持续生计；生态补偿到期之后，只有当居民选择可持续生计与传统生计的收益差大于二者的成本差时，居民才会继续选择可持续生计。

### 2.5.2 政策启示

1. 协调自然保护区生态保护与居民生计的关系

当前中国在自然保护区生态保护的研究和实践中，一方面，自然保护区的建设和管理使原本属于居民管理经营的山林、滩涂和水域等被规划到生态保护范围内，并通过行政手段限制木材产品、非木质林产品经营，种植业和水产养殖业生产等，限制了居民对资源环境的利用，造成居民的损失，没能很好地解决居民的生计问题，最终陷入贫困；另一方面，居民生计行为决定着资源的利用方式和效率，中国自然保护区多位于经济落后地区，自然保护区当地居民对自然资本的依赖程度高，为了维持生计，居民不合理地利用资源环境，造成自然保护区资源环境的破坏。

中国退耕还林（草）、天然林保护计划等所取得的生态保护成效，与居民合理的生计行为密切相关，如果自然保护区生态保护和居民传统生计行为的目标不一致，政府采取的补助政策就难以满足居民生计的基本需求。因此，一方面，需要通过制定完善的生态补偿政策，抵消自然保护区生态保护对居民生计的不利影响；另一方面，充分利用自然保护区资源环境优势，通过发展生态产业，增加居民的就业机会，替代其传统生计方式，促进自然保护区资源环境保护。

2. 重视生态补偿政策对自然保护区生态保护与居民生计的影响

利用环境政策工具能够有效地解决自然保护区生态保护成效和居民生计改善的问题，认为生态补偿通过纠正市场失灵可达到自然保护区生态保护效果与实现居民生计改善的目标。但是，实践证明，生态补偿项目的执行效果大多不太理想，只有极少项目同时在两个目标上取得成效。当前生态补偿对居民生计影响主要体现在生计资本的提升上，认为生态补偿通过提升居民生计资本，促进居民选择合理的生计策略，然而，实际上则是居民关键生计资本提高到一定程度后引发居民生计策略的演替和可持续生计水平的提升。另外，居民参与生态保护政策决策程度以及社区自治水平都直接影响着居民生计水平。虽然有学者探讨生态补偿政策对自然保护区生态保护与居民生计的影响，但由于研究问题的复杂性、精品案例区的缺乏以及长期社区调查数据储备不足，迄今鲜见报道生态补偿政策对自然保护区生态保护与居民生计的影响研究。所以，应选择合适的案例区，通过生态补偿政策对自然保护区生态保护与居民生计影响的分析，建立生态补偿政策对自然保护区生态保护与居民生计影响的回归模型，揭示生态补偿政策对自然保护区生态保护与居民生计影响的过程和规律，合理地制定自然保护区生态保护与居民生计协调发展的生态补偿政策，以促进自然保护区生态保护和社区社会经济可持续发展。

3. 加强居民权益的维护

自然保护区居民对当地资源环境有较大的依赖性，然而，自然保护区实施生态保护之后，当地居民对资源环境的利用受到限制，使得居民传统生计方式发生改变，居民生存权利受到了侵害，剥夺了居民的环境权利；另外，自然保护区生态保护使得当地居民的发展空间和成长机会受到限制，严重影响和制约了居民的发展权利。因此，在自然保护区生态保护过程中，需要居民积极参与自然保护区的规划、收益分配和决策，让居民享有知情权、参与权和监督权，实现自然保护区生态保护和当地居民生计可持续性。

# 第3章　自然保护区生态保护对居民可持续生计影响的研究

**本章提要**：解决自然保护区的生态保护与当地居民的可持续生计问题，处理自然保护区生态保护和居民可持续生计之间的关系，是当前学术界关注的问题。基于“自然保护区生态保护对居民可持续生计影响”的问卷调查，运用Logistic回归分析法，以福建省戴云山国家级自然保护区（简称戴云山自然保护区）为研究案例区，研究自然保护区生态保护对居民可持续生计的影响。结果表明，戴云山自然保护区当地大部分居民对生态保护持赞同态度，这种态度受被调查者的教育程度、年龄和性别的影响；男性居民的生态保护支持率大于女性居民，居民文化程度越高其生态保护态度越积极，年龄越大的居民越能够意识到生态保护重要性。戴云山自然保护区当地多数居民愿意参与生态保护，居民参与生态保护意愿受到其家庭生计资本禀赋的影响；居民生计的自然资本越多，其参与生态保护意愿越低，居民生计的人力资本越多其参与生态保护意愿越低，居民生计的物质资本越多其参与生态保护意愿越高，居民生计的金融资本越多其参与生态保护意愿越高，居民生计的社会资本越多其参与生态保护意愿越高。戴云山自然保护区实施生态保护使得居民选择农业生计方式人数占比下降，选择非农生计方式人数占比上升；生态保护限制了居民对自然资源的利用，致使外出打工和从商成为居民最重要替代生计。戴云山自然保护区实施生态保护后，大多数居民家庭收入减少，居民家庭的就业和健康风险增大。戴云山自然保护区生态保护对居民生计的影响具有双重性，其中有利影响体现在通过发展旅游增加居民收入、为居民寻找替代生计和能源、对居民生计提供政策扶持等方面；不利影响表现为限制资源利用、野生动物肇事、旅游收入分配不均、忽视居民利益等方面。戴云山自然保护区居民生计面临的问题有缺少资金、缺乏生计技能、生计方式简单、缺乏生态补偿制度。自然保护区实施生态保护限制了当地居民对自然资源和环境的利用，制约了社区经济的发展，致使当地居民的收入减少、生活压力增大，影响了居民生计的可持续发展。基于此，从“加强居民生计技能培训、寻找合理的居民替代生计和完善生态补偿制度”等方面，提出促进自然保护区生态保护和居民生计可持续发展的建议。

# 3.1 引 言

生物多样性对人类社会的生存和发展具有重要作用，而生物多样性保护的有效途径是建设和管理自然保护区，生计指的是建立在资产、活动和能力基础上的谋生方式。当前生态保护对居民生计影响的研究是国内外研究者关注的热点，相关研究主要集中于生态保护对居民生计资本的影响、生态保护对居民生计策略的影响和生态保护对居民生计结果的影响等方面（Ramankutty and Rhemtulla，2012；吴丽媛等，2016；张东生，2016）。目前中国进行生态保护对居民生计影响的研究区域主要集中于生态脆弱区、贫困地区和山区（韩鹏等，2012；何仁伟等，2014；翟彬和梁流涛，2015），而以自然保护区为研究区域的研究鲜见报道。建立和管理自然保护区对生态系统维护、生物多样性保护和区域环境质量改善等方面具有重要作用，与此同时，自然保护区实施生态保护之后，当地居民对资源环境的利用受到限制，致使居民的能源利用困难、就业压力增大和收入下降，对自然保护区当地居民可持续生计造成影响。协调自然保护区生态保护和当地居民生计之间的关系，是当前自然保护区资源环境保护和当地居民可持续生计中急需研究并解决的关键。以戴云山自然保护区为实证研究区域，探讨戴云山自然保护区生态保护对居民可持续生计的影响，对戴云山自然保护区生态保护和当地居民可持续生计发展具有重要意义，对同类型自然保护区进行相关研究具有借鉴价值。

# 3.2 研究方法

## 3.2.1 问卷调查法

基于相关专家的咨询，本书设计了“自然保护区生态保护对居民可持续生计影响”的调查问卷。调查问卷内容包括七个部分：第一部分内容为调查对象的基本情况，包括性别、年龄和受教育程度等方面；第二部分内容是“自然保护区居民对生态保护的态度和认知”；第三部分内容是“自然保护区居民参与生态保护的意愿”；第四部分内容是“自然保护区生态保护对居民生计资本、居民生计策略选择、居民生计结果的影响”；第五部分内容是“自然保护区生态保护对居民生计的有利影响”，主要指标有发展旅游增加收入、寻找替代产业、提供政策扶持和寻找替代能源等方面；第六部分内容是“自然保护区生态保护对居民生计的不利影响”，主要指标有限制资源利用、野生动物肇事、旅游收入分配不均和忽视居民利益等方面；第七部分内容是“自然保护区居民生计面临问题”，主要指标有缺少资金、缺乏生计技能、生计方式简单和缺乏生态补偿制度等方面。通过21位本专业相关专家对调查问卷进行内容效度检验（非常可行12人、比较可行8人、一般可行1人），检验结果符合研究要求。

### 3.2.2 Logistic 回归分析法

为了分析影响自然保护区当地居民参与生态保护意愿的关键因素，本书运用Logistic 回归模型，对居民参与自然保护区生态保护意愿的影响因素进行分析，由于参与自然保护区生态保护意愿分为“愿意参与”和“不愿意参与”两种情形，因此，因变量属于二分类变量，选取的Logistic 回归模型为二元Logistic 回归模型，具体表达式为

$$Y=\ln[P_i/(1-P_i)]=\alpha_0+\beta_1x_1+\beta_2x_2+\beta_3x_3+\cdots+\beta_nx_n \tag{3-1}$$

式中，$P_i$ 为居民愿意参与到自然保护区生态保护中的概率，其中，当 $Y=0$ 时，代表居民不愿意参与自然保护区生态保护；当 $Y=1$ 时，则代表居民愿意参与自然保护区生态保护；自变量 $x_1, x_2, x_3, \cdots, x_n$ 为影响居民参与自然保护区生态保护意愿的各种因素；$\alpha_0$ 为常数项；$\beta_n$ 为第 $n$ 个影响因素的回归系数，也可以作为各影响因素对居民愿意参与自然保护区生态保护这个选择概率的贡献率。

## 3.3 研究案例区概况和研究数据来源

### 3.3.1 研究案例区概况

戴云山自然保护区的地理坐标为118°05′~118°20′E，25°38′~25°43′N，总面积为13 472.40hm$^2$，1985年戴云山自然保护区经福建省政府批准为省级自然保护区，该自然保护区于2005年经过国务院批准为国家级自然保护区；戴云山自然保护区属于森林生态系统类型，主要保护对象为地带性森林生态系统和多样性的生物（李文周，2012）。

戴云山自然保护区行政区划涉及福建省泉州市德化县的6个乡（镇）22个行政村，共有671户约2600人，其中，西溪村和双芹村的居民点都位于戴云山自然保护区内，有417户约1750人。戴云山自然保护区当地居民主要进行毛竹

生产、粮食种植和生态旅游等生产经营活动；在该自然保护区的核心区和缓冲区禁止毛竹和农作物生产，而实验区居民可以在保护资源环境的基础上，进行毛竹生产、粮食种植和生态旅游开发等。戴云山自然保护区实施生态保护之后，当地居民对资源环境利用受到限制，包括采伐林木、禁止打猎、采集林副产品和采集薪柴等，造成居民的生活不便和收入减少，降低了当地居民的生活和生产水平；戴云山自然保护区当地各级政府在设置戴云山自然保护区的时候，利用公益林补偿金、发展生态旅游和寻找替代能源等手段，维持当地居民的生产和生活。

### 3.3.2 研究数据的来源

按照具有代表性原则，本书选择戴云山自然保护区实施生态保护之后当地居民生产生活受影响大的西溪村和双芹村，其中西溪村选取 160 户居民、双芹村选取 130 户居民进行问卷调查。调查时间为 2016 年 11 ~ 12 月、2017 年 3 ~ 4 月两个时段，调查对象的年龄为大于 18 周岁的当地居民，调查采取面对面访谈的形式，并对调查问卷中的疑问给予解答，提高了调查问卷的回答质量和回收率。调查问卷的问题设计采用封闭式和开放式两种形式，封闭式问题是为了获得可以进行统计研究的数据，开放式问题一般在每个封闭式问题的后面列出，由调查对象填写对相关问题的看法和认知。共发放 290 份调查问卷，回收 280 份调查问卷，其中，有效调查问卷为 272 份。

### 3.3.3 研究数据的处理

运用 Microsoft Excel 软件进行调查问卷数据进行统计和处理。按 5 个重要程度等级（最不重要、较不重要、较重要、重要和最重要）给每个指标赋予 1 分、2 分、3 分、4 分和 5 分的分值。依据式（3-2）进行计算，获得各个指标的重要程度平均分值。

$$K_i = [(5\times A_i)+(4\times B_i)+(3\times C_i)+(2\times D_i)+(1\times E_i)]/N \tag{3-2}$$

式中，$N$ 为有效调查问卷数，$N=272$；$K_i$ 为第 $i$ 个指标的重要程度平均分值；$E_i$ 为选择第 $i$ 个指标为“最不重要”的人数；$D_i$ 为选择第 $i$ 个指标为“较不重要”的人数；$C_i$ 为选择第 $i$ 个指标为“较重要”的人数；$B_i$ 为选择第 $i$ 个指标为“重要”的人数；$A_i$ 为选择第 $i$ 个指标为“最重要”的人数。

# 3.4 戴云山自然保护区居民对生态保护态度的分析

## 3.4.1 调查对象的基本情况

从表3-1可知，调查对象中男性所占比例较多，为60.3%，女性仅占39.7%；调查对象的年龄为18~80岁，其中，51岁及以上的居民占调查对象总人数的42.6%，31~50岁的居民占32.4%，30岁及以下的居民占25.0%；具有高中及以上文化程度的居民占调查对象总人数的30.5%，初中文化程度的居民占38.2%，小学及以下文化程度的居民占31.3%。

表3-1 调查对象的基本情况

| 项目 | 分组 | 人数/人 | 占总人数/% |
| --- | --- | --- | --- |
| 性别 | 男 | 164 | 60.3 |
| | 女 | 108 | 39.7 |
| 文化程度 | 高中及以上 | 83 | 30.5 |
| | 初中 | 104 | 38.2 |
| | 小学及以下 | 85 | 31.3 |
| 年龄 | 51~80岁 | 116 | 42.6 |
| | 31~50岁 | 88 | 32.4 |
| | 18~30岁 | 68 | 25.0 |

## 3.4.2 戴云山自然保护区居民对生态保护的态度

从调查结果来看，调查对象中有195人对戴云山自然保护区生态保护持支持态度，占调查对象总人数的71.7%，有17人对戴云山自然保护区生态保护持反对态度，占6.3%，有60人对戴云山自然保护区生态保护持中立态度，占22.0%，表明大多数居民赞同戴云山自然保护区实施生态保护。

这可能是因为“持支持态度”居民认为，一方面，随着戴云山自然保护区生态保护成效实现和管理体制不断完善，居民生活环境、居民家庭生活设施和当地社会治安等方面得到不同程度的改善，在一定程度上提升了居民的生活满意度；采取打分方式（其中，“1”表示“非常不满意”，“2”表示“比较不满意"，"3"表示"一般满意"，"4"表示"比较满意"，"5"表示"非常满意"）进行戴云山自然保护区当地居民对生活环境、居民家庭生活设施和当地社会治安等生活满意度主要指标方面的问卷调查，基于调查数据的整理和统计，运用李克特量表登记评价（平均值在1.00～2.00表示"不满意"，2.01～3.00表示"一般"，3.01～5.00表示"满意"），发现戴云山自然保护区当地居民对生活环境、居民家庭生活设施和当地社会治安等生活满意度指标的平均值分别为3.70、3.29和3.01，这3个指标平均值都达到"满意"等级，所以，戴云山自然保护区当地居民的生活满意度较高。另一方面，戴云山自然保护区的生态旅游、替代生计等发展政策实施和扶持增加了当地居民参与生态旅游、外出务工和经商等非农就业机会，使得当地居民收入水平得到一定程度的提高；在调查中发现，戴云山自然保护区当地居民对生态旅游和替代生计等发展政策具有较高的满意度。总体上看，虽然短期内戴云山自然保护区建设致使当地居民收入受到一定程度的损失，但是从长远发展看，当地居民的生活质量和生计技能得到了较大提升，因此，大多数当地居民对戴云山自然保护区生态保护持支持态度。

为进一步分析居民对戴云山自然保护区生态保护的态度与其人口学特征之间关系，利用居民的调查问卷以及访谈所得到的研究数据，从居民的性别、文化程度和年龄等方面进行探析。从表3-2可以看出，在居民的性别方面，男性居民的反对率为29.4%，支持率为63.6%；女性居民的反对率为70.6%，支持率为36.4%；这可能是因为男性居民通常作为家庭代表参加相关会议，可以更多地接触到戴云山自然保护区生态保护政策相关知识的宣传，对生态保护政策的了解要多于女性居民。在居民的文化程度方面，具有高中及以上文化程度居民的反对率为17.7%，支持率为39.5%；具有初中文化程度居民的反对率为29.4%，支持率为36.9%；小学及以下文化程度居民的反对率为52.9%，支持率为23.6%；说明戴云山自然保护区当地居民的文化程度与其生态保护态度积极程度之间存在正相关关系，也就是说居民文化程度越高其生态保护态度越积极；这主要是因为文化程度高的居民更加能够意识到戴云山自然保护区生态保护和管理带来的综合效益，所以，对戴云山自然保护区生态保护和管理工作能够更加积极地支持。在居民的年龄方面，51～80岁居民的反对率为17.7%，支持率为49.2%；31～50岁居民的反对率为35.3%，支持率为32.8%；18～30岁居民的反对率为47.0%，支持率为18.0%，表明戴云山自然保护区当地居民的年龄大小与其生态保护态度积极程度之间具有正比关系，也就是说年龄越大的居民越能够意识到自然保护区生态保护的重要性；这主要是由于年龄大的居民能够较好地利用其生产生活方面的经验，探析和感受自然保护区生态保护前后的资源环境改变，对自然保护区生态保护重要性的认知程度高。

表 3-2　居民对戴云山自然保护区生态保护态度的差异　（单位：人）

| 态度 | 性别 | | 文化程度 | | | 年龄 | | |
|---|---|---|---|---|---|---|---|---|
| | 男 | 女 | 高中及以上 | 初中 | 小学及以下 | 51～80 岁 | 31～50 岁 | 18～30 岁 |
| 支持 | 124(63.6) | 71(36.4) | 77(39.5) | 72(36.9) | 46(23.6) | 96(49.2) | 64(32.8) | 35(18.0) |
| 中立 | 35(58.3) | 25(41.7) | 3(5.0) | 27(45.0) | 30(50.0) | 17(28.3) | 18(30.0) | 25(41.7) |
| 反对 | 5(29.4) | 12(70.6) | 3(17.7) | 5(29.4) | 9(52.9) | 3(17.7) | 6(35.3) | 8(47.0) |

注：括号内为人数在此类别中所占百分比，单位：%。

# 3.5　戴云山自然保护区居民参与生态保护意愿及影响因素分析

## 3.5.1　居民参与戴云山自然保护区生态保护意愿的调查

居民作为戴云山自然保护区生态保护中核心利益相关者，参与戴云山自然保护区生态保护不仅可增强其生态保护认同意识，在一定程度上缓减居民与戴云山自然保护区之间冲突，提高戴云山自然保护区生态保护和管理的成效，同时还可以更好地发挥戴云山自然保护区“共管共建共享”的优势，进一步提升戴云山自然保护区生态保护的效果，促进戴云山自然保护区当地居民生计的可持续发展。

通过对戴云山自然保护区居民问卷调查进行统计和处理，发现调查对象中有65.4%居民愿意参与戴云山自然保护区生态保护，有34.6%居民不愿意参与生态保护。总体上看，多数居民愿意参与戴云山自然保护区生态保护。

依据西方经济学的假设理论，作为理性经济人的戴云山自然保护区当地居民，其行为应该符合追求自身利益最大化的原则，由于居民在参与生态保护过程中必然会消耗自身资源，付出机会成本，因此，居民愿意参与生态保护很大程度上是为了获取利益，如果参与行为不能让居民得到利益或者感受到好处，居民参与的主动性很可能会大大降低。戴云山自然保护区居民愿意参与生态保护的原因方面，调查发现，调查对象中有55.1%居民将带来经济效益和发展机遇作为其参与生态保护的主要原因；有20.2%居民认为提高人居环境水平是其参与生态保护的重要原因；有14.0%居民表示参与方便是其参与生态保护的重要理由；还有10.7%居民提出增强自身社会责任感是其参与生态保护的主要原因。通过上述调查可以得知，绝大多数居民参与戴云山自然保护区生态保护的意愿带有明显经济利益趋向性，这也证明了居民作为理性经济人，在戴云山自然保护区生态保护中，更关注其经济价值的实现。

另外，在戴云山自然保护区居民不愿意参与生态保护的原因方面，调查发现，调查对象中有 63.8% 表示对自身利益没有带来帮助，没有产生实惠；有 19.2% 选择自身原因，如能力不足、年事已高等；还有 17.0% 提出管理机构不支持、没有法律保障等原因是其不愿意参与戴云山自然保护区生态保护的主要理由。

## 3.5.2 戴云山自然保护区居民参与生态保护意愿的影响因素

1. 变量选择和模型设定

**1）变量选择和研究假设**

为分析戴云山自然保护区居民参与生态保护意愿的影响因素，参考相关的研究成果（曲笑含和刘晶岚，2014；张一帆，2017），依据实地调查反映的问题，并考虑数据的可获得性，根据问卷调查所获得的研究数据，并结合单因素分析的筛选，最终选取因变量以及可能对居民参与生态保护意愿产生影响的自变量。

选取戴云山自然保护区居民参与生态保护意愿作为因变量，在因变量中有“愿意参与生态保护”和“不愿意参与生态保护”两种不同情景，当戴云山自然保护区居民选择“不愿意参与生态保护”的时候，则因变量 $Y=0$；当戴云山自然保护区居民选择“愿意参与生态保护”的时候，则因变量 $Y=1$。

影响戴云山自然保护区居民参与生态保护意愿的自变量指标，主要包含“居民的家庭资源禀赋”的相关指标，包括居民家庭的自然资本禀赋、人力资本禀赋、物质资本禀赋、金融资本禀赋和社会资本禀赋五个方面。其中，自然资本是指能够导出有利于居民生计的资源流和服务的自然资源（石智雷和杨云彦，2012），主要是居民家庭所拥有的土地（包括毛竹林、耕地等）面积；一般来讲，居民参与生态保护意愿在一定程度上取决于居民家庭所拥有的毛竹林和耕地面积等，由于实施生态保护限制了居民对毛竹林和耕地等资源的利用，造成居民的损失，影响了其基本生计，因此，拥有更多毛竹林和耕地的居民更不愿意参与生态保护；基于此，研究提出假设一：戴云山自然保护区居民生计的自然资本越多，其参与生态保护意愿越低。

人力资本是指居民家庭成员受到教育、培训、实践经验、迁移、健康等方面的投资而获得的知识和技能的积累（张郁等，2015），主要包括居民的家庭整体劳动能力、户主受教育程度等方面；在目前戴云山自然保护区当地农业生产水平较低的情况下，居民拥有更好健康状况能有助于其参与生态保护；较高文化程度的居民不仅更容易掌握新技术，而且会拥有更强的生态保护意识，所以，文化程度越高的居民越愿意参与生态保护；基于此，研究提出假设二：戴云山自然保护区居民生计的人力资本越多，其参与生态保护意愿越高。

物质资本指的是居民家庭为支撑生计所需的生产资料和固定资产，主要包括居民家庭的住房类型、家庭耐用消费品数量、居民对基础设施评价等方面；一般情况下，在戴云山自然保护区生态保护过程中，通过生态移民在一定程度上改善了当地居民住房条件，通过技能培训提高居民收入，提升其家庭耐用品的购买力，通过改善生活环境、交通和医疗条件，从而提升了居民对基础设施满意程度；基于此，研究提出假设三：戴云山自然保护区居民生计的物质资本越多，其参与生态保护意愿越高。

金融资本是指居民家庭所拥有的可支配资产及可利用的各种金融资源，主要包括居民家庭的年收入、可借贷机会、生态补偿金额等方面，居民拥有的金融资本代表着家庭经济水平和经济能力；一般来讲，家庭经济水平越高、经济能力越强的居民越有能力参与到生态保护中，也更愿意参与生态保护；基于此，研究提出假设四：戴云山自然保护区居民生计的金融资本越多，其参与生态保护意愿越高。

社会资本指的是居民家庭或家庭成员与社会其他主体形成的社会网络、互惠性规范和由此产生的信任，是居民整个家庭在社会结构中所处位置给其带来的资源，主要包括居民家庭中是否有村干部、居民对议事小组意见反馈频率和周围人信任程度等方面；社会资本作为一种资产可以拓宽居民与资源和其他行为者的接触，一般情况下，接触社会组织、政府和市场越多的居民获得社会资本机会越多，越能够意识到戴云山自然保护区生态保护的重要性和带来的综合效益，所以更加愿意参与生态保护；基于此，研究提出假设五：戴云山自然保护区居民生计的社会资本越多，其参与生态保护意愿越高。

**2）模型设定**

由于戴云山自然保护区居民参与生态保护意愿可以分为“愿意参与生态保护”和“不愿意参与生态保护”两种情况，在分析中将戴云山自然保护区居民参与生态保护意愿作为因变量，在因变量中“愿意参与生态保护”取值为1，“不愿意参与生态保护”取值为0，因变量的取值范围为［0,1］。戴云山自然保护区居民参与生态保护意愿的决策结果实际上属于二元分类变量，由于Logistic回归模型采用的参数估计法是最大似然估计法，模型测算出的结果更加直观且容易解释；因此，利用式（3-1）采用二元Logistic回归分析法，对戴云山自然保护区居民参与生态保护意愿的影响因素进行分析。

## 2. 变量的描述性统计分析

基于戴云山自然保护区居民调查问卷的整理、统计以及处理，通过计算获得戴云山自然保护区居民参与生态保护意愿的相关变量指标的均值和标准差（表 3-3）。

**表 3-3　变量说明及描述性统计**

| 维度 | 变量/单位 | 变量说明 | 均值 | 标准差 |
| --- | --- | --- | --- | --- |
| 因变量 | 是否愿意参与生态保护 | 不愿意为 0，愿意为 1 | 0.65 | 0.542 |
| 自然资本 | 毛竹林/$hm^2$ | 4.0 以下为 1，4.0 ~ 8.0 为 2，8.1 ~ 12.0 为 3，12.1 ~ 16.0 为 4，16.0 以上为 5 | 1.82 | 0.668 |
| | 耕地/$hm^2$ | 0.1 以下为 1，0.1 ~ 0.2 为 2，0.3 ~ 0.4 为 3，0.4 以上为 4 | 2.71 | 1.191 |
| 人力资本 | 劳动能力/人 | 家庭劳动力累加 | 2.82 | 1.421 |
| | 户主受教育程度 | 小学及以下为 1，初中为 2，高中为 3，大专及以上为 4 | 1.48 | 0.614 |
| 物质资本 | 基础设施评价 | 非常不满意为 1，不满意为 2，一般为 3，满意为 4，非常满意为 5 | 2.53 | 0.684 |
| | 家庭耐用品数量/件 | 1 ~ 3 为 1，4 ~ 6 为 2，7 ~ 9 为 3，10 及以上为 4 | 2.76 | 1.123 |
| | 住房类型 | 泥土房为 1，砖木/瓦房为 2，混凝土房为 3 | 2.45 | 0.733 |
| 金融资本 | 家庭年收入/万元 | 2 以下为 1，2 ~ 4 为 2，5 ~ 6 为 3，7 ~ 8 为 4，8 以上为 5 | 2.47 | 1.195 |
| | 可获得借贷机会 | 无为 0，有为 1 | 0.34 | 0.475 |
| | 家庭生态补偿金/元 | 2000 以下为 1，2001 ~ 4000 为 2，4001 ~ 6000 为 3，6001 ~ 8000 为 4，8000 以上为 5 | 1.49 | 1.373 |
| 社会资本 | 家里是否有干部 | 无为 0，有为 1 | 0.33 | 0.471 |
| | 对议事小组的意见反馈 | 几乎不提为 1，极少提为 2，偶尔提为 3，有时提为 4，总是提为 5 | 2.08 | 0.580 |
| | 周围人信任程度 | 几乎没有为 1，不多为 2，一半为 3，大多数为 4，几乎全部为 5 | 2.65 | 1.314 |

从表 3-3 可以看出，在戴云山自然保护区居民参与生态保护意愿的相关变量指标中，指标均值和标准差的最大值为人力资本中的“劳动能力”指标，其值分别为 2.82 和 1.421；而最小值为社会资本中的“家里是否有干部”指标，其值分别为 0.33 和 0.471，均值的最小值只占最大值的 11.70%，标准差的最大值是最小值的 3 倍。

### 3. 居民生计资本对其参与生态保护意愿的影响

#### 1）居民生计资本与居民生态保护意愿的关系

为了分析戴云山自然保护区居民生计资本与居民生态保护意愿之间的关系，通过戴云山自然保护区居民问卷调查数据的统计和处理，运用 Pearson 相关分析法，计算得到戴云山自然保护区居民生计资本与居民生态保护意愿之间的相关系数，以此来检验戴云山自然保护区居民生计资本与居民生态保护意愿之间的相关状况（表 3-4）。

**表 3-4 居民生计资本与居民生态保护意愿的相关性检验**

| Pearson 相关性 | 显著性（双尾） | *N* |
|---|---|---|
| 0.492 ** | 0.000 | 175 |

** 在置信度（双侧）为 0.01 时，相关性是显著的。

从表 3-4 可以看出，戴云山自然保护区居民生计资本与居民生态保护意愿之间的 Pearson 相关系数为 0.492，双尾检验为 0.000，并且在 0.01 水平上显著。表明戴云山自然保护区居民生计资本与居民生态保护意愿之间的相关程度较高，在一定程度上说明戴云山自然保护区居民生计资本对居民生态保护意愿具有明显的影响。

#### 2）居民生计资本对其参与生态保护意愿影响的分析

为了进一步检验以上 5 个研究假设，分析戴云山自然保护区居民生计的自然资本、人力资本、物质资本、金融资本和社会资本对其参与生态保护意愿的影响，由于戴云山自然保护区居民调查问卷“您是否愿意参与戴云山自然保护区生态保护”中，只有“不愿意参与=0”“愿意参与=1”两个选项，而此问题属于二元离散选择，且不同选项之间存在次序逻辑关系；因此，可以通过二元 Logistic 回归模型，分析戴云山自然保护区居民生计资本对其参与生态保护意愿的影响。将戴云山自然保护区居民参与生态保护意愿作为因变量，居民生计的自然资本、人力资本、物质资本、金融资本和社会资本作为自变量，为保证回归结果有效，需要对各自变量间的多重共线性进行检验，如果方差膨胀因子 VIF≤5，说明自变量之间不存在严重共线性；通过 SPSS 软件进行线性回归的多重共线性诊断，结果表明，选取的自变量 VIF 值都明显小于 5，说明自变量集的选择比较合适，不存在明显的多重共线性问题。运用 SPSS 统计软件，对戴云山自然保护区居民生计资本对其参与生态保护意愿的影响作用进行了二元 Logistic 回归分析，回归结果如表 3-5 所示。

**表 3-5 居民生计资本对其参与生态保护意愿影响的回归结果**

| 解释变量 | 回归系数 *B* | Wald 统计量 | Exp（*B*） |
|---|---|---|---|
| 自然资本 | −2.498*** | 26.198 | 0.081 |
| 人力资本 | −0.749 | 2.231 | 0.472 |
| 物质资本 | 0.630** | 4.141 | 1.878 |
| 金融资本 | 0.917*** | 11.676 | 2.504 |
| 社会资本 | 0.619*** | 9.189 | 1.859 |
| 样本数 | 178 | Nagelkerke R-Square | 0.768 |
| 预测准确率 | 90.28% | Chi-Square 检验值 | 0.539 |
| 对数似然值 | 75.987 | HL 拟合优度统计量 | 6.121 |

**，***分别表示在5%、1%的统计水平显著。

（1）居民生计资本对其参与生态保护意愿的影响。

从表 3-5 可以看出，戴云山自然保护区居民生计的自然资本、金融资本和社会资本对其参与生态保护意愿影响的回归系数均在 0.01 水平上显著，居民生计的物质资本对其参与生态保护意愿影响的回归系数在 0.05 水平上显著，而居民生计的人力资本对其参与生态保护意愿影响不显著；另外，回归结果的 Chi-Square 检验值为 0.539，预测准确率为 90.28%。总体上看，Logistic 回归模型检验进一步验证了戴云山自然保护区居民生计的自然资本、金融资本、社会资本和物质资本对其参与生态保护意愿具有显著的影响。

另外，从表 3-5 可知，戴云山自然保护区居民参与生态保护意愿影响最关键的因素是居民生计的自然资本，其 Wald 统计量为 26.198；其次为居民生计的金融资本和社会资本，其 Wald 统计量分别为 11.676 和 9.189；然后为居民生计的物质资本，其 Wald 统计量为 4.141；居民生计的人力资本影响最小，其 Wald 统计量仅为 2.231。

（2）居民生计的自然资本对其参与生态保护意愿的影响。

从表 3-5 可以看出，戴云山自然保护区居民生计的自然资本对其参与生态保护意愿的影响通过了 1% 的显著性检验，但是，居民生计的自然资本回归系数为负值，居民生计的自然资本每提高一个单位，居民参与生态保护意愿的概率就下降 2.498，也就是说居民生计的自然资本负向显著影响其参与生态保护意愿，表明随着居民生计的自然资本增加，居民更不愿意参与生态保护，这个结果验证了分析假设一。这主要是因为：一方面戴云山自然保护区实施生态保护之后，占用了当地居民的毛竹林地使其收入下降；另一方面，戴云山自然保护区实施生态保护后，当地野猪和猴子等野生动物明显增多，野生动物破坏农作物和房屋造成当地居民的经济损失。

（3）居民生计的人力资本对其参与生态保护意愿的影响。

从表3-5可知，戴云山自然保护区居民生计的人力资本对其参与生态保护意愿的影响没有通过显著性的检验，而且，居民生计的人力资本回归系数为负值，居民生计的人力资本每提高一个单位，居民参与生态保护意愿的概率就下降0.749，也就是说居民生计的人力资本负向影响其参与生态保护意愿，但是影响不显著；表明随着居民生计的人力资本增加，居民更不愿意参与生态保护，这个结果与研究假设二不相符。这可能是因为：一方面，受访者不是户主，其参与生态保护意愿与户主存在较大差异；另一方面，戴云山自然保护区当地居民教育程度大多数为小学及以下，高中及以上教育水平的样本少，造成研究结果与研究假设不相符合。

（4）居民生计的物质资本对其参与生态保护意愿的影响。

从表3-5可以看出，戴云山自然保护区居民生计的物质资本对其参与生态保护意愿的影响通过了5%的显著性检验，并且居民生计的物质资本回归系数为正值，居民生计的物质资本每提高一个单位，居民参与生态保护意愿的概率就上升0.630，也就是说居民生计的物质资本正向显著影响其参与生态保护意愿，表明随着居民生计的物质资本增加，居民更愿意参与生态保护，这个结果验证了研究假设三。这主要是因为：居民生计的物质资本更高的家庭，其住房条件相对较好、耐用消费品更多，说明居民家庭的经济水平相对较高，而经济水平较高的家庭收入主要来源于外出务工，脱离了农业生产，居民对戴云山自然保护区当地自然资源依赖程度低。

（5）居民生计的金融资本对其参与生态保护意愿的影响。

从表3-5可知，戴云山自然保护区居民生计的金融资本对其参与生态保护意愿的影响通过了1%的显著性检验，并且居民生计的金融资本回归系数为正值，居民生计的金融资本每提高一个单位，居民参与生态保护意愿的概率就上升0.917，也就是说居民生计的金融资本正向显著影响其参与生态保护意愿，表明随着居民生计的金融资本增加，居民更愿意参与生态保护，这个结果验证了研究假设四。这主要是因为：一方面，在戴云山自然保护区生态保护过程中执行了生态补偿措施，部分居民获得了现金补偿，在一定程度上增加了其经济收入，使其愿意参与生态保护；另一方面，戴云山自然保护区实施生态保护之后，通过政府和自然保护区管理部门对当地居民进行技能培训，在一定程度上增加了居民就业机会，提升其收入水平，使得居民愿意参与生态保护。

（6）居民生计的社会资本对其参与生态保护意愿的影响。

从表3-5可以看出，戴云山自然保护区居民生计的社会资本对其参与生态保护意愿的影响通过了1%的显著性检验，并且居民生计的社会资本回归系数为正值，居民生计的社会资本每提高一个单位，居民参与生态保护意愿的概率就上升

0.619，也就是说居民生计的社会资本正向显著影响其参与生态保护意愿，表明随着居民生计的社会资本增加，居民更愿意参与生态保护，这个结果验证了研究假设五。这主要是因为：家庭里有干部的居民相对来说对生态保护政策了解程度更深，更清楚戴云山自然保护区生态保护对其生产生活带来的有利影响，更加愿意参与生态保护。

4. 居民参与生态保护意愿的影响因素分析

为了进一步分析戴云山自然保护区居民参与生态保护意愿的影响因素，设定因变量为居民是否愿意参与戴云山自然保护区生态保护，并选取与因变量关系密切的居民家庭的自然资本禀赋、人力资本禀赋、物质资本禀赋、金融资本禀赋和社会资本禀赋中的相关指标。通过 SPSS 软件，利用二元 Logistic 模型，对居民参与戴云山自然保护区生态保护意愿的影响因素进行回归分析，模型的回归结果如表 3-6 所示。

**表 3-6　居民生态保护意愿影响因素的回归结果**

| 维度 | 变量 | $B$ | S. E. | Wald | Exp ($B$) |
|---|---|---|---|---|---|
| 自然资本禀赋 | 毛竹林面积 | -1.881** | 0.887 | 4.469 | 0.152 |
| | 耕地面积 | -2.374** | 0.828 | 8.207 | 0.092 |
| 人力资本禀赋 | 劳动能力 | 0.409 | 0.540 | 0.574 | 1.506 |
| | 户主受教育程度 | -0.685 | 0.808 | 0.718 | 0.503 |
| 物质资本禀赋 | 基础设施评价 | -1.201 | 0.797 | 2.268 | 0.301 |
| | 家庭耐用品数量 | 1.695** | 0.842 | 4.043 | 5.453 |
| | 住房类型 | -1.310 | 0.928 | 1.990 | 0.270 |
| 金融资本禀赋 | 家庭年收入 | 1.408** | 0.580 | 5.873 | 4.091 |
| | 可获得借贷机会 | 0.345 | 1.085 | 0.101 | 1.413 |
| | 家庭生态补偿金 | 1.565** | 0.757 | 4.267 | 4.788 |
| 社会资本禀赋 | 家里是否有干部 | 2.462** | 1.033 | 5.677 | 11.737 |
| | 对议事小组的意见反馈 | 2.277** | 1.138 | 4.000 | 9.758 |
| | 周围人信任程度 | 1.478* | 0.778 | 3.616 | 4.390 |

*和**分别表示在10%和5%的统计水平显著。

**1）居民家庭自然资本禀赋对其参与生态保护意愿的影响**

从表 3-6 可知，在戴云山自然保护区居民家庭的自然资本禀赋中，居民家庭拥有的毛竹林和耕地面积对其参与生态保护意愿的影响都通过了 5% 的显著性检验，其中，居民拥有毛竹林面积与其参与生态保护意愿呈现负相关，也就是说居民家庭拥有毛竹林越多，其参与生态保护意愿的可能性就越低。这主要是由于戴云山自然保护区实施生态保护之后，限制居民砍伐毛竹的根数，使得当地居民拥有毛竹林的所有权而缺乏经营权，造成居民失去生产毛竹的经济来源，致使其家庭收入下降，居民不得不改变其传统的生计方式，从而降低了居民参与生态保护的意愿。另外，居民拥有耕地面积与其参与生态保护意愿呈现负相关，也就是说居民家庭拥有耕地越多，其参与生态保护意愿的可能性就越低；在调查中发现，戴云山自然保护区实施生态保护后，野猪和猴子等野生动物数量明显增多，野生动物毁坏农作物和房屋的事件频发，致使居民经济损失严重，造成耕地荒废；因为野生动物致害造成的经济损失难以衡量，政府没有制定相关补偿政策，野生动物致害缺乏补偿，使得当地居民对戴云山自然保护区生态保护产生不满情绪，从而降低了居民参与生态保护的意愿。

**2）居民家庭人力资本禀赋对其参与生态保护意愿的影响**

从表 3-6 可以看出，在戴云山自然保护区居民家庭的人力资本禀赋中，居民家庭劳动能力对其参与生态保护意愿具有正向影响，户主受教育程度对居民参与生态保护意愿具有负向影响，但是，其影响不显著。这可能是因为，一方面，居民劳动能力高的家庭，其经济收入主要来源于外出务工，基本上脱离了农业生产，对于戴云山自然保护区生态保护政策的关注度和了解度较低；另一方面，在调查中发现，戴云山自然保护区当地居民的户主文化程度不高，基本上是小学或以下文化程度，调查对象中的高中及以上文化程度的研究样本少，从而影响了其参与生态保护的意愿。

**3）居民家庭物质资本禀赋对其参与生态保护意愿的影响**

从表 3-6 可知，在戴云山自然保护区居民家庭的物质资本禀赋中，居民家庭耐用品数量对其参与生态保护意愿的影响通过了 5% 的显著性检验，并且居民家庭耐用品数量与其参与生态保护意愿呈现正相关，也就是说居民家庭耐用品数量越多，其参与生态保护意愿的可能性就越高；这主要是由于耐用消费品越多的家庭，其家庭经济水平相对较高，而经济水平较高的家庭收入主要来源于非农业收入，而这些家庭对戴云山自然保护区当地自然资源依赖程度较低，戴云山自然保护区生态保护政策对其生产生活影响相对较小，所以，家庭耐用品数量越多的居民越愿意参与生态保护。

**4）居民家庭金融资本禀赋对其参与生态保护意愿的影响**

从表 3-6 可以看出，在戴云山自然保护区居民家庭的金融资本禀赋中，家庭年收入和家庭生态补偿金对其参与生态保护意愿的影响都通过了 5% 的显著性检验，其中，家庭年收入与其参与生态保护意愿呈现正相关，也就是说居民家庭年收入越高，其参与生态保护意愿的可能性就越大；这主要是因为，一方面，家庭收入高的居民对生活品质和周围环境质量要求也高，而戴云山自然保护区实施生态保护有助于改善环境质量；另一方面，收入高的家庭基本上脱离了农业生产活动，戴云山自然保护区进行生态保护限制农地资源利用，对其家庭收入影响较小，愿意参与生态保护。另外，家庭生态补偿金与其参与生态保护意愿呈现正相关，也就是说居民家庭获得的生态补偿金越多，其参与生态保护意愿的可能性就越高；这主要是由于戴云山自然保护区执行生态保护之后，为了弥补当地居民的经济损失，通过政府给当地居民发放生态补偿金，让居民直接感受到参与生态保护可以直接获得益处，更加愿意参与生态保护。

**5）居民家庭社会资本禀赋对其参与生态保护意愿的影响**

从表 3-6 可知，在戴云山自然保护区居民家庭的社会资本禀赋中，居民家里是否有干部和对议事小组的意见反馈对其参与生态保护意愿的影响都通过了 5% 的显著性检验，而居民家庭的周围人信任程度对其生态保护意愿影响只通过了 10% 的显著性检验，其中，居民家里是否有干部与其参与生态保护意愿呈现正相关，也就是说家庭有村干部的居民，其参与生态保护意愿的可能性就越大；这可能是因为在当代社会中，人际交往圈子越大，其所能获得的社会资源和信息就越多，如果居民家庭中有村干部，可能更容易获得戴云山自然保护区相关优惠政策信息，能够从中获得更多的利益（如就业机会和技能培训等方面），因此，更愿意参与戴云山自然保护区生态保护。居民对议事小组的意见反馈与其生态保护意愿呈现正相关，也就是说居民对议事小组意见反馈频率越高，其参与生态保护意愿的可能性就越高；这可能是由于对议事小组意见反馈频率高的居民，相对而言其社会责任感较强，关心身边的事情，关注国家的政策方针，所以，对有利于区域可持续发展的生态保护政策更加支持，更愿意参与生态保护。居民家庭的周围人信任程度与其参与生态保护意愿呈现正相关，也就是说对周围人信任程度越高的居民，其参与生态保护意愿的可能性就越大；这可能是因为对外联系越多的居民，其与外界沟通联系较多，因而较清楚地知道生态保护带来的综合效益，因此，更愿意参与生态保护。

## 3.6 戴云山自然保护区生态保护对居民生计策略影响的分析

### 3.6.1 戴云山自然保护区生态保护对居民生计方式选择的影响

生计策略是由各种生计活动（方式）构成，并通过生计活动综合体现。戴云山自然保护区在进行生态保护过程中对当地居民利用自然资源产生一定限制，进而影响当地居民生计方式的选择。居民生计方式变化对其土地利用方式和消费方式等方面产生影响，戴云山自然保护区当地居民合理地选择生计方式，能够为戴云山自然保护区生态保护和当地居民生计可持续发展提供重要保障。

1. 戴云山自然保护区生态保护对居民农业生计方式选择的影响

基于问卷调查的统计和处理发现，戴云山自然保护区实施生态保护前后，当地居民选择农业生计方式的人数占比由83.0%减少到52.0%，其中，当地居民选择粮食生计方式的人数占比由54.0%减少至44.0%，选择果树生计方式的人数占比由11.0%减少至4.0%，选择茶叶生计方式的人数占比由3.0%减少至0.0%，选择毛竹经营生计的人数比重由15.0%减少至3.0%。

在调查中发现，戴云山自然保护区实施生态保护之后限制了当地居民对资源环境的利用，使得部分居民（特别是新生代居民）首先选择外出务工，造成当地居民选择农业生计方式的人数减少；另外，随着耕作技术和管理制度的改善，大量新生代居民不必扎根农地，在农业增产的同时也解放了农业劳动力，使得居民选择粮食、果树和茶叶生计的人数占比降低；而选择毛竹经营生计的人数占比减少主要是由于一方面戴云山自然保护区实施生态保护之后，毛竹生产经营受到限制，致使居民选择毛竹经营生计的人数占比减少；另一方面是由于毛竹的生产加工方式较粗放，以家庭经营为主，不成规模，大多数居民将毛竹用于手工编制竹篮、簸箕等产品，其附加值较低，产品流入市场较少，以家用为主，对于提升居民家庭经济收入的作用不大，从而使得居民选择毛竹经营生计的人数占比减少。

2. 戴云山自然保护区生态保护对居民非农业生计方式选择的影响

从调查结果来看，戴云山自然保护区实施生态保护前后，当地居民选择外出务工生计方式的人数占调查对象总人数的占比由14.0%提高至42.0%，选择生态旅游经营生计方式的人数占比增加了1.0%，选择经商生计方式的人数占比由2.0%提高至4.0%。

在调查中发现，选择外出务工生计方式的人数增加，主要是由于农业生计方式需求人数的下降以及人口体质、学历状况的提升，从而推动了当地居民选择外出务工生计方式的人数占比上升。戴云山自然保护区实施生态保护之后，当地部分村庄在各级政府和戴云山自然保护区管理局等共同扶持下，积极发展生态旅游项目，带动了当地相关产业发展，促进生态旅游收入和参与人数的增加，从而提高了当地居民选择生态旅游经营生计方式的人数占比。随着戴云山自然保护区当地居民选择外出务工生计方式、选择生态旅游经营生计方式的人数占比提升，居民家庭的经济收入在一定程度上增加了，增强了居民生计的金融资本和物质资本，为当地居民从事商业活动提供了重要保障；同时小额专项贷款等惠民政策使得居民获得银行信贷的机会增加，有助于经商生计方式的人数占比增加。

## 3.6.2 戴云山自然保护区生态保护对居民生计替代选择的影响

戴云山自然保护区生态保护在一定程度上限制了居民对资源环境的利用，因此，居民选择替代生计对其收入增加和生计水平提升等方面具有重要作用。基于调查问卷的统计和处理，获得戴云山自然保护区生态保护对居民替代生计选择的影响的重要程度平均值（表 3-7）。

**表 3-7　生态保护对居民替代生计选择的影响**

| 重要程度等级 | 旅游业 | 经商 | 从事特色产业 | 外出务工 | 做零活或其他 |
|---|---|---|---|---|---|
| 最重要（5 分）/人 | 49 | 61 | 31 | 80 | 51 |
| 重要（4 分）/人 | 31 | 80 | 51 | 61 | 49 |
| 较重要（3 分）/人 | 80 | 51 | 61 | 49 | 31 |
| 较不重要（2 分）/人 | 61 | 31 | 49 | 51 | 80 |
| 不重要（1 分）/人 | 51 | 49 | 80 | 31 | 61 |
| 重要程度平均分值/分 | 2. 88 | 3. 27 | 2. 65 | 3. 40 | 2. 81 |

从表 3-7 可以看出，在戴云山自然保护区实施生态保护之后，当地居民外出打工、经商这两种替代生计的重要程度高，其重要程度平均分值分别为 3. 40 和 3. 27。旅游业、做零活或其他的重要程度不高，其重要程度平均分值分别为 2. 88 和 2. 81。从事特色产业的重要程度最低，仅为 2. 65。

在调查和访谈中发现，戴云山自然保护区实施生态保护之后，当地大多数青壮年劳动力选择外出务工或者经商，这主要是因为戴云山自然保护区实施生态保护之后，当地果树、毛竹的种植受到限制，而仅仅依靠种植粮食获取的经济收入较低，且青壮年劳动力受教育程度有所提升，再加上政府对当地居民贷款提供优惠政策，所以，外出务工、经商成为当地居民重要的替代生计。另外，戴云山自然保护区当地旅游资源分布集中、资源开发不充分，旅游产业发展对当地社会经济发展的带动能力有限，只能为景区附近居民提供就业的选择，造成居民选择旅游业作为替代生计的重要程度平均值不高。戴云山自然保护区当地居民选择做零活或其他、从事特色产业这两种替代生计的重要程度相对较低，这主要是由于戴云山自然保护区实施生态保护之后，当地自然资源的利用受到限制，加上自然保护区当地公共基础设施不完善，多数青壮年外出务工导致当地劳动力不足，所以，特色产业发展的条件差且不充分，提供的就业机会少。

# 3.7　戴云山自然保护区生态保护对居民生计结果影响的分析

## 3.7.1　戴云山自然保护区生态保护对居民家庭收入的影响

居民家庭收入变化是戴云山自然保护区生态保护后对居民生计结果影响的重要表现。通过戴云山自然保护区当地居民问卷调查数据的统计和处理，发现有21.5%的被调查对象认为戴云山自然保护区实施生态保护后，其家庭收入降低；有25.8%的被调查对象认为其家庭收入有所降低；有38.7%的被调查对象认为其家庭收入没有变化；有14.0%的被调查对象认为其家庭收入有所提高，总体上看，戴云山自然保护区实施生态保护后居民的家庭收入水平下降。

在调查中发现，戴云山自然保护区实施生态保护之前，当地居民主要靠自然保护区的自然资源维持生计，而实施生态保护之后，限制当地居民利用自然资源，限制居民采伐林木和采集林副产品；为当地居民增加收入来源的造纸厂为了配合保护生态环境而关闭，导致居民的收入减少和生活不便。另外，戴云山自然保护区实施生态保护之后禁止居民打猎，使得野生动物数量增加，野生动物肇事，危害家畜、破坏毛竹和农作物，致使居民遭受经济损失；同时，戴云山自然保护区的生态补偿机制不完善，生态补偿标准低。戴云山自然保护区当地生态旅游发展不理想，居民可以获得的生态旅游收入很少甚至没有。戴云山自然保护区当地大多数居民的文化程度不高，寻求替代生计的能力较弱，提高收入水平的能力有限；虽然当地有小部分家庭因为家里有文化程度较高的人员，从事外出务工和经商等，其家庭收入有所提高，但增加幅度不大。

## 3.7.2　戴云山自然保护区生态保护对居民生活满意度的影响

生活满意度是居民对于生活质量期望水平和实际水平之间差异的判断和认知，是衡量家庭幸福的重要指标和居民生计结果的重要内容（李飞等，2013）。基于戴云山自然保护区当地居民问卷调查的数据统计和处理，得到戴云山自然保护区生态保护对居民生活满意度影响的重要程度平均值（表3-8）。

表 3-8 生态保护对居民生活满意度的影响

| 重要程度等级 | 生活环境 | 家庭生活设施 | 社会治安 | 基础设施 | 其他 |
|---|---|---|---|---|---|
| 最重要（5 分)/人 | 80 | 76 | 74 | 37 | 5 |
| 重要（4 分)/人 | 76 | 80 | 5 | 74 | 37 |
| 较重要（3 分)/人 | 74 | 37 | 80 | 5 | 76 |
| 较不重要（2 分)/人 | 37 | 5 | 76 | 80 | 74 |
| 不重要（1 分)/人 | 5 | 74 | 37 | 76 | 80 |
| 重要程度平均分值/分 | 3. 70 | 3. 29 | 3. 01 | 2. 69 | 2. 31 |

从表 3-8 可知，戴云山自然保护区生态保护对居民生活满意度影响的各个指标重要程度情况为：居民对生活环境和家庭生活设施两个指标的满意度高，其重要程度平均值分别为 3. 70 和 3. 29；居民对社会治安的满意度较高，其重要程度平均分值为 3. 01；居民对基础设施（包括教育、医疗和交通条件等方面）的满意度较低，其重要程度平均分值为 2. 69；居民对其他（包括选举公平度、本地就业等方面）的满意度低，其重要程度平均分值仅为 2. 31。所以，总体上看，戴云山自然保护区当地居民的生活满意度较高。

在调查和访谈中发现，戴云山自然保护区实施生态保护之后，当地资源和环境得到更好保护，使得当地环境质量得到很大程度的提升，进一步改善了当地居民的生活环境，所以，居民对生活环境的满意度提高。在戴云山自然保护区生态保护中，当地政府和戴云山自然保护区管理部门实施和扶持了生态旅游、替代生计等发展政策，增加了当地居民参与生态旅游、外出务工和经商等非农就业机会，使得当地居民收入水平得到一定程度的提高，居民具备一定经济能力翻修房屋和购买家庭耐用消费品，从而改善了居民的家庭生活设施，因此，居民对家庭生活设施的满意度较高。长期以来，戴云山自然保护区所在村庄作为当地居民的长期居住地，淳朴老实的居民之间相处较为和睦，加上戴云山自然保护区生态保护成效实现和管理制度不断完善，形成了良好的社会治安，所以，居民对社会治安的满意度高。

### 3.7.3 戴云山自然保护区生态保护对居民生计风险的影响

风险是指能够损害人们福利的未知事件，居民，特别是贫困家庭居民，在脱贫过程中不仅要提高福利水平，还要规避生计风险，降低脆弱性（王磊，2017)。通过戴云山自然保护区当地居民问卷调查的数据统计和处理，戴云山自然保护区实施生态保护之后，有 48. 4% 的被调查对象认为其家庭生计的最大风险是就业风险，有34.4%的被调查对象认为健康风险是其家庭生计的较大风险，被调查对象认为家庭生计中的自然风险小的占比为68.8%，认为家庭生计中的政策风险小的占比为51.6%，大多数认为家庭生计中的教育风险一般。

通过调查和访谈得知，戴云山自然保护区实施生态保护之前，当地有多个造纸厂，居民可以到造纸厂工作增加其家庭收入；可以使用当地自然资源，采伐竹木、采集林副产品，增加劳动机会进一步获取收入；饲养家畜、种植农作物，在满足家庭基本生活需要的同时，销售剩余家畜和农产品获得收入。而戴云山自然保护区实施生态保护之后，当地造纸厂被迫关闭，居民就业机会减少，同时当地自然资源被限制利用，加上当地居民文化程度较低，接受新事物和寻求替代生计的能力较弱，加大了就业风险。由于戴云山自然保护区当地经济相对落后，医疗条件较差，因此，当地居民面临着较大的健康风险。

戴云山自然保护区实施生态保护之后，改善了当地生态环境，降低了自然灾害发生的可能性，所以，居民认为其家庭生计面临的自然风险小。在戴云山自然保护区实施生态保护的过程中，居民生计发展的相关政策大多由当地政府制定和实施，当地居民利用相关优惠政策发展生计，因此，居民认为其家庭生计面临的政策风险较小。戴云山自然保护区实施生态保护之后，随着国家对教育重视程度提升和教育投入加大，在一定程度上改善了当地教育条件，所以，居民认为其家庭生计中的教育风险一般。

## 3.8 戴云山自然保护区生态保护对居民生计影响的分析

### 3.8.1 戴云山自然保护区生态保护对居民生计的有利影响

基于戴云山自然保护区当地居民问卷调查的数据统计和处理，得到戴云山自然保护区生态保护对居民生计有利影响的重要程度平均值（表3-9）。从表3-9可以看出，戴云山自然保护区生态保护对居民生计的有利影响，按照重要程度平均分值从高到低分别是：发展旅游增加居民收入（4.01）、为居民寻找替代产业（3.57）、对居民生计提供政策扶持（3.05）、为居民寻找替代能源（2.29）、其他方面（2.08）。

表 3-9　生态保护对居民生计的有利影响

| 重要程度等级 | 发展旅游增加收入 | 寻找替代产业 | 提供政策扶持 | 寻找替代能源 | 其他 |
|---|---|---|---|---|---|
| 最不重要（1 分)/人 | 10 | 55 | 13 | 80 | 114 |
| 较不重要（2 分)/人 | 13 | 10 | 80 | 114 | 55 |
| 较重要（3 分)/人 | 55 | 13 | 114 | 10 | 80 |
| 重要（4 分)/人 | 80 | 114 | 10 | 55 | 13 |
| 最重要（5 分)/人 | 114 | 80 | 55 | 13 | 10 |
| 重要程度平均分值/分 | 4. 01 | 3. 57 | 3. 05 | 2. 29 | 2. 08 |

## 3. 8. 2　戴云山自然保护区生态保护对居民生计的不利影响

通过戴云山自然保护区当地居民问卷调查的数据统计和处理，获得戴云山自然保护区生态保护对居民生计不利影响的重要程度平均值（表 3-10）。从表 3-10 可知，戴云山自然保护区生态保护对居民生计的不利影响，按照重要程度平均分值从高到低分别是：限制资源利用（4. 14)、野生动物肇事（3. 54)、旅游收入分配不均（3. 11)、忽视居民利益（2. 31)、其他方面（1. 90)。

表 3-10　生态保护对居民生计的不利影响

| 重要程度等级 | 限制资源利用 | 野生动物肇事 | 旅游收入分配不均 | 忽视居民的利益 | 其他 |
|---|---|---|---|---|---|
| 最不重要（1 分)/人 | 2 | 61 | 11 | 72 | 126 |
| 较不重要（2 分)/人 | 11 | 2 | 72 | 126 | 61 |
| 较重要（3 分)/人 | 61 | 11 | 126 | 2 | 72 |
| 重要（4 分)/人 | 72 | 126 | 2 | 61 | 11 |
| 最重要（5 分)/人 | 126 | 72 | 61 | 11 | 2 |
| 重要程度平均分值/分 | 4. 14 | 3. 54 | 3. 11 | 2. 31 | 1. 90 |

限制资源利用主要包括农地利用、采集林副产品、竹木采伐和打猎限制等方面，其中的农地利用主要体现在农作物种植和经济作物种植方面。在野外实地调研过程中，对戴云山自然保护区当地居民访谈之后发现，在戴云山自然保护区实施生态保护之前，当地居民依赖于自然保护区内的各种自然资源，农作物种植和经济作物种植、采集林副产品、竹木采伐和打猎等是他们传统的生产方式与生活来源，长期以来当地居民利用自然保护区内的自然资源以维持生计，其中利用农

地资源进行农作物生产和经济作物生产是当地居民最为重要的谋生方式；而戴云山自然保护区实施生态保护之后，当地居民的农作物和经济作物种植、采集林副产品、竹木采伐和打猎等方面受到限制，其中，居民利用农地资源进行农作物和经济作物种植受到的限制最为显著；在调查中发现，居民认为限制资源利用中的农地利用限制对其生计影响程度大，这可能是因为在戴云山自然保护区生态保护过程中，采取退耕还林政策和天然林保护政策极大地限制了当地居民对农地资源的利用，致使居民从利用农地资源进行农作物生产和经济作物生产中获得收入明显下降，对当地居民生计造成较大影响。

通过对戴云山自然保护区所在地福建省泉州市德化县统计局、戴云山自然保护区所涉及乡（镇）和行政村相关资料的收集、整理和统计发现，戴云山自然保护区实施生态保护之前当地居民家庭的年收入为 1505.00 元，而戴云山自然保护区实施生态保护之后当地居民家庭的年收入为 850.00 元，戴云山自然保护区实施生态保护前后当地居民家庭的年收入减少了 655.00 元。在野外实地调研过程中，对戴云山自然保护区管理部门访谈之后发现，管理人员认为由于戴云山自然保护区实施生态保护对区内资源环境进行了严格保护，限制了当地居民对自然保护区内资源的利用，造成当地居民农地利用、采集林副产品、采伐竹木和打猎等传统生计的收入来源减少，导致当地居民从自然保护区中获得的收入下降；但是，这里的“当地居民收入下降”主要是指戴云山自然保护区实施生态保护前后之间短时间变化和影响趋势，在访谈中管理人员指出这种前后变化和影响趋势会随着戴云山自然保护区建设和管理体制以及发展政策的不断完善而发生改变，例如，通过对当地居民产业发展、外出务工和经商等的政策扶持，提升当地居民的收入水平，因此，戴云山自然保护区当地居民目前收入水平一定高于戴云山自然保护区实施生态保护时的收入水平；据德化县统计局、戴云山自然保护区所涉及乡（镇）和行政村相关资料的统计显示，戴云山自然保护区当地居民目前收入水平是戴云山自然保护区实施生态保护时收入水平的 20 倍左右。

另外，通过调查问卷的数据整理和统计，发现戴云山自然保护区当地居民家庭在发展旅游过程中增加的收入为 816.00 元/(户·年)，而当地居民家庭的资源利用受到限制所减少的收入总计为 1471.00 元/(户·年)，其中限制农地利用所减少的收入为 448.00 元/(户·年)、限制林副产品采集所减少的收入为 322.00 元/(户·年)、限制竹木采伐所减少的收入为 397.00 元/(户·年)、限制打猎所减少的收入为 304.00 元/(户·年)，说明戴云山自然保护区当地居民通过发展旅游增加的收入少于因为限制资源利用所减少的收入，二者的总和影响是戴云山自然保护区实施生态保护使得当地居民收入减少；在野外实地调研过程中，通过对戴云山自然保护区当地居民的访谈得知，当地居民认为由于戴云山自然保护区实施生态保护之前当地居民就已经开始发展旅游而获得相应收入，另外，当地居民指出在戴云山自然保护区旅游发展过程中，获益最多的是来自外地的旅游开发经营管理者，虽然戴云山自然保护区和当地居民享有一定的门票收入，但是当地居民获益仍然很少。所以，总体上看，在发展旅游过程中当地居民收入增加有限，少于因为限制资源利用所减少的收入。

戴云山自然保护区实施生态保护之后有效保护了当地资源环境，有助于野生动物的繁殖和生长，野生动物种群数量增加，导致野生动物破坏毛竹和农作物以及危害家畜，从而给当地居民造成损失，但是，戴云山自然保护区野生动物破坏补偿机制并不完善。戴云山自然保护区实施生态保护使得当地环境变好，通过自然保护区生态旅游发展，增加了当地居民就业机会和提高了其收入，但是，在生态旅游开发过程中当地居民获益很少。

### 3.8.3 戴云山自然保护区居民生计面临问题的分析

基于戴云山自然保护区当地居民问卷调查的数据统计和处理，得到戴云山自然保护区居民生计面临问题的重要程度平均值（表 3-11）。从表 3-11 可以看出，戴云山自然保护区居民生计面临问题的重要程度平均分值从高到低分别是：缺少资金（3.36）、缺乏生计技能（3.25）、生计方式简单（2.86）、缺乏生态补偿制度（2.84）、其他（2.68）。

**表 3-11 居民生计面临的问题**

| 重要程度等级 | 缺少资金 | 缺乏生计技能 | 生计方式简单 | 缺乏生态补偿制度 | 其他 |
|---|---|---|---|---|---|
| 最不重要（1 分）/人 | 31 | 50 | 53 | 62 | 76 |
| 较不重要（2 分）/人 | 53 | 31 | 62 | 76 | 50 |
| 较重要（3 分）/人 | 50 | 53 | 76 | 31 | 62 |
| 重要（4 分）/人 | 62 | 76 | 31 | 50 | 53 |
| 最重要（5 分）/人 | 76 | 62 | 50 | 53 | 31 |
| 重要程度平均分值/分 | 3.36 | 3.25 | 2.86 | 2.84 | 2.68 |

戴云山自然保护区实施生态保护之前，当地居民利用自然保护区内资源环境维持生计，采伐竹木、收集林副产品和打猎等是当地居民主要的收入来源；戴云山自然保护区实施生态保护之后，当地居民对自然保护区内资源环境的利用受到限制，致使其从自然保护区中获得的收入下降，造成居民缺少资金。

戴云山自然保护区实施生态保护之后，当地社区的经济发展受到限制，使得当地社区集体财力下降，造成当地社区对居民生计技能培训的投入减少，导致当地居民缺乏生计技能。

戴云山自然保护区地处边远山区，交通不便，地形复杂，居民点大多沿着谷地以及河流分布，耕地面积较少；长期以来戴云山自然保护区当地居民生产生活对自然资本具有较强的依赖性，农业生产以传统型为主，导致当地居民生计方式简单。另外，政府及福建戴云山国家级自然保护区管理部门没有对自然保护区生态补偿制度做出规定，缺乏完善的生态补偿制度，未能妥善解决当地居民的生计问题，导致当地居民预期收益没有兑现，影响了当地居民生计水平。

## 3.9 结论与建议

### 3.9.1 结论

自然保护区实施生态保护使得当地居民对自然资源的利用受到限制，制约了当地社区的经济发展，致使居民的生活压力增大，收入减少，影响了居民生计。基于问卷调查的处理、统计和分析，大部分居民对自然保护区生态保护政策持赞同态度，这种态度受被调查者的教育程度、年龄和性别的影响；男性居民的生态保护支持率大于女性居民，居民文化程度越高其生态保护态度越积极，年龄越大的居民越能够意识到生态保护重要性。

多数居民愿意参与自然保护区生态保护，居民参与自然保护区生态保护的意愿受到其家庭生计资本禀赋的影响；居民生计的自然资本越多，其参与生态保护的意愿越低，居民生计的人力资本越多，其参与生态保护意愿越低，居民生计的物质资本越多，其参与生态保护意愿越高，居民生计的金融资本越多，其参与生态保护意愿越高，居民生计的社会资本越多，其参与生态保护意愿越高。

自然保护区实施生态保护使得当地居民选择农业生计方式的人数占比减少，而选择非农生计方式的人数占比增加；自然保护区生态保护限制了居民对自然资源的利用，致使外出务工和经商成为居民最重要的替代生计。自然保护区实施生态保护之后，大多数居民的家庭收入减少，居民家庭的就业风险和健康风险增大。

自然保护区生态保护对当地居民生计的有利影响体现在通过发展旅游增加居民收入、为居民寻找替代产业和能源、对居民生计提供政策扶持等方面；不利影响表现为限制资源利用、野生动物肇事、旅游收入分配不均、忽视居民利益等方面。自然保护区居民生计面临问题有缺少资金、缺乏生计技能、生计方式简单、缺乏生态补偿制度。

### 3.9.2 建议

1. 强化居民生计技能的培训

培训生计技能对居民生计能力的提升具有重要作用，居民生计技能培训包括农业生产技术培训和非农就业技能培训两个方面。自然保护区大多数从事农业生产的当地居民文化程度较低，应用农业新技术、新品种的能力较弱，从而影响了居民的农业生产效率以及收入水平。因此，需要各级政府、自然保护区管理部门和当地企业，组织居民参与毛竹丰产培育技术、茶叶和果树栽培技术的培训，对当地居民毛竹、茶叶和果树种植提供技术支持，提升农业生产的科技含量和效率，进而提高居民的生计能力和收入。另外，自然保护区大多数当地居民缺乏非农就业门路，所以，需要政府制定优惠政策以增加新就业机会，同时对当地居民进行非农就业的技能培训，提高居民非农就业技能，使其尽快适应新的就业，以提升当地居民生计能力。

2. 寻找合理的居民替代生计

合理选择替代生计对自然保护区资源环境保护和当地居民生计发展具有重要影响，根据自然保护区功能分区、自然保护区生态保护对当地居民生计的影响程度以及当地居民生计发展意愿，选择合理的居民替代生计。自然保护区实验区内居民采取多样化产业型的生计方式，利用自然保护区优越的生态旅游资源，让居民积极参与生态旅游开发，同时带动相关产业发展；依靠丰富的毛竹资源开发竹制旅游工艺品，依托优越的环境资源发展生态茶，以增加居民就业机会和提升居民生计水平。自然保护区缓冲区内居民采取传统农业改造型的生计方式，通过政府政策扶持改造传统农业，增强农业生产的科技含量，发展环境友好型农业。自然保护区核心区边缘的居民采取生态移民型的生计方式，通过生态移民获得补偿资金安置生活、培训生计技能，增加就业机会。

3. 完善生态补偿制度

生态补偿是调整保护与损害资源环境的主体间利益关系的制度安排，对资源环境保护具有激励作用。自然保护区实施生态保护导致当地居民经济损失，主要体现在野生动物肇事和发展权限制两个方面，当地居民为自然保护区资源环境保护付出了很大代价，但是缺乏对居民进行补偿，从而影响了当地居民生计。所以，依据“谁受益，谁付费”的原则，基于利益相关者分析以及意愿调查，确定自然保护区生态补偿的主体和客体；依据野生动物肇事和发展权限制的损失、居民受偿意愿以及受益者支付意愿，制定自然保护区生态补偿的标准；基于居民的问卷调查，确定自然保护区生态补偿的方式、资金来源和途径；另外，将生态补偿的条款纳入《中华人民共和国自然保护区管理条例》中，明确自然保护区生态补偿的原则、方针和实施模式。从生态补偿的主客体、标准、方式、资金来源、途径和立法等方面，完善自然保护区生态补偿制度，促进自然保护区生态保护以及当地居民生计可持续发展。

# 第4章 生态旅游对自然保护区居民可持续生计影响的研究

**本章提要**：生态旅游因具备实现生态保护和减轻贫困双重目标的潜力，成为国内外研究者关注的焦点。自然保护区发展生态旅游具有天然的资源环境优势，发展生态旅游势必对自然保护区当地居民可持续生计产生重要影响。运用问卷调查法、居民生计资本指数分析法、居民生计多样化指数分析法和Logistic回归分析法，以福建省武夷山国家级自然保护区（简称武夷山自然保护区）为研究案例区，实证研究了生态旅游对自然保护区居民可持续生计的影响。结果表明，生态旅游发展前后武夷山自然保护区居民生计的人力资本、自然资本、物质资本、金融资本和社会资本的数量和结构发生了不同程度变化，其中，居民生计的金融资本和自然资本增长幅度较大；通过对比发现，武夷山自然保护区的区内和区外居民生计资本的储量和结构具有差异性，区外居民生计资本储量增长幅度明显高于区内居民。发展生态旅游之后，武夷山自然保护区旅游主导型的居民数量增多，务工主导型居民数量减少，务工主导型居民主要转移到农业主导型、旅游主导型和混合主导型；武夷山自然保护区旅游主导型居民的生计多样化指数下降，而农业主导型、务工主导型和混合主导型居民的生计多样化指数都有不同程度的提高；武夷山自然保护区居民的家庭年收入、家庭成员有无政府人员、发展生态旅游态度等，对其选择参与生态旅游的生计策略具有显著影响，而居民的受教育程度、参与社区组织、拥有茶园面积、家庭劳动力等的影响效果较小。发展生态旅游之后，武夷山自然保护区居民的收入结构逐渐均衡化，居民的家庭非农收入占比上升，主要体现在经商和生态旅游收入占比的增加，并且武夷山自然保护区的区外居民非农收入占比高于区内居民；武夷山自然保护区居民的消费结构趋向生活化，食品支出和能源支出在家庭消费中占比增大，医疗支出和农业支出的占比减小。最后，从注重人与自然协调发展、加强旅游产业与当地主导产业的良性互动、强化生态旅游发展政策宣传和增加生态旅游产品多样性等方面，提出促进自然保护区生态旅游发展和居民生计可持续发展的对策。

## 4.1 引　　言

自然保护区发展生态旅游具有天然的资源环境优势，生态旅游发展势必会对自然保护区当地居民可持续生计的转变产生重要影响。对于处于自然地理环境比较特殊的自然保护区当地居民来说，要改变其对自然环境和资源的高度依赖性，发展生态旅游是一个较佳的途径和方式。生态旅游因具备实现生态保护和减轻贫困双重目标的潜力，成为国内外研究者关注的焦点，相关研究主要集中于生态旅游对居民生计资本、居民生计策略和居民生计结果的影响等方面。关于生态旅游对居民生计资本的影响，研究认为生态旅游作为一种外力作用进入区域经济体系中，自然会对当地居民生计产生重要的影响，其中最直接的影响是居民生计资本的存储量和组合形式；生态旅游发展使得居民生计的自然资本、人力资本、物质资本、金融资本和社会资本得到了不同程度的积累和提升，同时，由于居民自身存在差异，不同类型（生态旅游经营户与非生态旅游经营户）居民在生态旅游发展背景下的生计资本得到不同程度的提升和成为不同形式的组合；此外，在不同生态旅游发展模式下，居民生计资本的储存和结构组合存在差异；生态旅游发展改变了居民的原有生计的环境和拥有生计资本的状况，使得各种生计资本之间的组合、流动、转化更加灵活，这在一定程度上增大了居民抵御生计风险的能力和承受生计风险的弹性，从而降低了居民生计的脆弱性（李飞等，2012；崔晓明等，2017）；研究者以生计资本为中心，建立生态旅游发展对居民生计资本影响的具体测度指标体系，通过案例比较生态旅游发展前后居民生计资本的变化，评估生态旅游发展对居民生计资本的影响程度；虽然量化生态旅游发展对居民生计资本的影响进行探索，但是，忽略了生态旅游发展对居民生计资本的重要作用和影响的动态性特征，故难以获得科学的评估结果。

关于生态旅游对居民生计策略的影响方面，研究指出生态旅游发展带来的机遇能够在一定程度上缓解居民对自然资源的依赖，使得部分拥有优势的资金、社会资本等的居民转向生态旅游经营户，致使居民生计模式发生改变，形成不同类型的居民生计方式；在生态旅游发展影响下，居民生计资本的储量、组合方式和结构发生改变，使得居民生计发生变迁和重构，生计方式更加多元化的同时，降低了居民家庭的生计风险；但是，由于生态旅游就业岗位的要求较高，对于长期从事农业生产的居民而言带来的机会是有限的，特别是位于经济欠发达的生态旅游目的地，从事生态旅游经营居民获益甚微，加上生态保护对自然资源的限制使用，而居民又难以找到可替代的生计，从而影响了其生计发展（Campbell，1999；Foucat，2002；Adiyia et al.，2016；王成超等，2017）；居民在脆弱性环境中受生态旅游发展的影响，能够使不同生计资本相互结合形成多样化的生计方式，最终获得多样化的生计结果，丰富了居民的生计类型；而随着居民生计方式的转变和生计多样化的提升，生态旅游目的地不同类型居民可持续生计能力产生差异；由于生态旅游地的生态旅游发展状况和模式各异，其对居民生计产生不同的效用，因此，选择科学且符合当地实际情况的生态旅游发展模式对提升居民生计多样化具有重要意义（黎洁，2005；李茂林等，2015；陈娅玲等，2017）。

关于生态旅游对居民生计结果的影响方面，研究发现，生态旅游发展不仅能够为居民提供就业机会、促进居民收入更加多元化，使其生活条件得到改善；而且通过发展生态旅游提高了当地知名度，间接带动了当地林副产品销售，居民个体收入增加促进了当地社区集体经济水平的提高，缓解了当地社区社会经济发展与生态保护的矛盾；另外，生态旅游发展对当地居民收入和分配的影响存在空间分布的不平衡和居民之间的非均质化的问题，在空间上呈现出“距离衰减的效应”的分异特征，参与生态旅游居民在生态旅游发展过程中受益多于没有参与生态旅游居民（刘益，2006；王永明和王美霞，2015；姚海琴等，2016；李如友，2016）；生态旅游发展使得居民调整自身的生计行为方式，这种生计方式的调整必然会引起居民生活满意度的变化（袁庆等，2009）；生态旅游发展中通过改善当地的交通设施和通信设施、完善餐饮娱乐等，为居民生活质量的改善创造了条件，使得居民的家庭生活满意度得到提升（卢松和张捷，2009；王倩等，2010）；然而同一地区不同生计类型居民生活满意度的认知水平具有一定的差异，原因是收入水平存在差异。

虽然近年来有些学者探讨生态旅游发展对居民生计的影响程度，但由于多以一次性调查所获得的截面数据为主，较长跨度的时间序列的调查数据较少，所以，进行生态旅游发展对居民生计影响的动态分析的研究成果不多。另外，在研究区域的选择上，主要集中在山区和贫困地区，缺乏选择自然保护区作为研究区域。本章以武夷山自然保护区为研究案例区，探讨生态旅游对居民可持续生计的影响，对案例区资源环境保护和当地居民可持续生计发展具有重要作用，对同类型自然保护区进行相关研究具有参考意义。

## 4.2 研究方法

### 4.2.1 问卷调查法

通过相关专家的咨询，设计了“自然保护区生态旅游对当地居民可持续生计影响”的调查问卷。调查问卷内容包括五个部分：第一部分内容为调查对象的基本情况，主要有性别、年龄、受教育程度等方面；第二部分内容为生态旅游发展前后居民生计资本状况，主要指标有居民生计的人力资本、自然资本、物质资本、金融资本和社会资本状况；第三部分内容为生态旅游发展前后居民生计的方式和结果状况，主要指标有居民从事各种生计活动的人数和收入、家庭各项开支、生活满意度等方面；第四部分内容为居民参与生态旅游的状况，主要指标有居民参与生态旅游类型、经营农家乐或者民宿的时间和床位数、提供餐饮服务的时间和餐位数、参与生态旅游经营的水平和态度、参与经营生态旅游的原因、非参与生态旅游经营户未参与生态旅游的原因等方面；第五部分内容为居民对生态旅游影响的认知，包括生态旅游对收入、就业机会、交通条件、生活环境、基础设施等影响的感知和态度。通过 23 位本专业相关专家对调查问卷进行内容效度检验（非常可行 13 人、比较可行 9 人、一般可行 1 人），检验结果符合研究要求。

## 4.2.2 生计资本指数分析法

首先，因为通过问卷调查获得原始数据的统计量单位不统一，需要进行无量纲化处理，以去除单位，方便进一步分析，原始数据处理的计算公式为

$$I'_{ij}=\frac{I_{ij}-I_{ij(\min)}}{I_{ij(\max)}-I_{ij(\min)}} \tag{4-1}$$

式中，$I'_{ij}$为第 $i$ 个样本第 $j$ 项指标的标准化值；$I_{ij}$为第 $i$ 个样本第 $j$ 项指标的数据实际值；$I_{ij(\max)}$和$I_{ij(\min)}$分别为第 $i$ 个样本第 $j$ 项指标的数据实际值中的最大值与最小值。

根据生计资本各个指标的标准化值，运用加权平均综合数学模型，计算居民生计的人力资本、自然资本、物质资本、金融资本和社会资本的数值，模型的计算公式为

$$T_i=\sum_{j=1}^{n}(I'_{ij}\times W_{ij}) \tag{4-2}$$

式中，$T_i$为第 $i$ 类生计资本值；$W_{ij}$为第 $i$ 个样本第 $j$ 项指标的权重；$I'_{ij}$为第 $i$ 个样本第 $j$ 项指标的标准化值。

## 4.2.3 生计多样化指数分析法

生计多样化程度直接反映了居民生计适应性能力的强弱，体现居民生计的可持续性。居民生计多样化指数的计算公式为

$$M = \frac{1}{n}\sum_{k=1}^{n} d_k \tag{4-3}$$

式中，$M$ 为居民生计多样化指数；$n$ 为居民的人数；$d_k$为第 $k$ 个居民生计多样化指数。

### 4.2.4 二元 Logistic 回归模型分析法

通过构建二元 Logistic 回归模型，探讨影响居民选择生态旅游生计策略的因素。将居民生计策略分为“参与生态旅游经营型”和“非参与生态旅游经营型”两种类型作为被解释变量，将居民的个体特征、家庭生计资本等作为解释变量；假设 $y=1$ 代表居民的生计策略为参与生态旅游经营型，$y=0$ 代表居民的生计策略是非参与生态旅游经营型，对 $y=1$ 的概率 $P$ 进行建模分析，其回归模型为

$$\text{Logit}(P)=\beta_0+\beta_i x_i \tag{4-4}$$

式中，$\beta_0$为常数项；$\beta_i$为随机干扰项；$x_i$为第 $i$ 项解释变量；回归参数估值采用最大似然估值法。

## 4.3 研究案例区概况和研究数据来源

### 4.3.1 研究案例区概况

1. 地理位置和行政区划

武夷山自然保护区位于 117°27′～117°51′E，27°33′～27°54′N，总面积为 56 527. 0hm$^2$，其中，核心区面积 19 272. 0hm$^2$，缓冲区面积 12 395. 0hm$^2$，实验区面积 14 860. 0hm$^2$。1979 年 7 月经国务院批准为国家级自然保护区，属于森林生态系统类型，主要保护对象为地带性森林生态系统和生物多样性（陈传明，2015）。

武夷山自然保护区及其周边地区的行政区划涉及福建省南平市的武夷山市、建阳区、光泽县和邵武市 4 个县（市、区）6 个乡（镇）11 个行政村，武夷山自然保护区内包括武夷山市星村镇桐木村，建阳区黄坑镇的坳头村、大坡村等行政村，其中，桐木村有 12 个居民点 396 户，坳头村有 2 个居民点 102 户，大坡村有 1 个居民点 36 户；而山林权属在武夷山自然保护区内，居住地位于武夷山自然保护区外村庄有武夷山市星村镇曹墩村、洋庄乡大安村，建阳区黄坑镇的长

见村、桂林村和九峰村，光泽县的桃木村、大洲村和白石村等行政村。武夷山自然保护区当地居民主要从事生态旅游、毛竹和茶叶生产，建立武夷山自然保护区限制了当地居民对资源环境的利用，包括禁止打猎、采伐林木和采集林副产品等，禁止在核心区和缓冲区进行毛竹和茶叶生产，而实验区居民可以在不破坏资源环境的基础上，从事生态旅游、毛竹和茶叶生产。政府在设置武夷山自然保护区的时候，采取发展生态旅游、公益林补偿金和寻找替代能源等手段，以维持当地居民的生计。

2. 旅游资源概况

武夷山自然保护区及其周边地区的旅游景观资源丰富，有流转迷人的曲溪瀑泉、怪石嶙峋的山峰峡谷、雄峻奇特的断裂带景观、奇趣怪异的森林植物、野趣盎然的鸟鸣猴跃、别具一格的气象景观，自然生态景观多姿多彩；还有珍奇花卉和古树名木，教堂庙宇、摩崖石刻、自然博物馆、观鸟台、小种红茶原产地等人文景观，是生态旅游和生态环境教育的胜地。

武夷山市星村镇桐木村位于武夷山自然保护区内，是武夷山风景名胜区九曲溪的源头，地处闽赣交界，自然环境优美；武夷山自然保护区内还有武夷山自然保护区博物馆、三港景区和大量野生动物，当前武夷山自然保护区内有专门的接待中心。建阳市黄坑镇坳头村位于武夷山自然保护区内，这里山高林密，植被丰富，森林覆盖率达 98.0%，生态环境优美，享有“森林氧吧”美称；旅游景点主要包括五柳关、唐石涧、卧石听泉、七折三磐、竹径听蝉、洪水坑等，风景秀丽，另有瞭望台可一览竹海绿涛；这里民风淳朴，是避暑休闲的理想之处。

武夷山自然保护区周边地区有长见村、桂林村、曹墩村等旅游资源丰富的村落。其中，长见村内有明代石拱桥、观音岩寺庙、茶马古道、济众碉、九龙山庄、生态茶园、东方红农业观光园等众多人文景观；近年来，长见村以打造“十里长涧文化休闲长廊”为目标，着力推进美丽乡村建设；茶马古道串联田园、茶园，衍生出农业观光园采摘、茶园观光摄影、旱滑道游乐等旅游项目，吸引了众多游客到此呼吸新鲜空气，享受健康运动。桂林村是革命老区基点村，村内古庙宇、古石桥分布甚众，村内的桂林小平原，四周环山，风景宜人；桂林村抓住“麻沙水南至黄坑桂林”绿色景观带建设的有利契机，统一规划设计，着力打造旅游景观和景点，突出“古民居元素”和“畲族文化元素”；桂林村先后被评为省级乡村旅游特色村、南平市五星级美丽乡村，与旅游相关的配套设施比较完善，具有停车场、旅游公厕、旅游服务中心、农家乐、休闲山庄等。曹墩村位于九曲溪上游，是通往武夷山自然保护区管理部门所在地、龙川、玉龙谷等景区的必经之路，曹墩村属于古村落，村庄历史悠久，古建筑居多，是民俗旅游村；曹墩村口矗立着一座长 12. 0m、宽 4. 0m、高 5. 0m 的矩形董公亭，左边是有独特建筑风格的“迎宾轩”，前边矗立着高大的村碑，三架古老的水车悠悠转动在田园中，不远处坐落着古色古香的“典斋膳堂”，是游客品茶、休闲的好去处。

3. 生态旅游发展概况

根据我国自然保护区管理的相关规定，1993 年前自然保护区采取的是封闭式管理，不提倡开展任何旅游活动。直到 1993 年下发了《林业部关于自然保护区开展旅游活动有关问题的通知》，明确了自然保护区可以适当地开展生态旅游活动，拉开了武夷山自然保护区开展生态旅游、接待外来游客的序幕。武夷山自然保护区管理部门依据区内森林生态系统完整性、森林植被典型性和动植物多样性的特色，于 1994 年开始相继建成十八寨景点、桃源峪生态科普区、天然氧吧和三港康体中心；武夷山自然保护区管理部门对进入区内游客实行登记制度，年游客量控制在 5. 0 万人左右，开展的生态旅游项目主要包括生物科考旅游、教学实习、休闲度假和观鸟旅游等；但进入武夷山自然保护区游客数量的增长，对区内资源环境造成很大的威胁，为了维护武夷山自然保护区资源环境，促进自然保护区可持续发展，从 2009 年开始，武夷山自然保护区停止接待大众旅游，来自然保护区旅游的游客需要提前报备，对进入自然保护区内部游客进行了更加严格的限制，来此旅游的团队、散客大幅度减少。2014 年开始，在武夷山自然保护区周边社区着手建设美丽乡村，修建与旅游配套的基础设施，如大型的停车场、旅游娱乐项目、特色民宿、农家乐以及旅游餐馆等，给武夷山自然保护区及其周边地区发展生态旅游带来了契机。近年来，武夷山自然保护区当地居民参与生态旅游经营的家庭数量不断增加，住宿、餐饮和交通等旅游基础设施逐步完善。

### 4. 3. 2　研究数据来源

根据代表性原则，结合交通可达性和保护区域特色性，本书选择武夷山自然保护区发展生态旅游之后当地居民生产生活受影响大的武夷山市星村镇的桐木村、曹墩村，建阳区黄坑镇的坳头村、长见村和桂林村等 5 个行政村，其中桐木村选取 80 户居民、曹墩村选取 70 户居民、坳头村选取 60 户居民、长见村选取 40 户居民、桂林村选取 20 户居民进行问卷调查。调查时间是 2018 年 5 ~6 月、2018 年9 ~10 月两个时段，调查对象的年龄为大于 18 周岁的当地居民，调查采取面对面访谈的形式，并对调查问卷中的疑问给予解答，提高了调查问卷的回答质量和回收率。调查问卷的问题设计采用封闭式和开放式两种形式，封闭式问题是为了获得可以进行统计研究的数据，开放式问题一般在每个封闭式问题的后面列出，由调查对象填写对相关问题的看法和认知。共发放270份调查问卷，回收262份调查问卷，其中，有效调查问卷为256份，有效率达到94.8%。另外，将问卷调查所获得的数据与武夷山自然保护区涉及的武夷山市和建阳区统计年鉴和政府报告资料进行对比，发现问卷调查数据能够较好地反映当地居民生计情况与旅游发展状况。

## 4.4 生态旅游对武夷山自然保护区居民生计资本影响的分析

依据可持续生计分析框架，居民生计资本、生计策略和生计结果是居民可持续生计的关键内容。近年来，自然保护区开展生态旅游活动给当地居民传统生计方式带来了转变。居民生计策略是其可持续生计分析框架的核心，居民生计转变的根本是生计策略的转变，而居民生计策略又是由居民所拥有的生计资本和相关社会经济指标决定的，居民生计策略的选择也必然影响居民的生计结果，最后，居民生计结果又反映在居民生计资本上面。对生态旅游发展给居民生计带来影响的系统分析与研究，可以进一步揭示自然保护区当地居民生计转变的过程，有助于为当地政府进一步制定生态旅游发展和居民生计可持续发展政策提供依据。

通过武夷山自然保护区当地居民问卷调查获得的研究数据，根据式（4-1）和式（4-2），计算获得生态旅游发展前后武夷山自然保护区居民生计的人力资本、自然资本、物质资本、金融资本和社会资本的状况，分析生态旅游对武夷山自然保护区居民生计资本的影响。

### 4.4.1 武夷山自然保护区居民生计资本指标和权重的确定

1. 武夷山自然保护区居民生计资本的指标

武夷山自然保护区居民生计资本包括人力资本、自然资本、物质资本、金融资本和社会资本5个方面。依据居民可持续生计的分析框架，结合武夷山自然保护区当地居民生计的家庭资源禀赋状况，建立武夷山自然保护区居民生计资本指标体系并确定指标赋值标准（表4-1）。

**表 4-1　武夷山自然保护区居民生计资本的指标**

| 生计资本 | 指标 | 分类及赋值 |
| --- | --- | --- |
| 人力资本 | 家庭人口数 | 人口数量 $c$ 人 |
| | 劳动能力 | 非劳动力为 0，半劳动力为 0.50，全劳动力为 1 |
| | 受教育程度 | 小学以下为 0，小学为 0.25，初中为 0.50，高中或中专为 0.75，大专及以上为 1 |
| 自然资本 | 茶园指标 | 面积 $e$ 亩[①] |
| | 毛竹指标 | 产值 1000 元以下为 0.25，1000 ~ 2000 元为 0.5，2001 ~3000 元为 0.75，3000 元以上为 1 |
| | 耕地指标 | 产值 1000 元以下为 0.25，1000 ~ 2000 元为 0.5，2001 ~3000 元为 0.75，3000 元以上为 1 |
| 物质资本 | 住房类型 | 土木结构为 0.30，砖瓦结构为 0.60，混凝土结构为 1 |
| | 住房面积 | $100m^2$ 以下为 0.25，100 ~ $200m^2$ 为 0.50，201 ~ $300m^2$ 为 0.75，$300m^2$ 以上为 1 |
| | 牲畜状况 | 鸡、鸭为 0.30，土蜂为 0.60，猪、羊、牛为 1 |
| | 家庭耐用消费品数量 | 1 ~ 3 件为 0.30，4 ~ 6 件为 0.60，7 ~ 9 件为 1 |
| 金融资本 | 家庭年收入 | 家庭总收入为 $m$ 元 |
| | 借贷机会 | 无为 0，有为 1 |
| 社会资本 | 家庭成员有无村干部 | 无为 0，有为 1 |
| | 对居民的信任度 | 从不提为 0，极少提为 0.25，偶尔提为 0.50，有时提为 0.75，总是提为 1 |
| | 参加社区组织 | 不参加为 0，参加为 1 |
| | 对村部决策提建议的次数 | 几乎没有为 0，不多为 0.25，一半为 0.50，大多数为 0.75，几乎全部为 1 |

### 2. 武夷山自然保护区居民生计资本的权重

运用专家咨询法确定武夷山自然保护区居民生计资本各项指标的权重。邀请武夷山自然保护区管理部门科研人员、从事居民生计研究的高校工作人员和科研机构专家、武夷山自然保护区所在镇政府相关工作人员等，对武夷山自然保护区居民生计资本各项指标根据当地实际情况进行赋值（同一类型生计资本权重值总和为 1）。问卷共发放 22 份，收回有效问卷 22 份，回收率为 100.0%。对收回的

① 1 亩≈$666.67m^2$。

问卷数据进行处理。将权重数据输入 SPSS 软件中进行检验，得到的 Kendall 协调系数为 0.636，因此，可以认为所有专家对武夷山自然保护区居民生计资本各项指标权重的意见具有一致性，评价结果比较真实可信，所以，获得的各个专家的平均权重可以作为该指标的权重（表 4-2）。

**表 4-2 武夷山自然保护区居民生计资本的指标权重**

| 生计资本 | 权重 | 测量指标 | 权重 |
|---|---|---|---|
| 人力资本 | 0.17 | 家庭人口数 | 0.24 |
| | | 劳动能力 | 0.43 |
| | | 受教育程度 | 0.33 |
| 自然资本 | 0.27 | 茶园指标 | 0.46 |
| | | 毛竹指标 | 0.39 |
| | | 耕地指标 | 0.15 |
| 物质资本 | 0.20 | 住房类型 | 0.28 |
| | | 住房面积 | 0.31 |
| | | 牲畜状况 | 0.15 |
| | | 家庭耐用消费品数量 | 0.26 |
| 金融资本 | 0.21 | 家庭年收入 | 0.63 |
| | | 借贷机会 | 0.37 |
| 社会资本 | 0.15 | 家庭成员有无村干部 | 0.15 |
| | | 对居民的信任度 | 0.33 |
| | | 参加社区组织 | 0.25 |
| | | 对村部决策提建议的次数 | 0.27 |

## 4.4.2 生态旅游对武夷山自然保护区居民生计的人力资本影响

依据表 4-1 和表 4-2 的内容，结合武夷山自然保护区居民生计的人力资本问卷调查的数据，运用式（4-1）和式（4-2），计算获得生态旅游发展前后武夷山自然保护区居民生计的人力资本指数变化（表 4-3）。

**表 4-3 生态旅游发展前后武夷山自然保护区居民生计的人力资本指数变化**

| 人力资本指标 | 权重 | 指标的标准化值 | | | | 居民生计的人力资本指数 | | | |
|---|---|---|---|---|---|---|---|---|---|
| | | 旅游发展后 | | 旅游发展前 | | 旅游发展后 | | 旅游发展前 | |
| | | 区内 | 区外 | 区内 | 区外 | 区内 | 区外 | 区内 | 区外 |
| 家庭人口数 | 0.24 | 0.464 | 0.459 | 0.420 | 0.415 | 0.411 | 0.477 | 0.368 | 0.385 |
| 劳动能力 | 0.43 | 0.452 | 0.502 | 0.386 | 0.408 | | | | |
| 受教育程度 | 0.33 | 0.320 | 0.366 | 0.308 | 0.334 | | | | |

从表 4-3 可以看出，生态旅游发展之后，武夷山自然保护区内和区外居民生计的人力资本指数都得到不同程度提高。其中，生态旅游发展前后，武夷山自然保护区的区内居民生计的人力资本指数从 0.368 增加到 0.411，增加了 0.043；武夷山自然保护区的区外居民生计的人力资本指数从 0.385 增加到 0.477，增加了 0.092。

这主要是因为居民的家庭人口数、劳动能力和受教育程度的整体提升使得居民生计的人力资本指数增加，发展生态旅游使得从事茶叶种植以及参与生态旅游经营的人数增加，居民在原有生产的基础上不断加大人力投入，充分利用身体素质较好的中年劳动力，满足茶叶种植、制作和管理的需求；另外，生态旅游发展前后居民家庭成员的文化水平得到提升，小学文化程度的占比从 52.5% 减少到 42.5%，初中文化程度的占比从 32.0% 增加到 35.0%，高中及中专文化程度的占比从 14.0% 增加到 18.5%，大专以上文化程度的占比从 1.5% 增加到 4.0%，反映了武夷山自然保护区当地居民对教育重视程度的提升。

通过武夷山自然保护区内和区外对比发现，武夷山自然保护区外居民生计的人力资本指数高于区内，区外居民生计的人力资本增加幅度高于区内。这可能是由于武夷山自然保护区外居民家庭人口受教育程度增加幅度较大，其次，可能是因为武夷山自然保护区的区外参与生态旅游经营的居民家庭数量较多，而生态旅游业属于劳动密集型产业，对于居民家庭劳动力的需求量要求比较高。

另外，基于武夷山自然保护区当地居民问卷调查数据的整理和处理，运用 SPSS 软件，对生态旅游发展前后武夷山自然保护区内和区外居民生计的人力资本指数进行配对样本 $t$ 检验，检验结果如表 4-4 所示。

从表 4-4 可以看出，武夷山自然保护区内和区外居民生计的人力资本，在标准的显著水平（$\alpha=0.05$）上 Sig（双侧）值均小于 $\alpha$，表明生态旅游发展前后武夷山自然保护区的区内和区外居民生计的人力资本存在显著差异，并且生态旅游发展对居民生计的人力资本具有正向影响。

表 4-4　武夷山自然保护区居民生计的人力资本配对样本检验

| 区内/外 | 成对差分 | | | | | $t$ | $df$ | Sig（双侧） |
|---|---|---|---|---|---|---|---|---|
| | 均值 | 标准差 | 均值误差 | 差分 95% 置信区间 | | | | |
| | | | | 下限 | 上限 | | | |
| 区内对 1 之前—之后 | −0. 113 | 0. 113 | 0. 016 | −0. 221 | −0. 134 | −9. 380 | 39 | 0. 000 |
| 区外对 1 之前—之后 | −0. 114 | 0. 133 | 0. 018 | −0. 216 | −0. 135 | −9. 630 | 87 | 0. 001 |

## 4. 4. 3　生态旅游对武夷山自然保护区居民生计的自然资本影响

根据表 4-1 和表 4-2 的内容，结合武夷山自然保护区居民生计的自然资本问卷调查的数据，运用式（4-1）和式（4-2），计算获得生态旅游发展前后武夷山自然保护区居民生计的自然资本指数变化（表 4-5）。

表 4-5　生态旅游发展前后武夷山自然保护区居民生计的自然资本指数变化

| 自然资本指标 | 权重 | 指标的标准化值 | | | | 居民生计的自然资本指数 | | | |
|---|---|---|---|---|---|---|---|---|---|
| | | 旅游发展后 | | 旅游发展前 | | 旅游发展后 | | 旅游发展前 | |
| | | 区内 | 区外 | 区内 | 区外 | 区内 | 区外 | 区内 | 区外 |
| 茶园指标 | 0. 46 | 0. 744 | 0. 793 | 0. 540 | 0. 512 | 0. 574 | 0. 637 | 0. 521 | 0. 516 |
| 毛竹指标 | 0. 39 | 0. 543 | 0. 508 | 0. 647 | 0. 607 | | | | |
| 耕地指标 | 0. 15 | 0. 137 | 0. 253 | 0. 139 | 0. 291 | | | | |

由表 4-5 可知，生态旅游发展前后武夷山自然保护区内居民生计的自然资本得到一定提升，从 0. 521 增加到 0. 574。值得关注的是区内居民生计的自然资本指数是在毛竹和耕地指标降低的情况下呈现增长趋势，这可能是由于区内茶园指标的增加幅度较大，区内居民毛竹产生的经济效益在不断地减少，并且受到生态环境保护政策影响，毛竹可砍伐指标受到严格限制；区内居民耕地面积较少，变化并不明显。

从表 4-5 可以看出，生态旅游发展前后武夷山自然保护区外居民生计的自然资本指数得到提升，从 0. 516 增加到 0. 637，但是，区外的毛竹和耕地指标都有比较明显下降趋势。这主要因为毛竹的管理、砍伐成本上升，且砍伐时间周期较长，使得部分居民放弃对部分毛竹的经营与管理；而随着茶叶价格上升，区外居民将部分耕地改为茶园，相应地扩大了茶园面积，并且加大对茶园管理，提高了其经济效益。

总体来看，生态旅游发展之后，武夷山自然保护区当地居民的毛竹和耕地指标虽有下降趋势，但是茶园指标得到大幅度提升，使得居民生计的自然资本总体呈上升的趋势。武夷山自然保护区通过发展生态旅游与特色农业相结合，促进当地经济的协调发展。

另外，通过武夷山自然保护区当地居民问卷调查数据的整理和处理，利用 SPSS 软件，对生态旅游发展前后武夷山自然保护区内和区外居民生计的自然资本指数进行配对样本 $t$ 检验，检验结果如表 4-6 所示。

**表 4-6　武夷山自然保护区居民生计的自然资本配对样本检验**

| 区内/外 | 成对差分 | | | | | $t$ | $df$ | Sig（双侧） |
|---|---|---|---|---|---|---|---|---|
| | 均值 | 标准差 | 均值误差 | 差分 95% 置信区间 | | | | |
| | | | | 下限 | 上限 | | | |
| 区内对 1 之前—之后 | 0.074 | 0.621 | 0.073 | 0.072 | 0.846 | 12.637 | 39 | 0.000 |
| 区外对 1 之前—之后 | 0.774 | 0.675 | 0.076 | 0.602 | 0.883 | 13.491 | 87 | 0.000 |

从表 4-6 可知，发展生态旅游前后，生态旅游对武夷山自然保护区内和区外居民生计的自然资本影响都通过了显著性检验，说明生态旅游发展前后武夷山自然保护区的区内和区外居民生计的自然资本差异明显，并且生态旅游发展对居民生计的自然资本具有正向影响。

### 4.4.4　生态旅游对武夷山自然保护区居民生计的物质资本影响

依据表 4-1 和表 4-2 的内容，结合武夷山自然保护区居民生计的物质资本问卷调查的数据，运用式（4-1）和式（4-2），计算获得生态旅游发展前后武夷山自然保护区居民生计的物质资本指数变化（表 4-7）。

**表 4-7　生态旅游发展前后武夷山自然保护区居民生计的物质资本指数变化**

| 物质资本指标 | 权重 | 指标的标准化值 | | | | 居民生计的物质资本指数 | | | |
|---|---|---|---|---|---|---|---|---|---|
| | | 旅游发展后 | | 旅游发展前 | | 旅游发展后 | | 旅游发展前 | |
| | | 区内 | 区外 | 区内 | 区外 | 区内 | 区外 | 区内 | 区外 |
| 住房类型 | 0.28 | 0.467 | 0.517 | 0.459 | 0.491 | 0.390 | 0.446 | 0.362 | 0.380 |
| 住房面积 | 0.31 | 0.386 | 0.425 | 0.367 | 0.392 | | | | |
| 牲畜数量 | 0.15 | 0.238 | 0.347 | 0.115 | 0.264 | | | | |
| 家庭耐用品 | 0.26 | 0.400 | 0.452 | 0.231 | 0.309 | | | | |

从表4-7可以看出，武夷山自然保护区内和区外居民生计的物质资本指数差距不大，并且在发展生态旅游之后居民生计的物质资本指数都有不同程度的增加。其中，发展生态旅游前后，武夷山自然保护区的区内居民生计的物质资本指数从0.362增加到0.390，增幅为7.73%，在物质资本指标中，住房面积和住房类型变化不明显，而牲畜数量指标和家庭耐用品数量指标变化较显著；发展生态旅游前后，武夷山自然保护区的区外居民生计的物质资本指数从0.380增加到0.446，增幅为17.37%，在物质资本指标中，住房类型指标增长幅度较显著，从而带动了区外居民生计的物质资本指数增长。

通过对比发现，发展生态旅游前后，武夷山自然保护区内居民生计的物质资本指数增幅小于区外。这主要是由于武夷山自然保护区外居民参与生态旅游的人数较多，对于家禽、土蜂蜜等土特产的销售需求更多，而武夷山自然保护区内对房屋的建设规模具有较为严格的政策限制，住房类型变化不大；武夷山自然保护区外部分家庭由于参与生态旅游接待服务，通过改造住房类型和增加住房面积，居民生计的物质资本增长较为显著。虽然武夷山自然保护区内居民生计的物质资本中的牲畜数量和家庭耐用品指标增长幅度较大，但是，由于武夷山自然保护区的区外在生态旅游发展之前的该指标基数较大，所以，总体上看，武夷山自然保护区的区内居民生计的物质资本指数还是低于区外。

另外，基于武夷山自然保护区当地居民问卷调查数据的整理和处理，采用SPSS软件，对生态旅游发展前后武夷山自然保护区的区内和区外居民生计的物质资本指数进行配对样本 $t$ 检验，检验结果如表4-8所示。

**表4-8　武夷山自然保护区居民生计的物质资本配对样本检验**

| 区内/外 | 成对差分 | | | | | $t$ | $df$ | Sig（双侧） |
|---|---|---|---|---|---|---|---|---|
| | 均值 | 标准差 | 均值误差 | 差分95%置信区间 | | | | |
| | | | | 下限 | 上限 | | | |
| 区内对1之前—之后 | -0.078 | 0.124 | 0.019 | -0.118 | -0.038 | -3.956 | 39 | 0.000 |
| 区外对1之前—之后 | -0.161 | 0.215 | 0.028 | -0.218 | -0.105 | -5.761 | 87 | 0.000 |

从表4-8可知，发展生态旅游前后武夷山自然保护区的区内和区外居民生计的物质资本，在标准显著水平（$\alpha=0.05$）上的 $P$ 值均小于 $\alpha$，说明发展生态旅游前后，武夷山自然保护区的区内和区外居民生计的物质资本具有差异性，并且发展生态旅游对居民生计的物质资本产生了正向影响。

### 4.4.5　生态旅游对武夷山自然保护区居民生计的金融资本影响

根据表4-1和表4-2的内容，结合武夷山自然保护区居民生计的金融资本问卷调查的数据，运用式（4-1）和式（4-2），计算获得生态旅游发展前后武夷山自然保护区居民生计的金融资本指数变化（表 4-9）。

**表 4-9 生态旅游发展前后武夷山自然保护区居民生计的金融资本指数变化**

| 金融资本指标 | 权重 | 指标的标准化值 | | | | 居民生计的金融资本指数 | | | |
|---|---|---|---|---|---|---|---|---|---|
| | | 旅游发展后 | | 旅游发展前 | | 旅游发展后 | | 旅游发展前 | |
| | | 区内 | 区外 | 区内 | 区外 | 区内 | 区外 | 区内 | 区外 |
| 家庭收入 | 0. 63 | 0. 659 | 0. 672 | 0. 447 | 0. 462 | 0. 514 | 0. 515 | 0. 362 | 0. 376 |
| 借贷状况 | 0. 37 | 0. 268 | 0. 247 | 0. 217 | 0. 205 | | | | |

从表 4-9 可以看出，生态旅游发展使得武夷山自然保护区内和区外居民生计的金融资本指数都有较大的提高，并且发展生态旅游之后，区内和区外居民生计的金融资本指数基本持平。发展生态旅游前后，武夷山自然保护区内居民生计的金融资本指数从 0. 362 增加到 0. 514，增幅为 41. 99%，其中，家庭收入指标的增长较显著，从 0. 447 增加到 0. 659，增幅为 47. 43%；这主要是由于在发展生态旅游之后，随着茶叶价格提高和销量增加，以茶为主要生计来源的居民家庭收入也得到提高，同时，发展生态旅游为当地居民提供了更多的就业机会，使得居民收入途径多样化；另外，为了鼓励区内居民积极参与生态旅游经营，当地政府为其提供信贷支持，与此同时，居民收入水平提高也会增加彼此之间借款的可能性；所以，武夷山自然保护区的区内居民生计的金融资本指数得到较大的提高。

由表 4-9 可知，发展生态旅游前后，武夷山自然保护区外居民生计的金融资本指数从 0. 376 增加到 0. 515，增幅为 36. 97%，其中，居民的家庭收入水平提高和借款机会增加，使得区外居民生计的金融资本指数有了显著的提高。这可能是因为发展生态旅游之后，茶叶价格提高促使更多的居民将人力资本和自然资本投入到茶叶的种植和制作上面；与此同时，在外务工的部分家庭选择将劳动力转移到茶叶种植和生态旅游经营上；另外，由于武夷山自然保护区的区外居民社会关系不如区内居民紧密，因此，武夷山自然保护区外居民的借款机会要少于区内居民。

总体上看，对于茶叶经济主导下的武夷山自然保护区当地居民来说，生态旅游发展带动茶叶价格提高和销售途径多样化以及销量增加，促进了当地居民收入水平的提高，生态旅游发展需要的成本投资刺激居民向银行贷款的动机和可能性。

另外，通过武夷山自然保护区当地居民问卷调查数据的整理和处理，采用 SPSS 软件，对生态旅游发展前后武夷山自然保护区内和区外居民生计的金融资本指数进行配对样本 $t$ 检验，检验结果如表 4-10 所示。

表 4-10　武夷山自然保护区居民生计的金融资本配对样本检验

<table>
<tr><th rowspan="3">区内/外</th><th colspan="5">成对差分</th><th rowspan="3">t</th><th rowspan="3">df</th><th rowspan="3">Sig（双侧）</th></tr>
<tr><th rowspan="2">均值</th><th rowspan="2">标准差</th><th rowspan="2">均值误差</th><th colspan="2">差分 95% 置信区间</th></tr>
<tr><th>下限</th><th>上限</th></tr>
<tr><td>区内对 1 之前—之后</td><td>-0. 007</td><td>0. 225</td><td>0. 035</td><td>-0. 078</td><td>0. 065</td><td>-0. 189</td><td>39</td><td>0. 000</td></tr>
<tr><td>区外对 1 之前—之后</td><td>-0. 058</td><td>0. 200</td><td>0. 021</td><td>-0. 101</td><td>-0. 015</td><td>-5. 761</td><td>87</td><td>0. 000</td></tr>
</table>

由表 4-10 可以看出，发展生态旅游前后，生态旅游对武夷山自然保护区的区内和区外居民生计的金融资本影响都通过了显著性检验，说明生态旅游发展前后，武夷山自然保护区的区内和区外居民生计的金融资本差异明显。

### 4. 4. 6　生态旅游对武夷山自然保护区居民生计的社会资本影响

依据表 4-1 和表 4-2 的内容，结合武夷山自然保护区居民生计的社会资本问卷调查的数据，运用式（4-1）和式（4-2），计算获得生态旅游发展前后武夷山自然保护区居民生计的社会资本指数变化（表 4-11）。

表 4-11　生态旅游发展前后武夷山自然保护区居民生计的社会资本指数变化

<table>
<tr><th rowspan="3">社会资本指标</th><th rowspan="3">权重</th><th colspan="4">指标的标准化值</th><th colspan="4">居民生计的社会资本指数</th></tr>
<tr><th colspan="2">旅游发展后</th><th colspan="2">旅游发展前</th><th colspan="2">旅游发展后</th><th colspan="2">旅游发展前</th></tr>
<tr><th>区内</th><th>区外</th><th>区内</th><th>区外</th><th>区内</th><th>区外</th><th>区内</th><th>区外</th></tr>
<tr><td>家庭有无村干部</td><td>0. 15</td><td>0. 275</td><td>0. 258</td><td>0. 269</td><td>0. 265</td><td rowspan="2">0. 422</td><td rowspan="2">0. 459</td><td rowspan="2">0. 414</td><td rowspan="2">0. 385</td></tr>
<tr><td>对居民信任度</td><td>0. 33</td><td>0. 516</td><td>0. 579</td><td>0. 501</td><td>0. 472</td></tr>
<tr><td>参加社区组织</td><td>0. 25</td><td>0. 350</td><td>0. 379</td><td>0. 318</td><td>0. 329</td><td rowspan="2">0. 422</td><td rowspan="2">0. 459</td><td rowspan="2">0. 414</td><td rowspan="2">0. 385</td></tr>
<tr><td>对村委提意见</td><td>0. 27</td><td>0. 456</td><td>0. 500</td><td>0. 384</td><td>0. 397</td></tr>
</table>

从表 4-11 可知，发展生态旅游前后，武夷山自然保护区内居民生计的社会资本指数从 0. 414 增加到 0. 422，增幅为 1. 93%，增加幅度较小。这可能是因为武夷山自然保护区的区内居民受教育程度较低，居民家庭成员在政府或者村部就职的人数变化不大；另外，由于武夷山自然保护区的区内居民聚落相对较为集中，社会关系网络比较密切，所以，区内居民之间的信任度较高；同时，武夷山自然保护区内社区组织主要是茶叶合作组织，为了提高茶叶种植的技术水平和获取更多销售信息，大多数居民选择参加茶叶合作组织，随着居民参与积极性的提高，许多居民更加愿意向村部提出意见和建议。

从表 4-11 可以看出，发展生态旅游前后，武夷山自然保护区外居民生计的社会资本指数从 0.385 增加到 0.459，增幅为 19.22%，这主要是因为居民信任度和参加社区组织等指标的值增加，在发展生态旅游过程中，加强了居民之间的互动和交流，从而增强了居民之间的信任感，对居民信任度的指标从 0.472 到 0.579。另外，武夷山自然保护区的区外居民除了参加茶叶合作组织外，许多居民还参加了旅游合作组织，居民参与积极性比较高，参加社区组织的指标从 0.329 增加到 0.379，对村委提意见的指标从 0.397 增加到 0.500。

从总体上看，发展生态旅游前后，武夷山自然保护区内和区外居民生计的社会资本指数均有不同程度的提高，在发展生态旅游之后，武夷山自然保护区的区外居民社会资本指数增长幅度高于区内，这可能是由于居民参与社区组织指标的明显变化。

另外，基于武夷山自然保护区当地居民问卷调查数据的整理和处理，运用 SPSS 软件，对生态旅游发展前后武夷山自然保护区的区内和区外居民生计的社会资本指数进行配对样本 $t$ 检验，检验结果如表 4-12 所示。

**表 4-12　武夷山自然保护区居民生计的社会资本配对样本检验**

| 区内/外 | 成对差分 | | | | | $t$ | df | Sig（双侧） |
|---|---|---|---|---|---|---|---|---|
| | 均值 | 标准差 | 均值误差 | 差分 95% 置信区间 | | | | |
| | | | | 下限 | 上限 | | | |
| 区内对 1 之前—之后 | 0.085 | 0.204 | 0.032 | 0.020 | 0.150 | 2.639 | 39 | 0.000 |
| 区外对 1 之前—之后 | -0.038 | 0.121 | 0.013 | -0.063 | -0.012 | -2.940 | 87 | 0.000 |

从表 4-12 可知，发展生态旅游前后，生态旅游对武夷山自然保护区内和区外居民生计的社会资本影响都通过了显著性检验，表明生态旅游发展前后武夷山自然保护区的区内和区外居民生计的社会资本具有差异性。

## 4.4.7　生态旅游对武夷山自然保护区居民生计影响的区域差异

通过武夷山自然保护区当地居民问卷调查数据的整理和处理，获得生态旅游发展前后武夷山自然保护区内和区外居民生计资本指数的变化状况（表 4-13）。

**表 4-13　生态旅游发展前后武夷山自然保护区居民生计资本指数变化的区域差异**

| 指数 | 发展生态旅游前 | | 发展生态旅游后 | |
|---|---|---|---|---|
| | 区内 | 区外 | 区内 | 区外 |
| 人力资本指数 | 0.368 | 0.385 | 0.411 | 0.477 |
| 自然资本指数 | 0.521 | 0.516 | 0.574 | 0.637 |
| 物质资本指数 | 0.362 | 0.380 | 0.390 | 0.466 |

续表

| 指数 | 发展生态旅游前 | | 发展生态旅游后 | |
|---|---|---|---|---|
| | 区内 | 区外 | 区内 | 区外 |
| 金融资本指数 | 0. 362 | 0. 376 | 0. 514 | 0. 515 |
| 社会资本指数 | 0. 414 | 0. 385 | 0. 422 | 0. 459 |
| 生计资本总指数 | 2. 027 | 2. 042 | 2. 311 | 2. 554 |

从表4-13可以看出，发展生态旅游之前，武夷山自然保护区内和区外居民生计资本总指数分别为2. 027和2. 042，区内和区外居民生计资本总指数之间的差距不明显；而发展生态旅游之后，武夷山自然保护区的区内和区外居民生计资本总指数分别增加到2. 311和2. 554，区内和区外居民生计资本总指数差异较为显著。

与传统旅游经济为主导的旅游目的地不同的是，在武夷山自然保护区生态旅游发展的同时，当地居民生计的自然资本不但没有减少，反而得到不同程度的增加，其中，武夷山自然保护区的区内居民生计的自然资本指数从0. 521增加到0. 574；区外居民生计的自然资本指数从0. 516增加到0. 637。通过调查发现，当地政府积极开展生态旅游项目吸引游客，农家土特产品受到了游客和茶商的极大欢迎，最为显著的是促进了当地茶叶销售量大幅度增加，使得茶叶价格不断提高；同时，以往多数种茶居民开始利用自家茶青制作茶叶，从而促进了当地茶叶产值的提高。

从居民生计的人力资本指数看，武夷山自然保护区内和区外居民生计的人力资本指数差距不大，并且在生态旅游发展前后变化也不大。这主要是因为武夷山自然保护区当地主要劳动力没有较大改变，有部分受过较高教育的年轻人选择回乡就业，从事与生态旅游或者茶叶相关的工作。

就居民生计的物质资本指数而言，武夷山自然保护区区内和区外居民生计的物质资本指数差异较小，并且生态旅游发展对其影响较大的主要体现在牲畜和家庭耐用品等方面，而对住房条件指标的影响则不太显著。

从居民生计的金融资本指数来看，武夷山自然保护区的区外居民生计的金融资本指数高于区内，而且区外和区内之间的差距随着生态旅游发展得到了较大程度提高，这主要是由于居民家庭年收入的增加，生态旅游发展使得传统茶农改变了原有生计方式，增加了居民的收入来源，当地居民传统的竹笋、菌菇等农产品成为畅销品。

就居民生计的社会资本指数而言，生态旅游发展后，武夷山自然保护区的区内和区外居民生计的社会资本指数都得到了不同程度的增加，并且区外和区内之间差距也在不断增大。这主要是由于武夷山自然保护区的区外居民参与生态旅游发展的家庭相对较多，邻里之间的交流互动更加频繁，对彼此之间更加信任；而且武夷山自然保护区的区外有专门的旅游合作组织，参与生态旅游经营和对生态旅游发展持支持态度的居民都会积极参与，极大地调动其积极性与参与度；另外，部分居民个体参与度不高，且对社区村委决策也很少关注，故使得居民生计的社会资本增长幅度并不大。

另外，从表 4-13 可知，发展生态旅游前后，武夷山自然保护区内居民生计资本指数总体上有所增加，其中，居民生计的物质资本指数和金融资本指数的增幅明显，自然资本有较小幅度的上升，而人力资本和社会资本增幅较不明显。发展生态旅游前后，武夷山自然保护区外居民 5 种生计资本均有不同幅度的提高，其中，居民生计的自然资本指数和金融资本指数的增幅比较大，原因是生态旅游发展带来的机遇，使得武夷山自然保护区的区外居民转变只卖茶青不卖茶叶的思想，居民开始自己着手制造手工茶叶，培养自己的固定客源，销售茶叶制品和相关土特产品，增加居民收入来源；居民生计的金融资本指数和人力资本指数有所增加，而居民生计的社会资本指数变化不大；总体来看，武夷山自然保护区的区外居民 5 种生计资本比较均衡，在一定程度上说明居民生计状况良好。

由于受到自然条件、旅游资源和区位条件等因素的影响，发展生态旅游前后，武夷山自然保护区内和区外居民生计资本存在一定差异。总体上看，发展生态旅游后，武夷山自然保护区的区内和区外居民的生计资本指数都有不同程度的增加，表明生态旅游作为一种外力作用，对武夷山自然保护区当地居民的生计资本产生了积极影响。具体来看，武夷山自然保护区的区内居民生计的金融资本指数和自然资本指数的增幅比较明显，物质资本指数、人力资本指数和社会资本指数虽有增加，但是增加幅度比较小；而武夷山自然保护区的区外居民除了自然资本指数和金融资本指数得到较为显著的提升外，物质资本指数、人力资本指数和社会资本指数也得到均衡增加，这主要是由于武夷山自然保护区的区外能够充分抓住生态旅游发展的机遇，较为主动地参与到生态旅游经营中，促进生态旅游经济与当地传统的茶叶、竹林经济形成良好的产业互动，进一步提高了居民生计资本。

## 4.5 生态旅游对武夷山自然保护区居民生计策略影响的分析

生计策略是指居民对其现有的生计资本加以利用以及生计活动的选择，包括居民的生计活动类型和组合等方面。居民采取的生计策略取决于其所拥有的生计资本状况，居民通过对不同生计资本组合来确定其生计活动。

生态旅游发展给武夷山自然保护区当地居民生计资本的储量和结构带来了不同程度的变化，从而促使居民对其自身生计的选择产生了不同程度的改变与转型。在调查中发现，发展生态旅游给武夷山自然保护区当地居民带来了更多的就业机会，例如，旅游景区的建设将当地社区更多农闲时的劳动力充分利用起来，使得居民在农闲时多一种生计选择。部分家庭生计资本比较充裕的居民选择参与经营农家乐、民宿、旅游餐馆，甚至一些居民合作开展生态旅游项目建设的投资，不仅增加了居民的家庭收入，更丰富了居民生计。

基于武夷山自然保护区当地居民问卷调查获得的研究数据，根据式（4-3），计算获得生态旅游发展前后武夷山自然保护区居民生计活动类型、生计多样化等方面的状况；并且利用式（4-4），探讨居民生态旅游生计策略选择的影响因素，分析生态旅游对武夷山自然保护区居民生计策略的影响。

## 4.5.1 生态旅游对武夷山自然保护区居民生计活动类型的影响

通过对武夷山自然保护区当地居民问卷调查的整理和处理，获得生态旅游发展前后武夷山自然保护区的区内和区外居民生计类型变化的状况（图 4-1）。

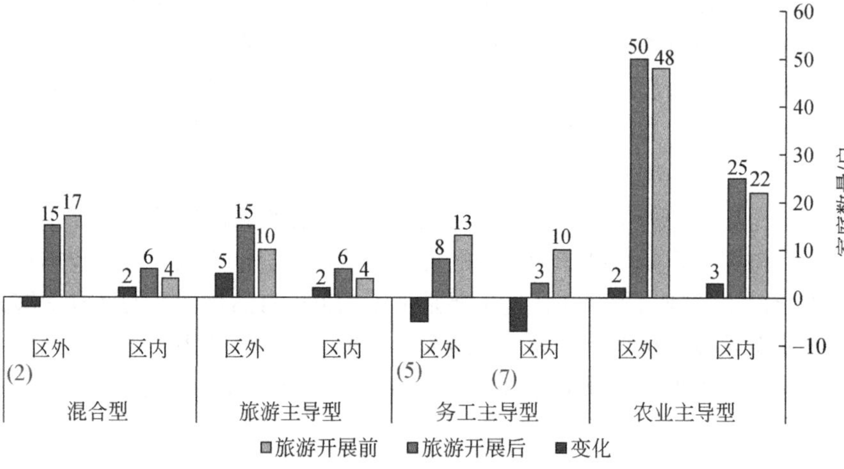


图 4-1 生态旅游发展前后武夷山自然保护区的区内和区外居民生计类型变化

1. 农业主导型

从图 4-1 可以看出，发展生态旅游前后，武夷山自然保护区内以农业主导型居民的家庭数量从 22 户增加到 25 户，而区外以农业主导型居民的家庭数量从 48 户增加到 50 户，农业主导型居民的家庭主要是由务工主导型居民的家庭转移而来的。

这可能是由于发展生态旅游之后，茶叶价格不断上涨，部分务工主导型的居民选择重新将撂荒的茶山开垦种植。在调查中发现，发展生态旅游之前，当地茶厂收购的新鲜茶青仅为每斤 10.0 元左右，随着生态旅游发展，茶青价格上升到每斤 30.0 ~ 50.0 元，居民的家庭收入水平得到较大提升，远远超过外出务工的收入；因此，部分务工主导型的居民转到种植茶叶，而在农闲时选择就地务工。

2. 务工主导型

从图 4-1 可知，发展生态旅游前后，武夷山自然保护区的区内务工主导型居民的家庭数量由 10 户减少到 3 户，主要是由于有 3 户居民家庭已经转化为农业主导型，2 户转化为旅游主导型，另外 2 户转移到混合型；调查发现，这些居民家庭的劳动力相对较多，而居民生计的自然资本比较少；在发展生态旅游之前家庭中劳动力的重点主要投入到外出务工，但随着生态旅游发展带来的变化，居民的家庭劳动力返回家中，开始了解生态旅游发展政策，将外出务工所得收入投资到农家乐经营，劳动力也相应地转移到生态旅游服务中。

发展生态旅游前后，武夷山自然保护区的区外务工主导型居民的家庭数量从 13 户减少到 8 户，其中有 1 户转移到旅游主导型、2 户转移到农业主导型、2 户转移到混合型，其中转移到农业主导型与旅游主导型的原因相似，而转移到混合型的原因是茶叶价格飙升使得原本撂荒地重新种植茶叶，家中年龄较大的半劳动力养殖土蜂和鸡鸭销售给外来游客增加家庭收入，同时家中年轻劳动力选择回乡就业。

3. 旅游主导型

从图 4-1 可以看出，发展生态旅游前后，武夷山自然保护区的区内旅游主导型居民的家庭数量由 4 户增加到 6 户，虽然增加的数量并不是很多，但是，根据调查得知，近年来居民参与生态旅游开发，旅游收入作为一种重要的收入来源，在其家庭总收入中占比越来越大；由于距离景区较近，一些以农家乐为副业的家庭也将其转为主业。以往接待外来茶商，随着生态旅游人数增多，部分家庭开始将劳动力的重点转移到农家乐服务接待。

发展生态旅游前后，武夷山自然保护区的区外旅游主导型居民的家庭数量由 10 户增加到 15 户，其增加数量比区内多，主要是从务工主导型和农业主导型以及混合型居民中转移过来的。据调查得知，武夷山自然保护区的区外由于交通条件相对较好，距离集镇较近，并且附近新兴生态旅游项目也极大地吸引游客，具有金融资本、人力资本和物质资本优势的居民家庭选择生态旅游经营；区外的九龙山庄茶园综合体，在生态环境方面有着天然优势，是集休闲、娱乐、餐饮和住宿于一体的休闲山庄，每日游客接待量较大。

4. 混合型

混合型居民的家庭生计多样化指数高，主要生计活动类型包括农业、生态旅游、经商和服务业等方面。从图 4-1 可知，发展生态旅游前后，武夷山自然保护区的区内混合型居民的家庭数量由 4 户增加到 6 户，主要是从务工主导型的家庭转移而来的；对于这两户家庭而言，农业收入比重逐渐增加，同时生态旅游带来机遇，使得家庭中妇女劳动力选择在当地旅游景区或者旅游餐馆、民宿从事服务工作。

发展生态旅游前后，武夷山自然保护区的区外混合型居民的家庭数量由 17 户减少到 15 户，主要转移到旅游主导型。通过调查和访问得知，这些居民家庭看准生态旅游发展潜力，对生态旅游政策了解，利用家庭的物质条件和劳动力，开设民宿和农家乐。

总体上看，在生态旅游发展的影响下，武夷山自然保护区的区内和区外部分居民家庭生计方式发生了变化，从而导致其生计类型也相应地发生了变化；而变化最为显著的是务工主导型居民的家庭数量减少，其中，武夷山自然保护区的区内务工主导型居民的家庭数量变化大，从 10 户变为 3 户，减少了 7 户，而转移方向根据家庭的实际情况，转移到其他生计类型中；武夷山自然保护区的区外务工主导型的农户数量减少了 4 户，其中，家庭生计资本积累较多的转向旅游主导型，家庭人力资本指数较大的转向混合型，家庭自然资本相对较多的转向农业主导型；发展生态旅游促使武夷山自然保护区当地居民有了更多的生计选择，生计类型也更加多元化，促进了当地居民生计的可持续发展，这也正是生态旅游发展要实现的目标。

### 4.5.2 生态旅游对武夷山自然保护区居民生计多样化的影响

居民生计类型的多样化是抵御生计风险的重要方式，同时也是拓宽居民生计渠道、提高生计多样化的重要手段。居民生计多样化是实现生计可持续发展的重要目标和条件。通过武夷山自然保护区当地居民问卷调查得到研究数据，运用式（4-4），计算得到武夷山自然保护区的区内和区外居民生计多样化指数(图 4-2)。

从图 4-2 可以看出，发展生态旅游之后，武夷山自然保护区的区内和区外

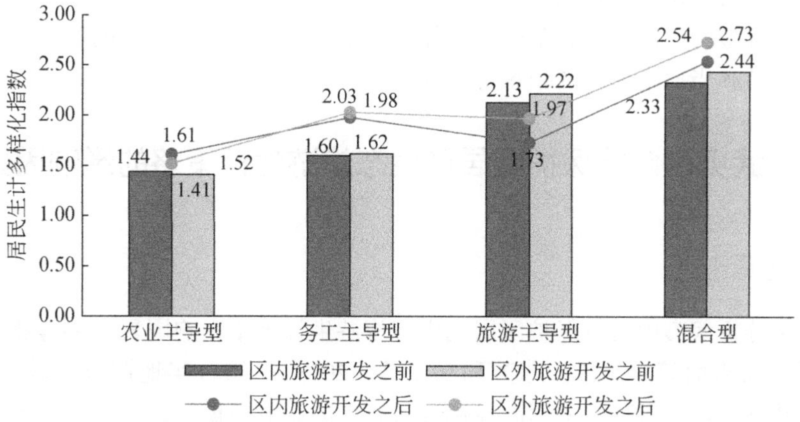


图 4-2 生态旅游发展前后武夷山自然保护区的区内和区外居民生计多样化指数变化

4 种生计活动类型居民生计多样化指数都呈现增加的趋势。其中，发展生态旅游前后，武夷山自然保护区的区内农业主导型居民生计多样化指数从 1.44 增加到 1.61，而区外农业主导型居民生计多样化指数从 1.41 增加到 1.52；发展生态旅游前后，武夷山自然保护区的区内务工主导型居民生计多样化指数从 1.60 增加到 1.98，而区外务工主导型居民生计多样化指数从 1.62 增加到 2.03；发展生态旅游前后，武夷山自然保护区的区内旅游主导型居民生计多样化指数从 2.13 减少到 1.73，而区外旅游主导型居民生计多样化指数从 2.22 减少到 1.97；混合型居民是所有生计活动类型中生计多样化指数最高的，发展生态旅游前后，武夷山自然保护区的区内混合型居民生计多样化指数从 2.33 增加到 2.54，而区外混合型居民生计多样化指数从 2.44 增加到 2.73。总体上看，发展生态旅游之前，武夷山自然保护区当地居民生计以农业为主，生计多样化指数较低，而发展生态旅游之后，当地居民的生计方式更加多元化，生计策略也更加多元化。

对比分析发现，武夷山自然保护区务工主导型的居民是所有类型中生计多样化指数提升最为显著的，混合型居民生计多样化指数变化次之，农业主导型居民生计多样化指数变化较小，而旅游主导型居民生计多样化指数出现下降的现象。发展生态旅游，在一定程度上为当地居民提供更多的就业机会和发展当地经济的契机，每一种类型家庭的居民在生态旅游发展的契机下，开展一些与生态旅游相关的工作。农业主导型的居民在农闲或者旅游旺季时，选择在当地民宿或者旅游餐馆打工等，加大家禽、土蜂的饲养，增加家庭的生计活动。务工主导型的部分居民选择回乡，参与生态旅游的建设与经营，同时更加注重发展茶叶的种植。旅游主导型的居民生计多样化指数呈现下降的趋势，主要是由于随着生态旅游的发展，旅游经营规模不断扩大，家庭更多劳动力参与其中，减少对其他生计活动的参与。混合型的居民在原有基础上增加了生态旅游相关生计活动的参与，主要包括土特产品和当地纪念品的销售等方面。

### 4.5.3 武夷山自然保护区居民生态旅游生计策略的影响因素

1. 变量选择

为了分析武夷山自然保护区居民生态旅游生计策略影响因素，参考相关的研究成果（郭秀丽等，2017；苏芳和郑亚萍，2018），结合实地调查反映的问题，并考虑数据的可获得性，根据问卷调查所获得的研究数据，最终选取被解释变量以及可能对居民生态旅游生计策略产生影响的解释变量。

选取武夷山自然保护区居民生态旅游生计策略作为被解释变量，在被解释变量中有参与生态旅游经营型和不参与生态旅游经营型两种不同情景。武夷山自然保护区居民生态旅游生计策略影响解释变量的指标主要为居民家庭资源禀赋相关指标，其中，居民家庭的人力资本禀赋主要包含家庭劳动力、受教育程度，居民家庭的自然资本禀赋主要指居民家庭拥有的茶园面积，居民家庭的金融资本禀赋主要指居民家庭年收入，居民家庭的社会资本禀赋主要包含居民家庭成员是否有政府工作人员、是否参加社区组织、对生态旅游发展的态度等方面。

2. 计量模型

因为武夷山自然保护区居民生态旅游生计策略影响分析中，被解释变量有参与生态旅游经营型和不参与生态旅游经营型两种不同情况，所以，采用二元 Logistics 回归模型进行分析。由于 Logistic 回归模型采用的参数估计法是最大似然估计法，模型测算出的结果更加直观且容易解释；因此，利用式（4-4）进行武夷山自然保护区居民生态旅游生计策略的影响因素研究。

3. 居民生态旅游生计策略的影响因素分析

为了分析武夷山自然保护区居民生态旅游生计策略的影响因素，设定被解释变量为居民是否参与生态旅游经营型，并选取与被解释变量关系密切的居民的家庭资源禀赋和居民对生态旅游发展的态度的相关指标。通过 SPSS 软件，运用二元 Logistics 模型，对武夷山自然保护区居民生态旅游生计策略的影响因素进行回归分析，模型回归结果如表 4-14 所示。

**表 4-14 武夷山自然保护区居民生态旅游生计策略选择的影响因素**

| 解释变量 | *B* | S. E | Wald | *df* | Sig | Exp（β） |
|---|---|---|---|---|---|---|
| 家庭劳动力 | 0. 182 | 0. 523 | 1. 016 | 1 | 0. 471 | 1. 153 |
| 受教育程度 | 0. 518 | 0. 257 | 1. 724 | 1 | 0. 082 | 1. 371 |
| 茶园面积 | 0. 365 | 0. 472 | 1. 132 | 1 | 0. 011 | 2. 227 |
| 家庭收入 | 0. 739 | 0. 329 | 0. 338 | 1 | 0. 003 | 3. 692 |
| 家庭成员是否有政府工作人员 | 2. 517 | 0. 806 | 4. 863 | 1 | 0. 001 | 9. 724 |
| 是否参加社区组织 | 0. 418 | 1. 427 | 1. 253 | 1 | 0. 037 | 2. 024 |
| 对生态旅游发展的态度 | 0. 815 | 2. 104 | 1. 903 | 1 | 0. 029 | 2. 519 |

居民选择的生计策略会随着居民所处生计背景和自身属性特征的变化而不断调整。在不同生计资本组合下，居民根据自身条件从事不同的生计活动，并形成不同的生计策略。从表 4-14 可以看出，总体上武夷山自然保护区居民的家庭劳动力、受教育程度、茶园面积、家庭收入、家庭成员是否有政府成员、是否参加社区组织、对生态旅游发展的态度等方面，对选择参与生态旅游经营生计类型的居民都产生了一定影响。

**1）居民的家庭劳动力对其生态旅游生计策略选择的影响**

从表 4-14 可知，在其他条件不变的情况下，武夷山自然保护区居民家庭劳动力每增加一个单位，使得居民选择参与生态旅游经营型的概率增加 0. 182 个单位，居民选择参与生态旅游经营的生计策略与选择非参与生态旅游经营的生计策略的发生比扩大 1. 153 倍。

这主要是由于参与生态旅游经营需要居民具有较高的服务技能和接待技能，同时也需要消耗较大的精力；生态旅游服务业属于劳动密集型产业，对劳动力的需求很大。通过调查发现，家庭劳动力数量大的居民，其参与生态旅游经营的概率就越大。

**2）居民的受教育程度对其生态旅游生计策略选择的影响**

从表 4-14 可以看出，在其他条件不变的情况下，武夷山自然保护区居民的受教育水平每增加一个单位，引起居民选择参与生态旅游经营型的概率增加 0. 518 个单位，使得居民选择参与生态旅游经营策略与非参与生态旅游经营策略的发生比扩大 1. 371 倍。

这主要是因为武夷山自然保护区当地居民受教育水平普遍较低，其中选择参与生态旅游经营策略的居民受教育水平几乎都具有初中以上学历，较高学历居民的知识储备相对丰富，并且能够与外来的游客无障碍地交流，所以，其更加愿意选择生态旅游生计策略。

**3）居民拥有茶园面积对其生态旅游生计策略选择的影响**

从表4-14可知，在其他条件不变的情况下，武夷山自然保护区居民拥有的茶园面积每增加一个单位，使得居民选择参与生态旅游经营型的概率增加0.365个单位，居民选择参与生态旅游经营生计策略与参与非生态旅游经营生计策略的发生比扩大2.227倍。

这主要是因为武夷山自然保护区当地茶农最初是为了接待外来的茶商，开始建造农家旅馆，特别是接待自家的茶商；随着生态旅游的发展，茶叶价格不断提高，外来商客越来越多，除了每年4～5月接待茶商，在其他时间接待外来的生态旅游者。因此，居民家庭茶园面积的增加，无疑刺激了居民参与生态旅游经营，开设农家餐馆、民宿接待等，而且也使得茶叶可以直接销售给来参观的游客，使茶叶的销售途径更加多元化。

**4）居民的家庭收入对其生态旅游生计策略选择的影响**

从表4-14可以看出，在其他条件不变的情况下，武夷山自然保护区居民的家庭收入每增加一个单位，引起居民选择参与生态旅游经营型的概率增加0.739个单位，使得居民选择参与生态旅游经营生计策略与选择非参与生态旅游经营生计策略的发生比扩大3.692倍。

武夷山自然保护区居民未参与生态旅游经营生计策略的主要原因是缺少资金支持；对于农村家庭的居民来说，由于缺少抵押资本，从银行贷款的难度比较大。而参与生态旅游经营的居民，家庭收入在当地都处在较高的水平，居民的家庭收入越高，越愿意选择生态旅游生计策略。

**5）居民家庭成员是否有政府工作人员对其生态旅游生计策略选择的影响**

从表4-14可知，在其他条件不变的情况下，武夷山自然保护区居民的家庭成员是否有政府工作人员的占比每增加一个单位，居民选择参与生态旅游经营型的概率增加2.517个单位，致使居民选择参与生态旅游经营生计策略与选择非参与生态旅游经营生计策略的发生比增大9.724倍。

这主要是因为武夷山自然保护区当地选择开设农家乐、开展民宿等的居民，大部分是村委担任职务的人员，他们能够积极地理解政府政策，在当地政府扶持下作为开展生态旅游经营的试点，给当地居民起到引导作用，因此，其更加愿意选择生态旅游生计策略。

**6）居民家庭成员参加社区组织对其生态旅游生计策略选择的影响**

从表4-14可以看出，在其他条件不变的情况下，武夷山自然保护区居民参与社区组织的占比每增加一个单位，引起居民选择参与生态旅游经营型的概率增加0.418个单位，使得居民选择参与生态旅游经营生计策略与选择非参与生态旅游经营生计策略的发生比扩大2.024倍。

这主要是由于武夷山自然保护区当地参与社区组织的居民，对当地社会经济发展比较关注，对于生态旅游发展也十分关切；同时，无论是参与生态旅游相关的社区组织还是与茶叶相关的社区组织，居民都能通过这些组织获取更多生态旅游发展带来的利益，因此，无论是从生态旅游带来的直接效益视角，还是从生态旅游发展给其茶叶发展带来益处的角度，都极大地促使这些居民选择参与生态旅游经营。

**7）居民对生态旅游发展的态度对其生态旅游生计策略选择的影响**

从表 4-14 可知，在其他条件不变的情况下，武夷山自然保护区当地居民对发展生态旅游态度的占比每增加一个单位，使得居民选择参与生态旅游经营型的概率增加 0.815 个单位，致使居民选择参与生态旅游经营生计类型与选择非参与生态旅游经营生计类型的发生比扩大 2.519 倍。

这主要是因为对武夷山自然保护区生态旅游发展持有积极态度的居民，很支持当地社区发展生态旅游，并且在当地村委组织下和政府引导下，部分家庭经济条件较好的居民能够积极参与生态旅游经营。

综上所述，武夷山自然保护区当地居民的家庭劳动力、受教育水平、茶园面积、家庭收入、家庭成员是否有政府工作人员、家庭成员是否参加社区组织、对生态旅游发展的态度等解释变量，都对武夷山自然保护区居民选择生态旅游生计策略具有一定的影响。其中，居民的家庭成员是否有政府工作人员、对生态旅游发展的态度、家庭收入对其选择生态旅游生计策略的影响比较大，其他的解释变量的影响相对较小。

## 4.6 生态旅游对武夷山自然保护区居民生计结果影响的分析

生计结果是居民生计研究的重要组成部分，是居民生计资本配置、生计策略选择最直接的表现。居民的生计结果主要包括居民的家庭收入结构、消费结构等方面。

### 4.6.1 生态旅游对武夷山自然保护区居民收入的影响

居民的家庭收入是居民生计结果的重要组成部分，也是最为直接的表现形式。本节从居民的农业收入和非农业收入两个方面，分析生态旅游对武夷山自然保护区居民收入结构的影响。

1. 生态旅游对居民收入结构的影响

通过对武夷山自然保护区当地居民问卷调查的整理和处理，获得生态旅游发展前后武夷山自然保护区居民收入结构变化状况（图 4-3）。

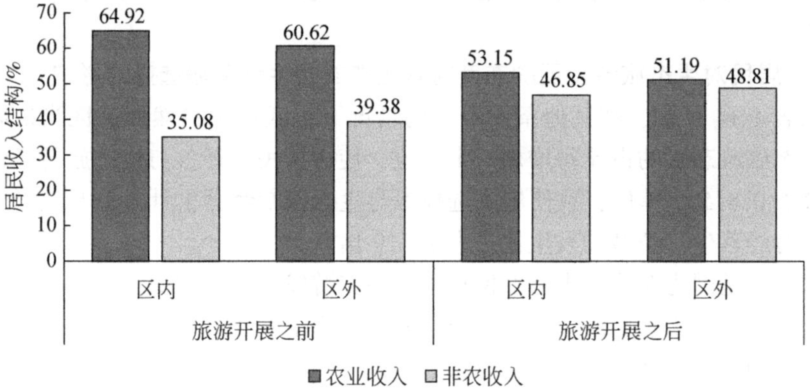


图 4-3　生态旅游发展前后武夷山自然保护区居民收入结构变化

从图 4-3 可以看出，发展生态旅游之前，武夷山自然保护区当地居民的农业收入与非农业收入的差别比较大，农业收入占家庭总收入的 60.00% 以上，其中，武夷山自然保护区的区内居民的农业收入占比明显大于区外居民。而发展生态旅游之后，武夷山自然保护区当地居民的农业收入在其家庭总收入中占比有所降低，降幅为 10.00% 左右；而居民的家庭非农收入占比上升，居民的农业收入和非农收入在家庭总收入中占比差距在不断缩小。

这主要是因为在武夷山自然保护区当地社区发展生态旅游之前，茶叶和毛竹是当地主导产业，对于武夷山自然保护区的区内居民来说，农作物种植是最熟悉和擅长的生计方式，其带来的收入也是比较可观的，更多居民愿意选择农业生计方式。在调查中发现，武夷山自然保护区当地居民的非农收入途径主要是在当地的工厂、企业、事业等单位工作，但是，这类收入在当地居民家庭总收入中占比不大。而武夷山自然保护区的区外居民也是依靠当地资源环境种植茶叶，农业收入在其家庭总收入中占比较大，由于地理区位条件的不同，区外居民距离城镇比较近，在满足农业需求劳动力的前提下，剩余劳动力会更多地选择在城镇就业，这样就使得区外居民家庭的非农收入占比高于区内居民。

在各级政府的指导和扶持之下，武夷山自然保护区当地村庄结合本地特点发展旅游经济，当地生态环境优越且旅游资源丰富的村庄响应政府的号召，发展生态旅游，建立了武夷源生态保护区示范区、九龙山庄文化体验区等，其中包括很多生态旅游重点项目（如国家森林步道、九龙山庄茶园综合体、十里长涧文化休闲长廊、有机农场采摘园）。发挥武夷源的生态优势，将户外运动探险、文化休闲、农业采摘和生态环境相结合，与武夷山地区的其他旅游产品形成差异化，打造生态旅游产品。在生态旅游带动下农家乐、特色民宿、特色餐饮等相关行业也发展起来。此外，生态旅游商品销售、农特产品（茶叶、竹笋、菌菇、药酒等）家庭式的商业活动开始不断增多，使得当地居民的经商收入比重加大。同时，生态旅游项目的建设和发展也为更多劳动力提供了就业岗位，增加了当地居民的非农收入比重。生态旅游发展之后，武夷山自然保护区当地居民的农业收入占比降低，当地更多的非农经济发展起来，逐渐分割了农业收入在家庭收入中的比重。

### 2. 生态旅游对居民农业收入结构的影响

#### 1）生态旅游对区内居民农业收入结构的影响

通过武夷山自然保护区当地区内居民问卷调查的整理和处理，本书获得生态旅游发展前后武夷山自然保护区的区内居民农业收入结构变化状况（图 4-4）。

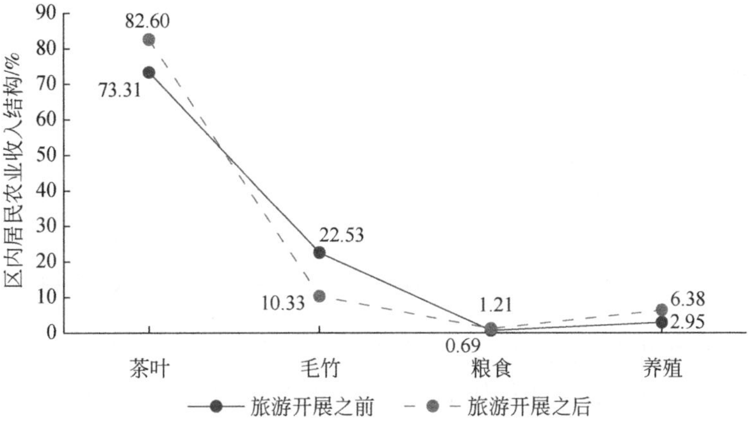


图 4-4　生态旅游发展前后武夷山自然保护区的区内居民农业收入结构变化

从图 4-4 可知，茶叶是武夷山自然保护区的区内居民农业收入的主要来源，其次是毛竹，养殖和粮食收入占比较少。发展生态旅游前后，武夷山自然保护区的区内居民的茶叶和家庭养殖带来的收入得到不同程度提升，而粮食和毛竹所占比重则呈现下降趋势。

这主要是因为生态旅游发展而带动茶叶市场繁荣，茶叶价格提升使得居民能更加注重茶叶种植；由于武夷山自然保护区的地形原因，耕地面积比较少，粮食种植面积不大，仅能满足家庭生活需要，对家庭收入影响不大；毛竹收入是家庭农业收入中的重要组成部分，由于生态保护政策的实施以及砍伐成本的提升，更多居民选择放弃部分毛竹经营，使得毛竹收入呈现下降趋势；而对于养殖来说，在发展生态旅游之前，武夷山自然保护区的区内大部分居民主要选择鸡鸭等禽类养殖，以满足家庭的生活需要，但是，在发展生态旅游之后，当地居民家庭饲养的鸡鸭以及土鸡蛋、鸭蛋等成为当地的畅销产品，此外，还有部分家庭开始养殖少许的土蜂及猪、羊等，以满足农家乐的接待，因此，养殖给当地居民带来收入占比上升。

**2）生态旅游对区外居民农业收入结构的影响**

通过武夷山自然保护区当地区外居民问卷调查的整理和处理，获得生态旅游发展前后武夷山自然保护区的区外居民农业收入结构的变化状况（图4-5）。

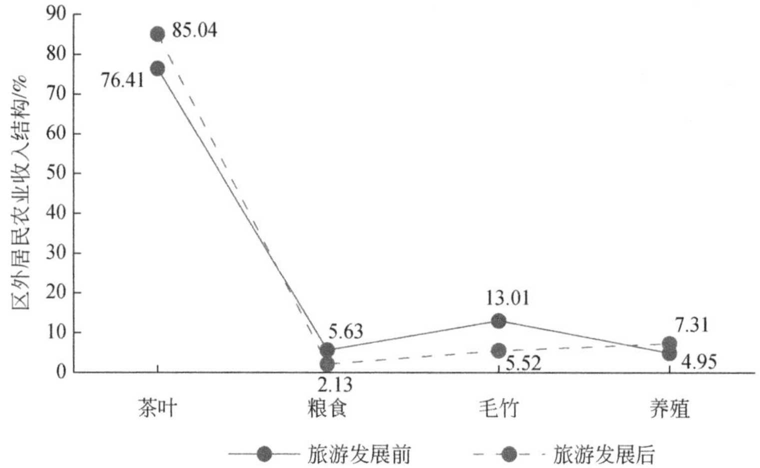


图4-5　生态旅游发展前后武夷山自然保护区的区外居民农业收入结构变化

从图4-5可以看出，武夷山自然保护区的区外居民农业家庭收入结构和区内相似，茶叶和毛竹在农业收入中占比高，茶叶从生态旅游发展前的76.41%增加到85.04%，而毛竹从13.01%降低到5.52%。但是也存在一些差异，就粮食而言，武夷山自然保护区的区外由于地理条件优势，耕地面积比区内多，在家庭收入中占比也较高，但是随着对茶叶种植的追求，耕地收入占比从5.63%减少到2.13%，此外，粮食种植的时间和人力成本较高，多数居民放弃对传统粮食的种植，这也造成粮食收入在家庭农业收入中占比越来越低。由于管理成本的提高、人工费的增加以及生态环境保护政策的实施，毛竹的产量越来越低，其带来的收入也越来越少。大规模的养殖虽然没有出现，随着消费需求的增长，有部分家庭的居民开始养殖土蜂，生产出的蜂蜜价格相当可观，每斤土蜂蜜200.0元左右；而养殖的土鸡产下的土鸡蛋每个也能卖到2.0元，使得养殖收入在居民家庭收入中占比上升。

### 3. 生态旅游对居民非农收入结构的影响

#### 1）生态旅游对区内和区外的居民非农收入结构的影响

通过武夷山自然保护区当地居民问卷调查的整理和处理，获得生态旅游发展前后武夷山自然保护区居民非农收入结构的状况（表 4-15）。

**表 4-15　生态旅游发展前后武夷山自然保护区居民非农收入结构**

| 收入来源 | 发展生态旅游之前/% | | 发展生态旅游之后/% | |
|---|---|---|---|---|
| | 区内 | 区外 | 区内 | 区外 |
| 工资 | 43. 86 | 36. 92 | 26. 07 | 22. 85 |
| 打工 | 22. 43 | 26. 89 | 8. 63 | 10. 82 |
| 经商 | 23. 66 | 35. 36 | 37. 96 | 34. 91 |
| 旅游 | 10. 05 | 0. 83 | 27. 34 | 31. 42 |

从表 4-15 可知，随着生态旅游的发展，武夷山自然保护区当地居民的非农收入结构出现了一系列变化。在发展生态旅游之前，当地居民的工资性收入是其主要的非农收入来源，区内的居民工资性收入占非农收入的 43. 86%，区外的居民工资性收入占非农收入的 36. 92%。

在发展生态旅游之前，武夷山自然保护区当地居民生态旅游收入在其收入中占比最少，区内的居民生态旅游收入占非农收入的 10. 05%，而区外的居民生态旅游收入占非农收入的 0. 83%，二者之间存在较大的差异。这主要是由于武夷山自然保护区的区内自然环境比较优美，区内居民可借助以往的基础设施接待少数散客，为其提供餐饮、住宿和导游等服务增加其非农收入。

在发展生态旅游之前，武夷山自然保护区当地居民的区外居民的经商和打工收入占比高于区内居民。这主要是因为区外居民能够凭借地理位置的优势，距离城镇比较近，可以选择在当地城镇打工或者经营茶叶；但是，在发展生态旅游之后，当地农村非农经济活动开始活跃起来，生态旅游和经商收入在家庭非农收入中占比持续上升，而工资性收入和打工收入占比逐渐降低；调查发现，一些对生态旅游市场持乐观态度的居民能够积极投身到生态旅游及相关行业中，开始从事农家乐接待、民宿经营及相关的活动。

#### 2）生态旅游前后居民非农收入结构的变化

通过武夷山自然保护区当地居民问卷调查的整理和处理，本书获得生态旅游发展前后武夷山自然保护区居民非农收入结构的变化状况（图 4-6）。

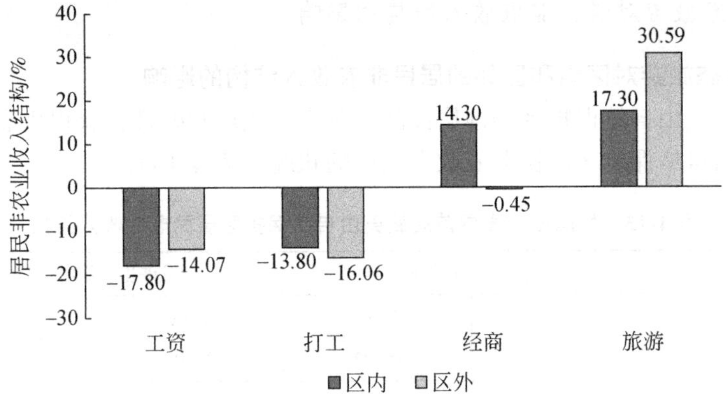


图 4-6　生态旅游发展前后武夷山自然保护区居民非农业收入结构变化

从图 4-6 中可以看出，发展生态旅游前后，武夷山自然保护区当地居民非农收入结构发生了不同程度的变化。发展生态旅游前后，居民的工资性和打工收入在家庭收入中占比增值为负数，而经商和生态旅游收入的占比得到了较大幅度提升。这主要是由于生态旅游发展促进了相关产业的活跃，传统的茶农开始制作茶叶，借助生态旅游发展开设茶店，经营当地各种特色品牌的茶叶，更有一些当地年轻人选择在外地销售家乡茶叶及其相关产品，因此，经商带来的收益在居民家庭收入中占比越来越高；当然生态旅游带来的收入也是显而易见的，在旅游旺季，农家乐和民宿的接待经常供不应求，值得注意的是，就生态旅游收入在居民非农收入的占比而言，区外的居民生态旅游收入占比增加的幅度高达 30. 0% 以上，而区内的居民生态旅游收入占比增加的幅度仅为 17. 0% 左右，产生这种差距的原因是区外乡村正在大力发展生态旅游，开设旅游项目，逐渐形成比较完善的旅游接待链，能够接待更多的旅游团队与散客，而区内由于生态保护政策的限制，接待的游客大多是少量散客和部分茶商，二者在游客的客流量方面存在较大差异。

总体而言，武夷山自然保护区当地居民借助生态旅游发展的东风，极力发展茶叶种植，使得茶叶种植在其家庭农业收入中的占比不断上升。发展生态旅游之后，当地知名度更高，吸引了周边更多的游客及茶商，使得生态旅游相关产业相继发展，促进当地非农经济的增强。生态旅游发展带来的良好效果为当地旅游发展规划和居民生计可持续发展提供了重要参考依据。

## 4. 6. 2　生态旅游对武夷山自然保护区居民消费的影响

居民的家庭消费是生计结果的重要内容，收入的变化必然会引起居民消费意识和结构的变化。参与生态旅游活动的接待，使得居民的生计类型发生变化，收入结构也发生相应改变，同时，在与外来旅游者接触的过程中，居民的观念和意识也会随之发生变化，从而影响其消费观念和消费结构。根据武夷山自然保护区的实际情况，将当地居民的消费类型分为农业支出、食品支出、医疗支出、教育支出、能源支出和人情支出等方面。

通过武夷山自然保护区当地居民问卷调查的整理和处理，本书获得生态旅游发展前后武夷山自然保护区居民消费结构的变化状况（图 4-7）。

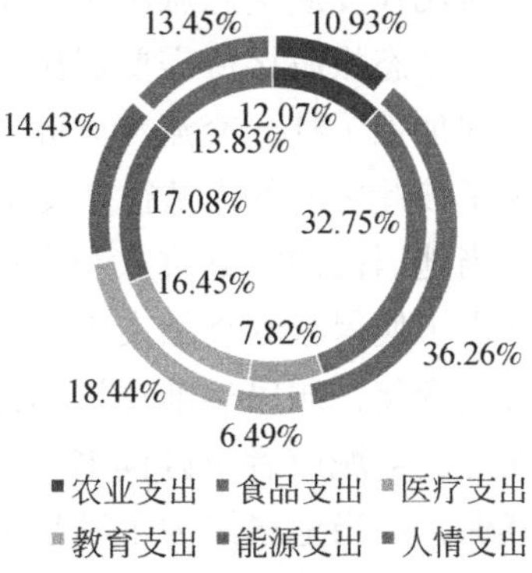

(a)旅游开展前

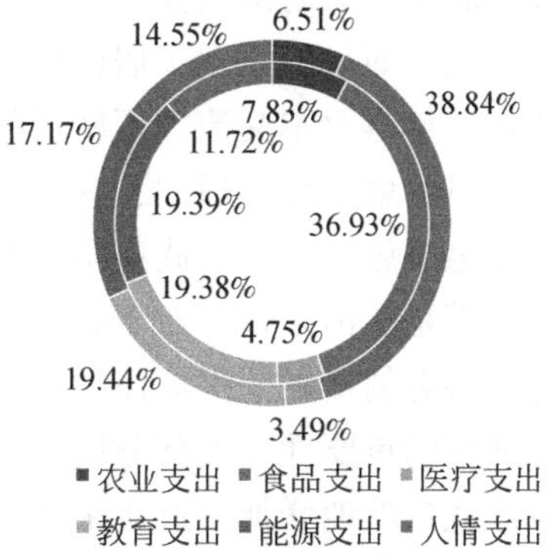

(b)旅游开展后

图 4-7　生态旅游发展前后武夷山自然保护区居民消费结构变化

由图 4-7 可知，发展生态旅游前后，武夷山自然保护区内居民的农业支出占比由 12. 07% 降低到 7. 83%，食品支出占比从 32. 75% 增加到 36. 93%，医疗支出占比从 7. 82% 降低到 4. 75%，教育支出占比从 16. 45% 增加到 19. 38%，能源支出占比从 17. 08% 增加到 19. 39%，人情方面的支出占比从 13. 83% 降低到 11. 72%。而对于区外居民而言，农业投入的占比较低，农业支出占比从 10. 93% 降低到 6. 51%，降幅比区内居民小；食品支出同样是家庭支出中占比最大，从 36. 26% 增加到 38. 84%；医疗支出占比从 6. 49% 降低到 3. 48%，教育支出占比从 18. 44% 增加到 19. 44%；能源支出占比从 14. 43% 增加到 17. 17%；人情支出占比从 13. 45% 增加到 14. 55%。通过对比发现，武夷山自然保护区当地居民食品支出、教育支出、能源支出占比都有不同程度的增加；但是，在人情支出方面，在发展生态旅游之后，武夷山自然保护区的区外居民支出占比增加，而区内居民的支出占比出现下降趋势；在农业支出和医疗支出方面，武夷山自然保护区的区内居民支出占比却高于区外居民。

通过分析可知，发展生态旅游使得武夷山自然保护区当地居民的家庭收入得到不同程度的增加，致使其家庭支出在一定程度上也有所增加。由于茶树本身的特性，每年的投入并没有大的波动，主要是除草和修剪枝叶等人力成本，并且禁止使用农药和化肥使得茶叶种植的成本变化不大，因此，在发展生态旅游之后，居民家庭消费水平提高的基础上，农业支出的占比降低。医疗支出的占比降低主要是因为目前农村医保报销的比例不断提高，看病成本逐渐降低，在调查中发现，近年来当地发展生态旅游，更加注重生态环境保护，环境优美、空气清新使得当地居民的健康指数得到提高。在人情支出方面，武夷山自然保护区的区内和区外居民则出现不同变化，这主要是因为区内居民社会关系本身就比较密切，人情往来在发展生态旅游前后变化不大；而区外居民在发展生态旅游过程中不仅增加其经济收入，而且也拓宽了居民的社会关系，生态旅游接待需要居民之间信息的相互流通，使得原本交流并不密切的居民之间加强了社会交流，因此，在居民之间有办喜事的就会相互通知，这无形中增加了彼此之间的人情往来支出。

在发展生态旅游之后，武夷山自然保护区当地居民的家庭收入和生活水平显著提高，在满足温饱之余，对于高品质的生活需求使得家庭食品支出占比越来越高。与外来游客的接触使得居民的思想观念发生变化，居民逐渐意识到让下一代接受良好教育的重要性，大部分居民会将子女送到县城或者市区读书，因此，教育支出占比就自然地增加。近年来武夷山自然保护区当地居民为了满足家庭生产生活的需要，私家车逐渐增多，成为主要交通方式，致使能源消耗支出占比持续上升；此外，对于参与生态旅游接待的居民家庭，燃气能源、电力能源消耗等比较多。

总体上看，发展生态旅游之后武夷山自然保护区当地居民的消费水平得到显著提高，消费结构也发生了不同程度的变化，但其变化方向具有一致性。此外，居民的消费更加注重生活质量的提高，生活方式更加趋于城市化，这是生态旅游发展给当地居民带来的影响，不仅带来直接经济影响，在思想观念上也引发了变化。

## 4.7 结论与对策

### 4.7.1 结论

生态旅游发展前后，武夷山自然保护区当地居民生计的人力资本、自然资本、物质资本、金融资本和社会资本的数量和结构发生了不同程度变化，其中，居民生计的金融资本和自然资本增长幅度较大。武夷山自然保护区的区内和区外居民生计资本的储量和结构具有差异性，区外居民生计资本储量增长幅度明显高于区内居民生计资本增加幅度。

发展生态旅游之后，武夷山自然保护区旅游主导型的居民数量增多，务工主导型的居民数量减少。武夷山自然保护区旅游主导型居民的生计多样化指数下降，而农业主导型、务工主导型和混合型居民的生计多样化指数都有不同程度的提高。居民的家庭收入、家庭成员是否有政府人员、家庭成员对发展生态旅游的态度等对其选择参与生态旅游的生计策略具有显著影响，而受教育程度、是否参加社区组织、茶园面积、家庭劳动力等的影响程度较小。

发展生态旅游之后，武夷山自然保护区居民的收入结构逐渐均衡化，居民的家庭非农收入占比上升，主要体现在经商和生态旅游收入占比的增加；武夷山自然保护区的区外居民非农收入占比高于区内居民。武夷山自然保护区居民的消费结构趋向生活化，食品支出和能源支出在家庭消费中占比增大，医疗支出和农业支出的占比减小。

目前武夷山自然保护区当地生态旅游呈现良好的发展趋势，不仅没有与当地主导的茶叶经济形成竞争，还能够与其形成良好的互动。但是，由于生态旅游的参与往往需要通过茶叶经济带来资金支持，武夷山自然保护区参与生态旅游经营的居民主要是依靠茶叶经济积累起来的资本，武夷山自然保护区外的米罗湾、九龙山庄等特色民宿都是当地较大茶叶加工厂经营的。对于其他普通居民来说，参与生态旅游经营除了资金限制之外，还有经营意识和理念、交流和沟通能力等条件限制，使得当前居民生态旅游参与程度不高。

## 4.7.2 对策

为了提高武夷山自然保护区当地居民的生计水平，降低生计脆弱性，提升居民生计多样化，提出促进居民生计改善和生态旅游可持续发展的对策。

1. 注重人与自然协调发展

武夷山自然保护区是全球生物多样性保护的关键地区，尚存众多珍稀和濒危生物物种，是生物演化过程以及人类与自然环境相互关系的典型代表。由于武夷山自然保护区自然环境的特殊性和生态地位的重要性，当地政府在制定生态旅游发展计划和相关政策的同时，需要注重生态环境保护以及人与自然的协调发展。发展生态旅游带来游客客流量的增加，势必会影响当地生态系统平衡，把握好生态旅游发展与生态环境保护之间的关系，对于武夷山自然保护区可持续发展具有重要意义。

2. 加强旅游产业与其他产业的良性互动

武夷山自然保护区以茶叶经济为主导，所以当地居民收入受茶叶市场价格波动和自然环境的影响比较大，居民家庭收入具有一定的不稳定性。而生态旅游发展给当地带来的经济效益是显而易见的，并且能够成为茶叶销售淡季的收入来源。可以依托当地的特色产业与旅游业的融合，引导“一村一品”“茶旅融合”的生态旅游发展模式，既增加当地特色，又加强产业之间的良性互动，促进武夷山自然保护区当地居民生计的可持续发展。

3. 强化生态旅游发展政策的宣传

调查发现，武夷山自然保护区当地居民参与生态旅游的意愿是比较积极的，但是，对生态旅游发展政策的解读不透彻，缺乏参与生态旅游接待的服务技能，使得部分居民持观望的态度；此外，参与生态旅游经营的高投入以及办理各种经营手续的复杂性，对于资金和社会资源比较缺乏的居民来说是一个巨大的门槛。鉴于此，当地政府部门应该强化生态旅游发展政策的宣传与解读，对现有生态旅游经营户，特别是有意向参与生态旅游经营的居民进行集中培训与指导，加强居民生态旅游接待和服务的理论和技能的学习；同时，考虑到部分家庭金融资本薄弱的状况，当地政府应该简化贷款的程序，加大对生态旅游业资金支持的力度。

4. 增加生态旅游产品多样性

武夷山自然保护区当地社区提供的生态旅游服务主要是餐饮、住宿和农特产品等，产品结构比较单一，而且武夷山自然保护区的区内和区外旅游产品的同质性比较明显；同时，武夷山自然保护区距离武夷山风景名胜区比较近，应当保持其生态旅游产品的差异性，积极发展具有自然保护区特色的生态旅游产品，扩大生态旅游产品的多样性，进而使得更多的非旅游经营户也能够享受到生态旅游发展带来的成果。

# 第5章 生态补偿对自然保护区居民可持续生计影响的研究

**本章提要**：生态补偿是调整社会经济发展与生态环境保护相关利益主体之间关系的制度安排，在协调自然保护区资源环境保护与居民生计发展的过程中发挥重要作用，对改善贫困居民生计状况具有重要影响，生态补偿对自然保护区居民生计影响的相关研究受到学术界的广泛关注。利用问卷调查法、生计资本评价方法、配对样本 $t$ 检验、生计多样化评价方法、Logistic 回归分析法、倾向得分匹配法，以福建省闽江源国家级自然保护区（简称闽江源自然保护区）为研究案例区，实证研究了生态补偿对自然保护区居民可持续生计的影响。结果表明，生态补偿前后闽江源自然保护区居民生计资本总指数、居民生计的人力资本、物质资本和金融资本指数呈现增加趋势，而居民生计的自然资本指数则出现下降；生态补偿前后居民生计的人力资本、物质资本、金融资本和自然资本指数以及生计资本总指数都呈现显著差异，而社会资本没有表现出显著差异性；现金补偿和实物补偿对闽江源自然保护区居民生计资本的影响都通过了5%显著性检验，政策补偿通过了10%显著性检验，技术补偿未通过显著性检验，现金补偿对居民生计资本正向拉动作用最强，实物补偿较强，政策补偿一般，技术补偿最弱。生态补偿前后闽江源自然保护区居民从事农业活动人员占比下降，非农活动人员占比上升，居民的生计多样化指数下降；在不考虑各种生态补偿方式之间可能存在相互作用的影响下，现金补偿、政策补偿和技术补偿正向显著影响居民生计策略，在考虑各种生态补偿方式之间相互作用的影响下，各种生态补偿方式对居民生计策略的影响都通过了显著性检验，并且正向作用明显。生态补偿前后福建省闽江源国家级自然保护区居民各种农业类型收入比例相对稳定，生态补偿后居民非农收入来源增多，收入呈现多元化趋势；实施生态补偿后居民消费结构更加均衡，食品开支占比下降，生活体验消费占比上升，提高了居民生活品质；生态补偿政策的实施对闽江源自然保护区居民收入具有正向影响，但影响不显著，其中，生态补偿政策了解程度对居民收入具有正向影响，且影响较为显著，生态补偿政策受益程度对居民收入具有正向影响，并且影响显著，生态补偿政策满意程度对居民收入具有正向影响，但影响不太显著。受到生态补偿影响的居民的可持续生计水平相对于未受到生态补偿影响的居民的可持续生计水平得到了明显的提高，生态补偿对闽江源自然保护区居民可持续生计具有正向显著的影响，生态补偿对居民可持续生计的促进作用表现在直接影响和增殖居民生计资本的间接影响。最后，从完善生态补偿制度、提升居民生计资本、加强居民生计技能培训、合理地选择居民替代生计等方面，提出自然保护区居民生计可持续发展的建议。

## 5.1 引　言

生态补偿是指根据生态保护成本、机会成本和发展成本损失以及生态系统服务价值，运用政府或者市场手段，以生态保护和居民扶贫脱贫为目标，对受益者收费，对受损者和生态保护者补偿的政策行为；生态补偿是调整社会经济发展与生态环境保护相关利益主体之间关系的制度安排，能够将环境的外部性和非市场价值转化为真实的经济激励，在协调资源环境保护工作与居民生计发展的过程中发挥重要作用，对改善贫困居民生计状况和提升贫困人口收入水平具有重要影响；生态补偿具有公共政策管制下的合法性，其核心内容包括生态补偿的主体、客体、标准、方式和途径等方面。贫困问题是长期以来困扰世界的一个社会难题，扶贫是基于现实“不能”的社会“慈善”之举，改革开放以来我国高度重视扶贫工作，逐年加大扶贫力度，精准扶贫被列为我国新时期攻坚战役之一，是我国促进区域协调发展、确保贫困人口如期脱贫的重要举措（李军龙等，2019）；根据贫困的环境和状况的差异性，遵循因地制宜、因人而异、分类实施的原则，通过精确的识别、帮扶和管理，对贫困者实施帮扶，其核心内容是帮扶的主体、客体、标准、措施和途径等（刘春腊等，2019）。生态补偿与扶贫具有较高的相关性，作为生态系统服务供给与贫困地区经常出现空间高度耦合情况（白兰，2015），从主体、客体、载体、标准、方式和渠道等方面构建精准扶贫与生态补偿的对接机制，有助于精准扶贫工作的推进，降低贫困发生率。

生态补偿和精准扶贫属于我国两大核心的政策领域，自然保护区建设和管理在生态保护和维护国家生态安全等方面具有重要作用；与此同时，在自然保护区生态保护过程中，限制资源环境利用、野生动物损害以及生态移民致使居民收入减少，使其陷入贫困。生态补偿脱贫作为中央提出脱贫“五个一批”工程中的一项重要内容，意味着在扶贫攻坚的大背景下，生态补偿被赋予了新的使命（朱烈夫等，2018），生态补偿作为保护和持续利用生态系统服务的一项制度，通过机制创新可以达到自然保护区生态保护和扶贫的双赢目标，然而，生态补偿扶贫效果主要取决于生态补偿标准的高低和方式的选择，只有通过精心设计生态补偿机制才有可能实现双赢目标。另外，脱贫“五个一批”工程包括生态补偿扶贫、产业扶贫、教育扶贫、社会救助和社会保障，而生态补偿扶贫只是其中的一种方法，此方法存在有限性，生态补偿最主要的目标应该是自然保护区生态保护，有些情况下难以实现双赢目标，所以，需要统筹利用好各种扶贫政策以解决不同的贫困问题。

当今世界生态破坏、资源浪费和环境污染等一系列问题对人类社会生存和发展、区域生态安全维护等方面的影响日益严峻，作为资源环境保护有效手段的自然保护区对保护生态系统和改善区域生态环境以及环境资源可持续利用等方面具有重要作用，与此同时，自然保护区建设和管理对当地居民可持续生计产生重要影响，限制当地居民对资源环境的利用，改变当地居民传统的生计方式。

作为外部性环境内部化以及资源环境价值转化政策措施的生态补偿，通过提高区域社会经济发展与改善资源环境保护各利益相关者之间关系的激励制度，可以较好地调节自然保护区生态保护与当地居民生计发展的关系。实施生态补偿对自然保护区当地居民可持续生计具有重要影响，自然保护区当地居民的生计资本、生计策略和能力对其生产生活具有重要作用。所以，生态补偿相关研究受到学术界广泛关注（Clements et al.，2010；Shoo and Songorwa，2013；Cetinkaya et al.，2014；Engel，2016；Reed et al.，2017；赵翠薇和王世杰，2010；王雅敬等，2016；王君和李锦宏，2017），成为自然保护区资源环境保护和居民生计研究的重要内容。以闽江源自然保护区为研究案例区，分析生态补偿对当地居民可持续生计的影响，并结合分析结果为生态补偿政策的实施和居民生计的改善提出建议，有助于明确生态补偿项目成效、了解自然保护区当地居民生计变化状况，对居民生计可持续性的评估以及生态补偿工作的进一步完善具有重要参考价值，促进自然保护区资源环境保护以及当地居民生计水平提升。

## 5.2 研究方法

### 5.2.1 问卷调查法

依据自然保护区当地居民的实际情况，通过咨询专家，本书设计了“生态补偿对自然保护区居民可持续生计影响”的调查问卷。调查问卷共有六个部分。第一部分是调查对象的基本情况，主要包括性别、受教育程度和年龄等方面。第二部分内容是“自然保护区建设前后居民生计资本、居民生计策略选择、居民生计结果的状况”。第三部分为生态补偿对自然保护区居民生计资本（自然资本、物质资本、人力资本、金融资本和社会资本）影响的调查，其中，自然资本影响的调查内容包括居民拥有耕地、果园、毛竹、烟叶和莲子的面积和质量等方面；物质资本影响的调查内容包括家庭饲养牲畜数量、住房情况和家电农机等固定资产拥有量等方面；人力资本影响的调查内容包括家庭人口数、调查对象的劳动能力和受教育状况等方面；金融资本影响的调查内容包括居民农业收入、非农收入和获得借贷机会等方面；社会资本影响的调查内容包括家庭成员决策的参与度、社会组织参与度、对当地居民的信任情况等方面。第四部分为生态补偿对自然保护区居民生计策略影响的调查，调查内容包括居民从事不同生计类型的人数和收入等方面。第五部分为生态补偿对自然保护区居民生计结果影响的调查，调查内容包括居民从事各种生计活动的人数和收入以及家庭各项开支情况等方面。第六部分为居民对自然保护区生态补偿认知的调查。

## 5.2.2 生计资本评价方法

基于国内外生计资本量化的相关研究成果（Sharp，2003；王立安等，2012），构建居民生计资本指数计量模型，分别计算自然保护区生态补偿前后居民生计的自然资本、物质资本、人力资本、金融资本和社会资本，探讨生态补偿对居民生计资本的影响。居民生计资本指数计算公式为

$$D_k = \sum_{i=1}^{5} (D_{ki} \times W_i) \quad k = [0,1], i = [1,2,3,4,5] \tag{5-1}$$

式中，$D_{ki}$为第 $i$ 类生计资本值；$W_i$为第 $i$ 类生计资本的权重；$D_k$为生计资本指数。

## 5.2.3 配对样本 *t* 检验

利用配对样本 $t$ 检验对比分析同一组实验对象前后情况，假定$E_0$：$v_1-v_2=0$，其中，$v_1$和$v_2$分别为第一个总体和第二个总体的均值。$x_{1i}$，$x_{2i}(i=1,2,\cdots,n)$ 分别为配对样本，样本差值$d_i=x_{1i}-x_{2i}$。$t$ 值计算公式为

$$t=\frac{\bar{d}-(v_1-v_2)}{F/\sqrt{n}} \tag{5-2}$$

式中，$\bar{d}$ 为$d_i$的均值；$F$ 为$d_i$的标准差；$n$ 为样本数。当$v_1-v_2=0$ 时，$t$ 值服从自由度为 $n-1$ 的 $t$ 分布。

## 5.2.4 生计多样化评价方法

居民生计的多样化对保障其生计安全和降低生计脆弱性具有重要作用，计算

生态补偿前后居民生计多样化指数对探析居民生计来源渠道和居民生计能力等方面具有重要意义。居民生计多样化指数计算公式为

$$G = \frac{1}{n}\sum_{i=1}^{n} U_i \tag{5-3}$$

式中，$G$ 为居民生计多样化指数；$n$ 为居民的个数；$U_i$ 为第 $i$ 个居民的生计多样化指数。

## 5.2.5 Logistic 回归分析法

运用 Logistic 回归分析方法，探讨自然保护区生态补偿对居民可持续生计的影响，依据 Logistic 回归分析的建模需要，设定 $X_1, X_2, X_3, \cdots, X_i$ 是和 $Y$ 具有相关性的一组变量，$P$ 为某一事件产生变化的概率，$P/(P-1)$ 取对数后为 $\ln[P/(P-1)]$，也就是说对 $P$ 进行 Logistic 的转换，记作 logit($P$)，其回归分析模型为

$$Y = \exp(\alpha+\beta_1 X_1+\cdots+\beta_i X_i)/[1+\exp(\alpha+\beta_1 X_1+\cdots+\beta_i X_i)] \tag{5-4}$$

式中，$\beta_i$ 为影响因素的回归系数；$i$ 为影响因素的个数；$X_i$ 为第 $i$ 个影响因素；$Y$ 记作 logit($P$)。

## 5.2.6 倾向得分匹配法

利用倾向得分匹配法，进行自然保护区生态补偿对居民可持续生计影响效应分析，根据倾向得分匹配的计量模型要求，设定处理组为参与生态补偿的居民，对照组为未参与生态补偿的居民，将倾向得分相同或者相似的居民进行匹配，也就是在对照组中找到与处理组资源禀赋特征相似的居民进行生计比较，分析自然保护区生态补偿对居民可持续生计影响的平均处理效应（average treated effect, ATT），其计量模型为

$$\begin{aligned} \mathrm{ATT} &= E(Y_i^1 \mid T_i=1) - E(Y_i^0 \mid T_i=1) \\ &= E(Y_i^1 - Y_i^0 \mid T_i=1) \\ &= E\{E[(Y_i^1 - Y_i^0 \mid T_i=1), P(X)]\} \end{aligned} \tag{5-5}$$

式中，$T_i=1$ 表示居民参与生态补偿，为处理组；$T_i=0$ 表示居民未参与生态补偿，为对照组；$Y_i^1$ 为第 $i$ 个参与生态补偿的居民生计情况，$Y_i^0$ 为第 $i$ 个未参与生态补偿的居民生计情况；$X$ 为一组不受居民参与生态补偿影响的观测变量，$P(X)$ 为居民参与生态补偿的概率。

# 5.3　研究案例区概况和数据来源

## 5.3.1　研究案例区概况

闽江源自然保护区地理位置为116°46′41″～116°59′24″E，26°35′47″～26°49′56″N，地处福建省三明市建宁县的东南部，总面积为13 022.00hm²。闽江源自然保护区于2001年10月由福建省政府批准为省级自然保护区，于2006年2月通过国务院批准成立国家级自然保护区，主要保护对象为森林生态系统和生物多样性，属于森林生态系统类型自然保护区。闽江源自然保护区行政区划涉及福建省三明市建宁县的4个乡（镇）14个行政村，以及1个国有林业采育场（胡国建等，2017），包括建宁县金溪乡的大元村、高峰村、长吉村、水西村和圳头村，均口镇的黄岭村、台田村、官常村、岭腰村、焦坑村、龙元村和均口村，伊家乡的兰溪村，溪口镇的艾阳村，国有大元林业采育场。当地居民主要生计活动为种植水稻、水果、毛竹、烟叶、莲子以及外出务工，农业收入是当地居民的主要收入来源。

至今，闽江源自然保护区实施的生态补偿项目（工程）有生态公益林补偿、林权所有者补助、林业贷款贴息补贴、居民外迁项目补偿和自然保护区基础设施建设项目等。闽江源自然保护区按照国家生态公益林补偿政策，对生态公益林拥有者进行现金补偿，补偿标准为20.00元/亩，其中中央财政直接划拨17.00元/亩，福建省财政额外补助3.00元/亩。目前福建省财政发放用于林权所有者的补偿资金为56.00万元/年，对划入闽江源自然保护区内集体林进行补偿。近年来闽江源自然保护区通过开展生态旅游建设贷款项目、林业资源开发和林产品加工贷款项目等，有效带动当地林区种植业以及林产品加工项目的发展。政府划拨专项资金用于闽江源自然保护区当地地质灾害点的居民外迁，对迁出居民进行集中统一安置，进行居住区及其周边地区道路硬化、水网改造等基础设施建设，有效改善居民生活环境，在一定程度上提升了居民的生活满意度。自然保护区管理部门依照自然保护区总体规划要求，先后编制完成闽江源自然保护区基础设施建设项目一期、二期可行性报告并分别获批通过，其中一期基础设施建设项目已经通过福建省林业厅组织的验收，二期基础设施建设项目正在实施过程中；基础设施建设项目，对闽江源自然保护区当地公路主干道修缮、供电供水管网建设等起到巨大推动作用，为当地居民生产生活、闽江源自然保护区开展科研和管理等工作提供更加便利的条件。

### 5.3.2 研究数据来源

1. 数据收集

基于交通可达性和代表性原则，选择闽江源自然保护区实施生态补偿之后，当地居民生产生活受影响大的大元村、高峰村、长吉村、黄岭村、台田村和兰溪村 6 个行政村，其中，大元村选取 45 户居民、高峰村选取 43 户居民、长吉村选取 41 户居民、黄岭村选取 36 户居民、台田村选取 33 户居民、兰溪村选取 30 户居民进行问卷调查。问卷调查时间为 2016 年 3 ~ 4 月和 2016 年 7 ~ 8 月两个时段，调查对象的年龄为大于 18 周岁的当地居民，调查采取面对面访谈的形式。调查问卷发放 228 份，回收 220 份，其中有效调查问卷 212 份。

2. 数据处理

**1）数据的标准化处理**

由于问卷调查获得原始数据的统计量单位不统一，需要进行无量纲化处理以去除单位，方便进一步分析，原始数据处理的计算公式为

$$A_{kij}=\frac{B_{kij}}{\max B_{kj}} \quad k=[0,1] \tag{5-6}$$

式中，$k=0$ 为生态补偿前；$k=1$ 为生态补偿后；$\max B_{kj}$为第 $j$ 个指标中的最大值；$B_{kij}$为第 $i$ 个样本第 $j$ 个指标的原始数据值；$A_{kij}$为第 $i$ 个样本第 $j$ 个指标的标准化值。

**2）数据的重要（满意）程度等级处理**

采用 Microsoft Excel 软件对调查问卷数据进行统计和处理。调查问卷的数据主要包括居民对生态补偿方式选择重要程度的认知、居民对生活满意度的认知等两个方面，按照重要（满意）、较重要（满意）、一般重要（满意）、较不重要（满意）和不重要（满意），分别赋予 5 分、4 分、3 分、2 分和 1 分。以平均分值作为分析每个指标重要（满意）程度的依据，进行居民对生态补偿方式选择、居民对生活满意度状况的分析，其计算公式为

$$Q_i=[(5\times A_i)+(4\times B_i)+(3\times C_i)+(2\times D_i)+(1\times E_i)]/N \tag{5-7}$$

式中，$Q_i$为第 $i$ 个指标重要（满意）程度平均分值；$A_i$为选择第 $i$ 个指标为重要（满意）的人数；$B_i$为选择第 $i$ 个指标为较重要（满意）的人数；$C_i$为选择第 $i$ 个指标为一般重要（满意）的人数；$D_i$为选择第 $i$ 个指标为较不重要（满意）的人数；$E_i$为选择第 $i$ 个指标为不重要（满意）的人数；5、4、3、2、1 分别为 5 个等级的分值；$N$ 为有效调查问卷数，$N=212$。

# 5.4 闽江源自然保护区建设前后居民生计的状况

## 5.4.1 闽江源自然保护区建设前后居民的生计资本

1. 闽江源自然保护区居民生计资本的指标体系

在充分参考国内外相关研究成果的基础上（Kamrul et al.，2019；蔡志海，2010；张焱等，2017），通过与从事居民生计研究专家和闽江源自然保护区管理人员访谈，结合闽江源自然保护区的实际情况，构建闽江源自然保护区居民生计资本指标体系并确定指标赋值标准（表 5-1）。

**表 5-1 闽江源自然保护区居民生计资本指标体系及其赋值标准**

| 生计资本 | 指标 | 赋值标准 |
|---|---|---|
| 自然资本 | 耕地指标 | 各类型土地面积 $e$ 亩<br>土地质量较差为 0.3，土地质量一般为 0.6，土地质量较好为 1 |
| | 果园指标 | |
| | 毛竹指标 | |
| | 烟叶指标 | |
| | 莲子指标 | |
| 物质资本 | 住房状况 | 土木房为 0.3，砖瓦房为 0.6，混凝土房为 1<br>面积 90.0m$^2$ 以下为 0.25，90.0～120.0m$^2$ 为 0.5，121.0～150.0m$^2$ 为 0.75，150.0m$^2$ 以上为 1 |
| | 牲畜数量 | 鸡、鸭、鹅为 0.3，猪为 0.6，牛为 1 |
| | 家庭耐用品数量 | 大件家用电器数量 $k$ 件<br>无农用机械为 0，有农用机械为 1 |
| 人力资本 | 家庭人口数 | 人口数量 $c$ 人 |
| | 劳动能力 | 非劳动力为 0，半劳动力为 0.5，全劳动力为 1 |
| | 受教育程度 | 文盲为 0，小学为 0.25，初中为 0.5，高中或中专为 0.75，大专及以上为 1 |
| 金融资本 | 家庭收入 | 家庭总收入 $m$ 元 |
| | 亲友借款机会 | 无为 0，有为 1 |
| | 银行信贷机会 | 无为 0，有为 1 |

续表

| 生计资本 | 指标 | 赋值标准 |
|---|---|---|
| 社会资本 | 家庭有无政府工作人员 | 无为 0，有为 1 |
| | 对村委决策的意见反馈 | 从不提为 0，极少提为 0.25，偶尔提为 0.5，有时提为 0.75，总是提为 1 |
| | 参加居民组织 | 无为 0，有为 1 |
| | 对周边居民信任度 | 几乎没有为 0，不多为 0.25，一般为 0.5，大多数为 0.75，几乎全部为 1 |

2. 闽江源自然保护区建设前后居民生计资本的状况

邀请从事居民生计研究的专家、闽江源自然保护区管理局中研究人员等对居民的生计资本指标进行权重赋值，基于研究专家和闽江源自然保护区管理局中研究人员的咨询，获得闽江源自然保护区居民生计资本指标的权重。

通过闽江源自然保护区当地居民问卷调查和访谈获得的研究数据，利用式（5-6）和式（5-1），计算闽江源自然保护区建设前后居民的生计资本指数（表 5-2），在此基础上，进行闽江源自然保护区建设前后居民生计资本状况的分析。

**表 5-2　闽江源自然保护区建设前后居民生计资本的状况**

| 生计资本 | 权重 | 测量指标 | 指标权重 | 指标标准化值 | | 生计资本指数 | |
|---|---|---|---|---|---|---|---|
| | | | | 建设前 | 建设后 | 建设前 | 建设后 |
| 自然资本 | 0.27 | 耕地指标 | 0.22 | 0.163 | 0.132 | 0.166 | 0.147 |
| | | 果园指标 | 0.15 | 0.068 | 0.067 | | |
| | | 毛竹指标 | 0.20 | 0.144 | 0.081 | | |
| | | 烟叶指标 | 0.20 | 0.121 | 0.120 | | |
| | | 莲子指标 | 0.23 | 0.293 | 0.295 | | |
| 物质资本 | 0.20 | 住房状况 | 0.54 | 0.355 | 0.352 | 0.384 | 0.369 |
| | | 牲畜数量 | 0.18 | 0.401 | 0.378 | | |
| | | 家庭耐用品数量 | 0.28 | 0.428 | 0.396 | | |
| 人力资本 | 0.16 | 家庭人口数 | 0.25 | 0.486 | 0.501 | 0.453 | 0.456 |
| | | 劳动能力 | 0.42 | 0.479 | 0.480 | | |
| | | 受教育程度 | 0.33 | 0.395 | 0.391 | | |

续表

| 生计资本 | 权重 | 测量指标 | 指标权重 | 指标标准化值 | | 生计资本指数 | |
|---|---|---|---|---|---|---|---|
| | | | | 建设前 | 建设后 | 建设前 | 建设后 |
| 金融资本 | 0.17 | 家庭收入 | 0.47 | 0.451 | 0.392 | 0.487 | 0.454 |
| | | 亲友借款机会 | 0.30 | 0.894 | 0.882 | | |
| | | 银行信贷机会 | 0.23 | 0.029 | 0.025 | | |
| 社会资本 | 0.20 | 家庭有无政府工作人员 | 0.17 | 0.062 | 0.061 | 0.636 | 0.638 |
| | | 对村委决策的意见反馈 | 0.13 | 0.361 | 0.402 | | |
| | | 参加居民组织 | 0.37 | 0.884 | 0.876 | | |
| | | 对周边居民信任度 | 0.33 | 0.763 | 0.762 | | |
| 生计资本 | | | | | | 0.404 | 0.391 |

**1）闽江源自然保护区建设前后居民生计的自然资本**

从表5-2可知，闽江源自然保护区建设前后居民生计的自然资本指数从0.166下降到0.147，在居民生计的自然资本各个指标中，耕地和毛竹的指标标准化值减少是居民生计的自然资本指数下降的重要因素，其中，耕地指标标准化值减少主要是由于，一方面，在闽江源自然保护区建设之前，当地居民依赖于自然保护区内的各种自然资源，农作物种植和经济作物种植等是传统的生计方式，居民利用闽江源自然保护区内的自然资源维持生计；而闽江源自然保护区建设之后，退耕还林政策使得居民种植农作物和经济作物等方面受到限制；另一方面，闽江源自然保护区当地居民家庭原来的耕地大多在自然保护区内，交通不便致使部分居民放弃耕地，加上闽江源自然保护区建设之后当地中青年劳动力大多数外出打工，留守老人没有精力进行精耕细作，使得耕地抛荒，从而造成耕地指标标准化值明显下降。另外，毛竹指标标准化值减少主要是因为闽江源自然保护区建设之后，实施了严格的资源环境保护政策，在一定程度上限制了当地居民对毛竹资源的利用，从而造成毛竹指标标准化值的降低。

**2）闽江源自然保护区建设前后居民生计的物质资本**

从表5-2可以看出，闽江源自然保护区建设前后居民生计的物质资本指数从0.384减少到0.369，居民生计的物质资本指数下降主要体现在牲畜数量和家庭耐用品数量的指标标准化值减少。闽江源自然保护区建设前后当地居民生计的物质资本中牲畜数量指标标准化值从0.401减少到0.378，这可能是由于，一方面，闽江源自然保护区建设之后，推行农业耕种机械化生产，致使耕牛饲养数量减少；另一方面，闽江源自然保护区建设后，当地政府为了保证环境质量，在一定程度上限制了居民牲畜的养殖，同时随着居民环境保护意识的提高，更加注重当地的生活环境质量而减少了牲畜养殖的数量，从而造成牲畜数量指标标准化值下降。闽江源自然保护区当地居民生计的物质资本中家庭耐用品数量指标标准化值从 0. 428 减少到 0. 396，这可能是因为闽江源自然保护区建设后，在一定程度上限制了当地居民对资源环境的利用，致使居民收入减少，使得居民购买大件家庭耐用品缺乏资金保障，减少了居民家庭耐用品的数量，从而造成家庭耐用品指标标准化值的降低。

**3）闽江源自然保护区建设前后居民生计的人力资本**

从表 5-2 可知，闽江源自然保护区建设前后居民生计的人力资本指数从 0. 453 增加到 0. 456，居民生计的人力资本中家庭人口数指标标准化值增加是居民生计的人力资本指数增加主要因素，闽江源自然保护区建设前后当地居民生计的人力资本中家庭人口数指标标准化值从 0. 486 增加到 0. 501，这主要是由于闽江源自然保护区建设之后，加强了生态环境的建设，为当地居民提供了更加舒适的生活环境，在一定程度上提升了居民寿命；另外，闽江源自然保护区建设后随着社会经济发展，改善了当地的医疗条件，为当地居民和新生婴儿健康提供了重要的医疗保障，提高了居民寿命和人口出生率，增加了居民的家庭人口数，从而使得家庭人口数量指标标准化值的增加。

**4）闽江源自然保护区建设前后居民生计的金融资本**

从表 5-2 可以看出，闽江源自然保护区建设前后居民生计的金融资本指数从 0. 487 下降到 0. 454，在居民生计的金融资本各个指标中，家庭收入指标标准化值下降是居民生计的金融资本指数下降重要因素，闽江源自然保护区建设前后的家庭收入指标标准化值从 0. 451 减少到 0. 392，这主要是因为闽江源自然保护区建设之后对当地资源环境进行了严格保护，限制了当地居民对自然保护区资源环境的利用，造成当地居民农地利用、采伐竹木和收集林副产品等方面的收入来源减少，导致居民收入下降，从而造成家庭收入指标标准化值减少。而闽江源自然保护区建设前后亲友借款机会指标标准化值从 0. 894 减少到 0. 882，银行信贷机会指标标准化值从 0. 029 减少到 0. 025，总体上看，这两个指标的标准化值下降幅度较小；另外，从闽江源自然保护区建设前后当地居民的信贷能力看，绝大多数调查对象认为闽江源自然保护区建设前后均有获得信贷的能力，但是获得信贷途径主要是亲友借款，少部分是通过银行信贷，这可能是由于银行对居民信贷要求较多，居民可抵押资产不足，个人申请信贷难度大，而从亲友处借款可以省去向银行申请信贷所需的时间与精力。

**5）闽江源自然保护区建设前后居民生计的社会资本**

从表5-2可知，闽江源自然保护区建设前居民生计的社会资本指数为0.636，建设后的社会资本指数是0.638，表明闽江源自然保护区建设前后当地居民生计的社会资本指数基本没有变化，在社会资本各个指标中，闽江源自然保护区建设前后对周边居民信任度和家庭有无政府工作人员指标标准化值基本上没有改变，这主要是因为，一方面，闽江源自然保护区建设前后当地居民的居住和活动范围相对稳定，居民之间具有地缘和亲缘关系，长期以来居民之间具有较高的信任程度，因此，闽江源自然保护区建设前后对周边居民信任度指标标准化值基本没有变化；另一方面，闽江源自然保护区建设前后当地居民的受教育程度都较低，难以获得当地村委会和各级政府部门工作的机会，所以，闽江源自然保护区建设前后家庭成员有无政府工作人员指标标准化值基本没有改变。

**6）闽江源自然保护区建设前后居民的生计资本**

从表5-2可以看出，闽江源自然保护区建设前后当地居民生计资本指数从0.404减少到0.391，表明闽江源自然保护区建设造成当地居民生计资本的减弱，主要体现在闽江源自然保护区建设后当地居民生计的自然资本、物质资本和金融资本的减少。

## 5.4.2　闽江源自然保护区建设前后居民的生计策略

从闽江源自然保护区建设前后当地居民的生计活动参与情况、生计活动结构、生计多样化等方面，本节分析闽江源自然保护区建设前后居民生计策略的状况。

1. 闽江源自然保护区建设前后居民的生计活动情况

**1）闽江源自然保护区建设前后居民农业生计活动的情况**

基于问卷调查的数据整理和统计，从闽江源自然保护区建设前后居民农业生计活动的参与情况看，闽江源自然保护区建设前后，调查对象中有4人参与农业生计的家庭从32户减至26户，有3人参与农业生计的家庭由57户增至59户，有2人参与农业生计的家庭从118户增到120户，仅1人参与农业生计的家庭从5户减至4户，总体上看，闽江源自然保护区建设前后，当地居民农业生计活动的参与度略有减少；另外，从闽江源自然保护区建设前后居民农业生计活动的结构情况来看，闽江源自然保护区建设前后，居民从事农业生计活动人数占比从59.36%降至55.32%，建设前后居民从事的农业生计活动主要包括粮食、莲子、烟叶和毛竹生产等方面，闽江源自然保护区建设前后，居民从事粮食生产人数占比从 43.75% 降至 35.36%，从事莲子生产人数占比由 37.15% 降至 34.37%，从事烟叶生产人数占比从 9.84% 降至 8.12%，从事毛竹生产人数占比从 8.53% 降至 7.96%。

这可能是由于闽江源自然保护区建设后，在一定程度上限制了当地居民对农地资源的利用，促使当地居民中的部分中青年劳动力选择外出打工，从而降低了参与农业生计活动的家庭数量和减少了从事农业生计活动的人数；另外，闽江源自然保护区收割水稻后，耕地可以继续种植莲子，使得当地粮食生产和莲子生产在农业生计活动中占比较大。

**2）闽江源自然保护区建设前后居民非农业生计活动的情况**

通过居民调查问卷的收集和处理，从闽江源自然保护区建设前后当地居民非农业生计活动的参与情况看，闽江源自然保护区建设前后，调查对象中有 1 人参与非农业生计活动的家庭数量增加了 12 户，有 2 人参与非农业活动生计的家庭数量减少了 2 户，有 3 人参与非农业生计活动的家庭数量减少了 3 户，有 4 人及以上参与非农业生计活动的家庭数量增加了 6 户，总体上看，闽江源自然保护区建设前后当地居民非农业生计活动的参与度有所增加；另外，从闽江源自然保护区建设前后当地居民非农业生计活动的结构情况看，闽江源自然保护区建设之后，当地居民从事的非农业生计活动主要包括外出打工、参与生态旅游相关行业以及经商等。调查发现，在非农业生计活动中有超过 2/3 的当地居民选择外出打工，还有少部分居民选择参与生态旅游相关行业和经商。

这可能是因为，一方面，闽江源自然保护区建立之后限制了当地居民对资源环境的利用，影响了居民进行农业生产活动，促使居民选择非农业生计方式，从而增加了居民非农业生计活动的参与度；另一方面，闽江源自然保护区建立之后，当地政府和闽江源自然保护区管理局为了维持居民生产生活水平，通过对当地居民进行非农业生计技能培训，提升从事非农业生计居民的技能水平和生存能力，为外出打工、参与生态旅游相关行业和经商的居民提供了重要保障，从而增加了当地居民非农业生计活动中的外出打工、参与生态旅游相关行业和经商的人数。

### 2. 闽江源自然保护区建设前后居民的生计多样化

**1）闽江源自然保护区建设前后居民的生计数量**

基于问卷调查的数据整理和统计，本书获得闽江源自然保护区建设前后当地居民生计数量的状况（表 5-3）。

表 5-3　闽江源自然保护区建设前后居民的生计数量

| 生计数量/种 | 频数/人 | | 频率/% | |
|---|---|---|---|---|
| | 保护区建设前 | 保护区建设后 | 保护区建设前 | 保护区建设后 |
| 1 | 19 | 11 | 8.96 | 5.19 |
| 2 | 62 | 63 | 29.24 | 29.72 |
| 3 | 98 | 100 | 46.23 | 47.17 |
| 4 | 30 | 32 | 14.15 | 15.09 |
| 5 | 3 | 6 | 1.42 | 2.83 |

从表5-3可知，闽江源自然保护区建设前，调查对象中家庭生计类型有2种和3种的占比分别为29.24%和46.23%，家庭生计类型有4种的占比为14.15%，家庭生计类型有1种和5种的占比分别为8.96%和1.42%；闽江源自然保护区建设后，调查对象中家庭生计类型有2种和3种的占比分别为29.72%和47.17%，家庭生计类型有4种的占比为15.09%，家庭生计类型有1种和5种的占比分别为5.19%和2.83%；总体上看，闽江源自然保护区建设前后当地居民的家庭生计数量均不多，大多数家庭生计数量为3种及以下，占比分别为84.43%和82.08%。由于闽江源自然保护区建设前后居民家庭中生计数量在4种及以上所占比例较小，在一定程度上说明居民生计类型多样化不高，居民生计较脆弱，抵御生计风险能力有限。

**2）闽江源自然保护区建设前后居民生计的多样化**

通过闽江源自然保护区当地居民问卷调查和访谈获得的研究数据，利用式（5-6）和式（5-3），计算得到闽江源自然保护区建设前后当地居民生计的多样化指数，在此基础上，进行闽江源自然保护区建设前后居民生计多样化状况的分析。结果表明，闽江源自然保护区当地居民生计多样化指数建设之前为2.70，建设之后为2.80，其中，闽江源自然保护区建设前后居民的农业生计多样化指数从2.06降低至1.82，而自然保护区建设前后居民的非农业生计多样化指数由0.61增加到0.95。总体上看，闽江源自然保护区建设前后当地居民生计的多样化指数略有增加，虽然闽江源自然保护区建设前后居民的非农业生计多样化指数由0.61增加到0.95，但是，自然保护区建设前后居民的非农业生计多样化指数都小于1，说明闽江源自然保护区建设前后当地居民的生计多样化状况较差，不利于居民的生计脆弱性降低和生计风险规避。

这可能是由于，一方面，闽江源自然保护区建设之后，限制了当地居民对农地资源的利用，使得从事农业生计活动的居民人数占比下降，从而造成居民的农业生计多样化指数降低；另一方面，闽江源自然保护区建设之后，大多数中青年劳动力选择外出打工、参与生态旅游和经商等非农业生计方式，致使从事非农业生计活动的居民人数占比增加，从而造成居民的非农业生计多样化指数增加。

### 5.4.3 闽江源自然保护区建设前后居民的生计结果

生计结果在一定程度上能够反映出可持续生计实施的效果，本节从居民的收入和生活满意度等方面，分析闽江源自然保护区建设前后居民生计结果的状况。

1. 闽江源自然保护区建设前后居民收入的情况

居民的收入作为生计结果的重要内容，受到居民生计资本和生计策略的影响。基于闽江源自然保护区当地居民问卷调查的数据整理和统计，发现闽江源自然保护区建设后，当地居民的家庭年收入大约减少了 10.00%。通过居民的调查和访谈发现，绝大部分的居民（90.57%）认为闽江源自然保护区建设之后其家庭年收入下降。

这主要是由于，一方面，闽江源自然保护区建立之后对当地资源环境进行了严格保护，限制了当地居民对自然保护区内资源环境的利用，造成当地居民农地利用、采伐竹木和收集林副产品等传统生计的收入来源减少，导致当地居民从自然保护区中获得的收入下降，从而减少了居民的家庭年收入；另一方面，建立闽江源自然保护区改善了当地生态环境，禁止捕杀野生动物，导致野生动物的种群数量有了很大的增长，野生动物危害家畜、损坏房屋和破坏农作物时常发生，给当地居民造成较大损失，从而降低了居民的家庭年收入。另外，在调查中发现，少部分的调查对象（9.43%）认为闽江源自然保护区建设之后增加了其家庭年收入，这主要是因为闽江源自然保护区建立之后，提高了当地的知名度，使得环境变好，通过生态旅游发展，增加了居民就业机会，一定程度上提高了居民家庭经济收入水平。但是，从总体上看，闽江源自然保护区建立前后绝大多数当地居民的家庭年收入减少。

**1）闽江源自然保护区建设前后居民的农业收入结构**

从闽江源自然保护区建设前后当地居民的农业收入结构来看，建设前后居民农业收入主要来源于粮食、莲子、烟叶和毛竹等，通过闽江源自然保护区居民调查问卷的收集和处理发现，闽江源自然保护区建设前后居民的粮食收入占比从 9.86% 降低到 6.69%，莲子收入占比由 36.27% 降低到 30.34%，烟叶收入占比从 33.03% 降低到 25.79%，毛竹收入占比由 19.52% 降低到 4.13%。

这可能是因为，一方面，闽江源自然保护区建立之后对当地农地资源的限制，致使居民利用农地的收入来源减少，从而总体上造成居民的农业收入下降；

另一方面，闽江源自然保护区建立之后，毛竹经营的管理成本持续增加，加上当地多数中青年劳动力选择外出打工，致使许多竹林转租甚至抛荒，从而造成毛竹收入占比减少。

**2）闽江源自然保护区建设前后居民的非农业收入结构**

从闽江源自然保护区建设前后当地居民的非农业收入结构来看，建设前后当地居民非农收入主要来源于外出打工、参与生态旅游和经商等方面，基于闽江源自然保护区居民调查问卷的整理和统计发现，闽江源自然保护区建设后当地居民外出打工收入增加了 11.56%，生态旅游收入增加了 5.68%，经商收入增加了4.48%。

这可能是由于闽江源自然保护区建立之后，考虑到当地居民的生计、生存和发展的权益，为了闽江源自然保护区当地居民收入和生活水平不会因为自然保护区建立而受到太大影响，当地政府和自然保护区管理局通过非农业就业技能培训、生态产业发展政策扶持、银行低息贷款等，提升了居民非农业生计能力，促进了生态旅游及其相关行业的发展，增加了居民的非农业就业机会，从而提高了居民外出打工、参与生态旅游和经商的收入。

### 2. 闽江源自然保护区建设前后居民生活满意度的情况

居民生活满意度作为居民对生活的主观内心综合判断，是衡量居民生活质量的重要参考，成为居民生计结果的主要内容。依据闽江源自然保护区的实际情况，从居民的家庭生活设施、教育条件、生活环境和医疗条件等方面，分析闽江源自然保护区建设前后居民生活满意度的情况。参考李克特量表，采取打分方式(其中，“1”表示“不满意”，“2”表示“较不满意”，“3”表示“一般满意”，“4”表示“较满意”，“5”表示“满意”）进行闽江源自然保护区当地居民对生活满意度及主要指标的问卷调查，采用 Microsoft Excel 软件对调查问卷数据进行统计和处理，按照5个满意程度等级（不满意、较不满意、一般满意、较满意和满意）给生活满意度及其每个指标赋予 1 分、2 分、3 分、4 分和 5 分，通过计算获得生活满意度以及各个指标的满意程度平均分值。基于闽江源自然保护区当地居民问卷调查数据的收集、处理和计算发现，闽江源自然保护区居民的生活满意度建立之前为3.98，而建立之后为3.85，总体上看，闽江源自然保护区建立前后居民生活满意度有所下降。

另外，从居民生活满意度中的家庭生活设施指标来看，闽江源自然保护区居民的家庭生活设施主要包括家庭耐用品数量和住房条件等，通过调查数据的整理和计算发现，闽江源自然保护区建设前后当地居民对家庭生活设施的满意程度从4.06下降到3.97；这主要是由于闽江源自然保护区建设后，在一定程度上限制了当地居民对资源环境的利用，致使居民收入减少，使得居民购买大件家庭耐用品和改善住房缺乏资金保障，从而造成家庭耐用品数量减少和住房条件降低。

从居民生活满意度中的教育条件指标来看，通过调查数据的收集和计算发现，闽江源自然保护区建设前后当地居民对教育条件的满意程度从 4.02 下降到 3.93；这可能是因为闽江源自然保护区建设之后，影响了当地社区经济的发展，社区集体可支配的财力降低，致使当地社区对教育投入减小，影响了教育条件的改善，从而降低了当地居民对教育条件的满意程度。

从居民生活满意度中的生活环境指标来看，基于调查数据的处理和计算发现，闽江源自然保护区建设前后当地居民对生活环境的满意程度从 3.86 提升到 3.92；这可能是由于闽江源自然保护区建设后，通过闽江源自然保护区生态环境保护规划的编制和实施，加强对当地环境的保护力度，提升了居民生活的环境质量，在一定程度上提高了当地居民对生活环境的满意程度。

从居民生活满意度中的医疗条件指标来看，通过调查数据的收集、整理和计算发现，闽江源自然保护区建设前后，当地居民对医疗条件的满意程度从 3.75 提升到 3.81；这主要是因为闽江源自然保护区建设后，随着社会经济发展和医疗保障体系完善，政府对医疗事业重视，加强对医疗设施建设，改善了当地医疗条件，为居民身心健康提供了重要的医疗保障，从而提升了当地居民对医疗条件满意程度。

## 5.5 生态补偿前后闽江源自然保护区居民生计的状况

生态补偿是生态保护政策的重要领域，生态补偿对居民可持续生计的影响主要包括生态补偿对居民的生计资本、生计策略和生计结果等方面，分析生态补偿前后闽江源自然保护区当地居民生计的状况，对检验生态补偿实施的效果具有重要意义。

### 5.5.1 生态补偿前后闽江源自然保护区居民的生计资本

1. 居民的生计资本指标及赋值

依据国内外生计资本量化研究的成果（闫建忠等，2009；Ansell et al., 2016），结合相关人员访谈和闽江源自然保护区的实际情况，建立居民生计资本指标并进行赋值（表5-4）。

**表5-4　居民的生计资本指标及赋值**

| 生计资本 | 指标 | 分类及赋值 |
| --- | --- | --- |
| 自然资本（$N$） | 耕地指标（$N_1$） | 各类型土地面积 $e$ 亩<br>土地质量较差为0.3，土地质量一般为0.6，土地质量较好为1 |
| | 果园指标（$N_2$） | |
| | 毛竹指标（$N_3$） | |
| | 烟叶指标（$N_4$） | |
| | 莲子指标（$N_5$） | |
| 物质资本（$P$） | 住房状况（$P_1$） | 土木房为0.3，砖瓦房为0.6，混凝土房为1<br>面积90m$^2$以下为0.25，91～120m$^2$为0.5，121～150m$^2$为0.75，150m$^2$以上为1 |
| | 牲畜数量（$P_2$） | 鸡、鸭、鹅为0.3，猪为0.6，牛为1 |
| | 家庭耐用品数量（$P_3$） | 大件家用电器数量 $k$ 件<br>无农用机械为0，有农用机械为1 |
| 人力资本（$H$） | 家庭人口数（$H_1$） | 人口数量 $c$ 人 |
| | 劳动能力（$H_2$） | 非劳动力为0，半劳动力为0.5，全劳动力为1 |
| | 受教育程度（$H_3$） | 文盲为0，小学为0.25，初中为0.5，高中或中专为0.75，大专及以上为1 |
| 金融资本（$F$） | 家庭收入（$F_1$） | 家庭总收入 $m$ 元 |
| | 亲友借款机会（$F_2$） | 无为0，有为1 |
| | 银行信贷机会（$F_3$） | 无为0，有为1 |
| 社会资本（$S$） | 家庭有无政府工作人员（$S_1$） | 无为0，有为1 |
| | 对村委决策的意见反馈（$S_2$） | 从不提为0，极少提为0.25，偶尔提为0.5，有时提为0.75，总是提为1 |
| | 参加居民组织（$S_3$） | 无为0，有为1 |
| | 对周边居民信任度（$S_4$） | 几乎没有为0，不多为0.25，一般为0.5，大多数为0.75，几乎全部为1 |

2. 居民的生计资本权重确定

利用专家咨询法，邀请从事居民生计和资源环境管理领域的相关学者、闽江源自然保护区管理局的技术和管理人员等，对居民的生计资本指标进行权重赋值。权重赋值表共发放21份，回收21份，回收有效率为100.00%。进行两轮专家咨询，第一轮专家根据重要性将每个指标赋值为0～1（同类生计资本权重总和等于 1)，之后将第一轮获得的数据进行整理和统计，获得居民生计资本各指标权重的平均值并反馈给各位专家，进行第二轮咨询，最终得到居民的生计资本指标权重（表 5-5）。

**表 5-5　居民的生计资本指标权重**

| 生计资本 | 权重 | 测量指标 | 权重 |
|---|---|---|---|
| 自然资本（$N$） | 0.27 | 耕地指标（$N_1$） | 0.22 |
| | | 果园指标（$N_2$） | 0.15 |
| | | 毛竹指标（$N_3$） | 0.20 |
| | | 烟叶指标（$N_4$） | 0.20 |
| | | 莲子指标（$N_5$） | 0.23 |
| 物质资本（$P$） | 0.20 | 住房状况（$P_1$） | 0.54 |
| | | 牲畜数量（$P_2$） | 0.18 |
| | | 家庭耐用品数量（$P_3$） | 0.28 |
| 人力资本（$H$） | 0.16 | 家庭人口数（$H_1$） | 0.25 |
| | | 劳动能力（$H_2$） | 0.42 |
| | | 受教育程度（$H_3$） | 0.33 |
| 金融资本（$F$） | 0.17 | 家庭收入（$F_1$） | 0.47 |
| | | 亲友借贷机会（$F_2$） | 0.30 |
| | | 银行信贷机会（$F_3$） | 0.23 |
| 社会资本（$S$） | 0.20 | 家庭有无政府工作人员（$S_1$） | 0.17 |
| | | 对村委决策的意见反馈（$S_2$） | 0.13 |
| | | 参加居民组织（$S_3$） | 0.37 |
| | | 对周边居民信任度（$S_4$） | 0.33 |

3. 生态补偿前后居民的生计资本分析

通过闽江源自然保护区当地居民问卷调查和访谈获得的研究数据，利用式（5-6）和式（5-1），结合表 5-5 中的居民生计资本指标的权重值，计算获得生态补偿前后闽江源自然保护区当地居民的生计资本指数。

另外，采用 SPSS 软件，运用式（5-2），对生态补偿前后数据进行配对样本 $t$ 检验，分析生态补偿前后闽江源自然保护区当地居民生计资本的差异状况（表 5-6）。

**表 5-6 生态补偿前后居民的生计资本**

| 生计资本 | 指标 | 指标标准化值 | | 生计资本指数 | | t 检验结果 |
|---|---|---|---|---|---|---|
| | | 补偿后 | 补偿前 | 补偿后 | 补偿前 | |
| 自然资本 | 耕地指标 | 0.127 | 0.152 | 0.139 | 0.157 | -7.112*** |
| | 果园指标 | 0.070 | 0.070 | | | |
| | 毛竹指标 | 0.073 | 0.136 | | | |
| | 烟叶指标 | 0.110 | 0.110 | | | |
| | 莲子指标 | 0.281 | 0.277 | | | |
| 物质资本 | 住房状况 | 0.518 | 0.376 | 0.522 | 0.409 | 4.698*** |
| | 牲畜数量 | 0.259 | 0.338 | | | |
| | 家庭耐用品 | 0.700 | 0.519 | | | |
| 人力资本 | 家庭人口数 | 0.625 | 0.519 | 0.544 | 0.475 | 4.986*** |
| | 劳动能力 | 0.548 | 0.501 | | | |
| | 受教育程度 | 0.477 | 0.410 | | | |
| 金融资本 | 家庭收入 | 0.537 | 0.489 | 0.590 | 0.527 | 3.788*** |
| | 亲友借款机会 | 0.924 | 0.962 | | | |
| | 银行信贷机会 | 0.264 | 0.038 | | | |
| 社会资本 | 家庭成员有无政府工作人员 | 0.075 | 0.075 | 0.673 | 0.653 | 1.411 |
| | 对村委决策的意见提出 | 0.553 | 0.453 | | | |
| | 参加居民组织 | 0.925 | 0.906 | | | |
| | 对周边居民信任度 | 0.745 | 0.745 | | | |
| 生计资本 | | | | 0.464 | 0.420 | 4.810*** |

*** 代表在 1% 水平上显著。

**1）生态补偿前后居民生计的自然资本**

从表 5-6 可知，生态补偿前后闽江源自然保护区当地居民生计的自然资本指数从 0.157 降为 0.139，$t$ 检验结果在 1% 水平上显著，表明生态补偿前后闽江源自然保护区居民生计的自然资本指数具有明显差异，其中耕地和毛竹指标标准化值下降是居民生计的自然资本指数下降重要因素，当然耕地和毛竹的指标标准化值变化并不是完全由生态补偿导致。

这主要是因为，一方面，在闽江源自然保护区生态保护过程中采取退耕还林政策，致使居民拥有耕地面积减少；另一方面，由于闽江源自然保护区当地居民家庭原来耕地大多数在自然保护区内，因为交通不便致使部分居民放弃耕地，加上当地中青年外出务工造成耕地抛荒，从而造成耕地指标标准化值下降。另外，由于闽江源自然保护区实施资源环境保护政策，在一定程度上限制了当地居民对毛竹的利用，从而造成毛竹指标标准化值下降。

**2）生态补偿前后居民生计的物质资本**

从表 5-6 可以看出，生态补偿前后闽江源自然保护区当地居民生计的物质资本指数从 0.409 增加到 0.522，$t$ 检验的结果为 1% 水平上显著，说明生态补偿前后闽江源自然保护区居民生计的物质资本指数具有明显差异，其中，居民的住房状况和家庭耐用品的指标标准化值增加是居民生计的物质资本指数上升的重要因素。

这主要是因为生态补偿实施之后，居民通过住房安置项目改善其住房条件，调查发现，生态补偿前后居民的住房面积由 78.877$m^2$ 增加到 150.340$m^2$；另外，实施生态补偿后居民收入得到相应的提高，购买家庭耐用品、农用机械等具有一定的资金保障。然而，生态补偿前后闽江源自然保护区当地居民生计的物质资本中的牲畜数量指标标准化值从 0.338 减少到 0.259，其并不完全是因为实施生态补偿政策造成牲畜数量指标标准化值的下降，这可能是由于随着社会经济发展和居民生活水平提高，居民更加注重当地的生活环境质量，从而减少了牲畜养殖的数量；另外，在国家实施的乡村振兴战略中，新农村建设对乡村环境质量提出了更高的要求，在一定程度上限制了居民养殖牲畜，造成牲畜数量指标标准化值下降。

**3）生态补偿前后居民生计的人力资本**

从表 5-6 可知，生态补偿前后闽江源自然保护区当地居民生计的人力资本指数从 0.475 增加到 0.544，$t$ 检验结果在 1% 水平上显著，表明生态补偿前后闽江源自然保护区居民生计的人力资本指数具有差异性，其中，居民的劳动能力和受教育程度的指标标准化值增加是居民生计的人力资本指数上升的重要因素。

这主要是由于实施生态补偿后，居民的劳动能力和受教育程度等指标标准化值都得到不同程度提升，致使居民生计的人力资本指数上升；另外，建立和管理闽江源自然保护区改善了当地生态环境，当地政府和管理部门引进农业生产技术、培训居民生计技能等，使得当地居民收入增加，促进了居民的劳动能力提升和受教育水平提高。但是，生态补偿前后闽江源自然保护区当地居民生计的人力资本中的家庭人口数量指标标准化值从 0.519 增加到 0.625，而家庭人口数量指标标准化值的增加并不是生态补偿造成的，这主要是由于随着社会经济发展，当地的医疗条件改善，为当地居民新生婴儿和身心健康提供了重要的医疗保障，提高了居民寿命和人口出生率，增加了居民的家庭人口数，使得家庭人口数量指标标准化值提高。

**4）生态补偿前后居民生计的金融资本**

从表 5-6 可以看出，生态补偿前后闽江源自然保护区当地居民生计的金融资本指数从0.527增加到0.590，$t$检验结果在1%水平上显著，说明生态补偿前后闽江源自然保护区居民生计的金融资本指数具有明显差异，其中，居民的家庭收入和银行信贷机会的指标标准化值增加是居民生计的金融资本指数上升的重要因素。

这主要是因为实施生态补偿提升了闽江源自然保护区居民家庭收入水平，增加了居民获得银行信贷机会，使得居民生计的金融资本指数上升。在调查中发现，生态补偿前后金融资本中的家庭收入指标标准化值从0.489增加到0.537，银行信贷机会指标标准化值由0.038增加到0.264。

**5）生态补偿前后居民生计的社会资本**

从表5-6可知，生态补偿前后闽江源自然保护区当地居民生计的社会资本指数从0.653增加到0.673，$t$检验结果不显著，表明生态补偿前后闽江源自然保护区当地居民生计的社会资本指数没有明显差异。

这主要是由于闽江源自然保护区当地居民的居住和活动范围相对稳定，使得一直以来当地居民之间具有较高的信任程度，所以，生态补偿前后居民生计的社会资本中“对周边居民信任度”指标标准化值没有太大变化；另外，由于闽江源自然保护区当地教育条件落后，居民的教育水平较低，致使长期以来当地居民家庭成员中很少有政府工作人员，因此，生态补偿前后居民生计的社会资本中“家庭成员有无政府工作人员”指标标准化值没有改变；从而造成生态补偿前后居民生计的社会资本指数没有明显变化。

**6）生态补偿前后居民的生计资本**

从表5-6可知，生态补偿前后闽江源自然保护区当地居民的生计资本指数从0.420增加到0.464，$t$检验结果在1%水平上显著，说明生态补偿前后闽江源自然保护区居民生计资本指数具有明显差异。总的来说，实施生态补偿有助于提升闽江源自然保护区当地居民的生计资本，从生态补偿前后居民的生计资本结构来看，物质资本、人力资本、金融资本和社会资本都有所增加，而自然资本呈现一定程度的减少，居民的生计资本结构整体趋向均衡。

## 5.5.2 生态补偿方式对闽江源自然保护区居民生计资本的影响

1. 居民对生态补偿方式的选择

基于调查问卷数据的统计和处理，利用式（5-7），计算获得居民对生态补偿方式选择的各个指标重要程度值（表5-7）。

**表 5-7　居民生态补偿方式的选择**

| 重要程度 | 现金补偿 | 实物补偿 | 政策补偿 | 技术补偿 | 其他 |
|---|---|---|---|---|---|
| 最重要（5 分）/人 | 52 | 50 | 48 | 42 | 20 |
| 重要（4 分）/人 | 50 | 52 | 20 | 48 | 42 |
| 较重要（3 分）/人 | 48 | 42 | 52 | 20 | 50 |
| 较不重要（2 分）/人 | 42 | 20 | 50 | 52 | 48 |
| 最不重要（1 分）/人 | 20 | 48 | 42 | 50 | 52 |
| 重要程度值 | 3. 34 | 3. 09 | 3. 08 | 2. 79 | 2. 69 |

现金补偿是以现金的方式对受偿者行为进行补贴，包括补偿金、补贴、赠款、信用担保贷款、减免税收、财政转移支付、贴息，该补偿方式最直接、常见和简便；闽江源自然保护区所在地经济欠发达，居民为了维持生计，认为简便且直接方式是现金补偿，因此，居民选择现金补偿的重要程度最高，其值为 3. 34。

实物补偿是对受偿者的劳动力、物质、土地等相关生产要素进行补偿，以解决受偿者一部分的生产和生活要素损失，提升受偿者生产能力，缓解其生活压力；闽江源自然保护区当地居民认为通过实物补偿帮助其发展生态产业，能够提升居民的收入和生活水平，所以，居民选择实物补偿的重要程度较高，其值为 3. 09。

政策补偿是上级政府对下级政府的机会和权利补偿，下级政府在授权范围内，制定相关优惠和创新性政策，提供给受偿者更多发展机会，促进其生计可持续发展；闽江源自然保护区居民认为通过制订优先权和优惠待遇政策，对其生产转型能够提供帮助，因此，居民选择政策补偿的重要程度较高，其值为 3. 08。

技术补偿是通过开展生计技能和生产技术的培训服务，无偿提供技术指导和咨询，通过培训提高受偿者的生计技能、生产的管理组织水平；但是，由于技术补偿具有时效性，需要较长时间的培训才能使居民熟练掌握相关技能，产生效益，所以，居民选择技术补偿的重要程度一般，其值仅为 2. 79。

其他补偿主要体现在为居民寻找能源替代，但是，在调查中发现，闽江源自然保护区居民认为能源替代的补偿方式，对其生产和生活的影响并不显著，因此，居民认为其他补偿的重要程度低，其值只有 2. 69 分。

2. 理论分析

作为协调生态保护与居民生计可持续发展重要手段的生态补偿，由于其具备实现生态保护和居民生计可持续发展目标的潜力而受到学者的关注（Pagiola et al., 2005；Wang et al., 2011；赵雪雁等，2010)。生态补偿对居民生计资本影响的研究主要体现在生态补偿方式对居民生计资本的影响方面，不同生态补偿方式对居民生计资本具有不同的影响，现金补偿和实物补偿是简单和成本低的补偿方式，无法解决居民生计资本和资源环境保护之间的问题，难以达到生态补偿的理想效果；采取政策补偿和技术补偿方式能够增强居民的生计资本，实现生态补偿的有效性；而居民对生态补偿方式选择的偏好，受居民生计资本和区域社会经济条件等方面的影响显著，所以，同一种生态补偿方式对居民生计资本的影响具有差异性，选择哪种生态补偿方式才能将生态保护和居民生计有机地结合起来，是一种很难把握的政策平衡。此外，研究问题的复杂性、区域之间的较大差异以及研究数据样本的代表性等，使得研究结论存在较大分歧，生态补偿是生态保护与社区发展相互协调的基础，科学评估生态补偿对居民生计资本的影响，对揭示生态补偿对居民生计资本影响机制具有重要作用，虽然生态补偿对居民生计资本的影响上的量化进行探索，但是，忽略了生态补偿对居民生计资本重要作用和影响的动态性特征，故难以获得科学的评估结果。当前生态补偿方式主要包括现金补偿、实物补偿、政策补偿和技术补偿，这些补偿方式在一定程度上对居民生产和生活所需要的能力、资产及其行动等生计要素产生重要的影响，因此，分析生态补偿方式对居民生计资本的影响和作用，对于生态补偿实施效果意义重大。

可持续生计是指在保护资源环境的基础上能够自主地应对冲击和压力，从中恢复并维持或者增加其资产和能力的生计，所以，可持续生计是建立在自然资源可持续利用和生态环境保护之上的，是实现自然保护区可持续发展目标的重要途径。英国国际发展部（Department for International Development，DFID）开发的可持续生计分析框架主要反映居民生计资本结构、生计过程和生计目标之间的相互变化和作用，强调外界干预对居民生计资本、生计策略和生计结果的影响，关注生态、社会经济可持续，对生态保护和居民生计可持续发展具有重要作用，其中生计资本包括自然资本、物质资本、人力资本、金融资本和社会资本，自然资本指的是生态系统服务和自然资源，物质资本指的是维持生计的基础设施和基本生产资料，人力资本主要包括知识、能力、技能、健康，金融资本指的是居民可筹措和支配的现金，社会资本指的是生计活动过程中利用的各种社会资源。依据可持续生计分析框架，结合自然保护区居民生计资本和能力的特点，建立生态补偿方式对自然保护区居民生计资本影响分析的理论框架（图 5-1）。

3. 研究假设

生态补偿指的是通过对保护（或者损害）资源环境行为补偿（或者收费收

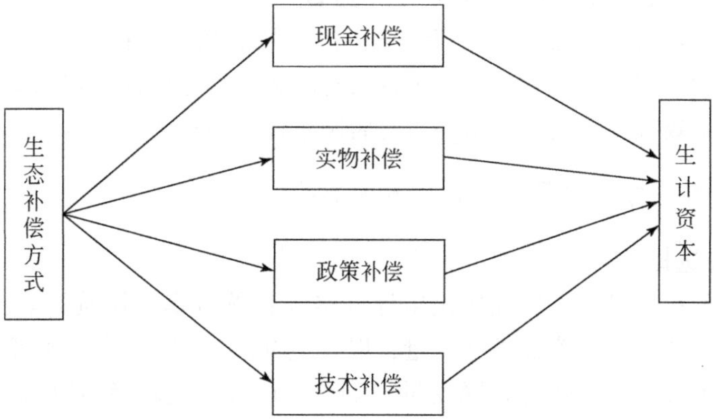


图 5-1 生态补偿方式对自然保护区居民生计资本影响分析的理论框架

税），提高其行为的收益（或者成本），从而激励保护（或者损害）行为的主体增加（或者减少）因其行为带来的影响，促进资源环境的保护。依据相关研究者对生态补偿方式的研究成果（姚红义，2011；黄顺魁，2016；丁金梅等，2017；刘宇晨和张心灵，2018），结合自然保护区的实际情况，自然保护区生态补偿方式主要包括现金补偿、实物补偿、政策补偿和技术补偿四种，结合图 5-1，提出以下假设：

**1）现金补偿对居民生计资本存在着显著的正向影响**

现金补偿是以现金形式对自然保护区当地居民生态保护行为进行补贴，现金补偿更为直接和简便，能够立即转化成金融资本、物质资本、人力资本和社会资本，有利于居民维持生计，因而，现金补偿对居民生计资本具有正向的影响。

**2）实物补偿对居民生计资本存在着显著的正向影响**

实物补偿指的是对自然保护区当地居民的劳动力、物质、土地等相关生产要素进行补偿，以解决居民一部分的生产和生活要素问题，提升其生计能力，缓解居民的生活压力；通过实物补偿帮助自然保护区当地居民发展生态果园和生态旅游等，提高居民的收入和生活水平，因此，实物补偿对居民生计资本具有正向影响。

**3）政策补偿对居民生计资本存在着显著的正向影响**

政策补偿指的是上级政府对下级政府的机会和权利补偿，下级政府在授权范围内，通过制定相关的优惠政策，为自然保护区当地居民提供更多的发展机会，促进居民生计的可持续发展；制定各项优先权和优惠待遇的政策能够对其生产转型提供帮助，补偿居民放弃原有生产方式所付出的机会成本损失，所以，政策补偿对居民生计资本具有正向的影响。

#### 4）技术补偿对居民生计资本影响不显著

技术补偿是指对自然保护区当地居民进行技能培训，提升居民的生计技能；由于技术补偿具有时效性，需要经过较长时间的培训才能使居民熟练掌握相关技能，才会产生效益，因而，技术补偿对居民生计资本影响不显著。

### 4. 生态补偿方式对居民生计资本的影响

#### 1）变量选择

以闽江源自然保护区当地居民生计资本（自然资本、物质资本、人力资本、金融资本和社会资本）为被解释变量，以现金补偿、实物补偿、政策补偿和技术补偿等四种生态补偿方式为解释变量（表 5-8），建立多元线性回归模型，进行闽江源自然保护区生态补偿方式对居民生计资本影响的分析。

**表 5-8 变量及其描述**

| 变量 | | 指标体系构成 | 赋值 |
|---|---|---|---|
| 自变量 $X$ | 现金补偿（$X_1$） | 生态公益林补偿金、生态移民补偿金、林权所有者补助等 | 根据居民选择的重要程度等级进行指标赋值 |
| | 实物补偿（$X_2$） | 农作物生产中的化肥和种子、农业生产设备等 | |
| | 政策补偿（$X_3$） | 生态产业政策、替代能源项目建设政策、生态移民政策等 | |
| | 技术补偿（$X_4$） | 农业生产技术培训、非农技能培训等 | |
| 因变量 $Y$ | 生计资本（$Y$） | $Y_1$：自然资本；$Y_2$：物质资本；$Y_3$：人力资本；$Y_4$：金融资本；$Y_5$：社会资本 | 实际测算的各项生计资本值 |

#### 2）模型构建

用 $Y$ 代表闽江源自然保护区当地居民生计资本，$X_1, X_2, \cdots, X_i$ 分别代表不同的生态补偿方式，构建生态补偿方式对闽江源自然保护区居民生计资本影响的多元线性回归模型：

$$Y=\alpha_0+\alpha_1 X_1+\alpha_2 X_2+\cdots+\alpha_i X_i+\beta \tag{5-8}$$

式中，$\alpha_0$ 为常数项；$\alpha_1, \alpha_2, \cdots, \alpha_i$ 为回归系数；$\beta$ 为随机变量；$Y$ 为被解释变量；$X_i$ 为解释变量。

#### 3）生态补偿方式对居民生计资本影响的分析

基于闽江源自然保护区当地居民问卷调查获取的相关数据，通过 SPSS 统计软件，运用式（5-8），获得生态补偿方式对闽江源自然保护区居民生计资本影响的回归结果（表5-9），分析生态补偿方式对闽江源自然保护区居民生计资本影响的作用。

**表 5-9 生态补偿方式对居民生计资本影响的回归结果**

| 生计资本类型 | 现金补偿<br>拉动值<br>（$t$ 检验，显著水平） | 实物补偿<br>拉动值<br>（$t$ 检验，显著水平） | 政策补偿<br>拉动值<br>（$t$ 检验，显著水平） | 技术补偿<br>拉动值<br>（$t$ 检验，显著水平） |
|---|---|---|---|---|
| 自然资本 | 0.011<br>（1.104，0.005） | 0.012<br>（0.907，0.003） | 0.003<br>（0.706，0.026） | -0.028<br>（1.104，0.213） |
| 物质资本 | 0.013<br>（1.207，0.006） | 0.034<br>（1.108，0.001） | 0.016<br>（0.903，0.017） | 0.012<br>（1.306，0.187） |
| 人力资本 | 0.028<br>（1.902，0.003） | 0.009<br>（0.605，0.076） | 0.014<br>（1.103，0.014） | 0.029<br>（0.708，0.171） |
| 金融资本 | 0.047<br>（2.305，0.002） | 0.010<br>（0.702，0.008） | -0.006<br>（0.807，0.103） | -0.005<br>（0.602，0.203） |
| 社会资本 | 0.010<br>（0.961，0.027） | 0.011<br>（0.806，0.006） | 0.012<br>（1.024，0.038） | -0.004<br>（0.805，0.249） |
| 生计资本 | 0.109<br>（1.503，0.026） | 0.076<br>（1.102，0.037） | 0.039<br>（0.801，0.057） | 0.004<br>（0.908，0.211） |

从表5-9中可以看出，现金补偿和实物补偿两种补偿方式对于闽江源自然保护区当地居民生计资本的影响都通过了95%的显著性检验，政策补偿方式通过了90%的显著性检验，现金补偿、实物补偿和政策补偿三种补偿方式正向显著影响居民的生计资本；另外，现金补偿方式对闽江源自然保护区当地居民生计资本正向拉动作用最强（其值为0.109），实物补偿方式的正向拉动作用较强（其值为0.076），政策补偿方式的正向拉动作用一般（其值仅为0.039），技术补偿方式的正向拉动作用最弱（其值只有0.004）。

这可能是因为目前闽江源自然保护区当地居民较为贫困，当地居民觉得现金和实物补偿对其生计影响可能更为简便直接，通过现金和实物补偿可以帮助居民购买农业生产物质、培训生产技术和提高劳动力素质，增强居民生计的金融资本、人力资本、物质资本和社会资本，短期内能够显著提高居民的生计资本；而技术补偿需要经过较长时间的生产技能培训，才能使闽江源自然保护区当地居民熟练掌握相关技能，所以，短期内技术补偿方式对居民生计资本的影响没有通过显著性检验，但是，在较长时期内技术补偿方式在一定程度上可以显著提升居民生计资本的水平。

为了进一步探析各种生态补偿方式与居民各种生计资本之间的关系，需要定量分析各种生态补偿方式对闽江源自然保护区当地居民生计资本的影响作用。

（1）现金补偿对居民生计资本的影响。

从表 5-9 可知，现金补偿对闽江源自然保护区当地居民生计资本影响通过了 95% 的显著性检验，其正向拉动值为 0.109，表明现金补偿正向显著影响当地居民的生计资本。其中，现金补偿对闽江源自然保护区当地居民生计的金融资本、人力资本、物质资本和自然资本影响都通过了 99% 的显著性检验，其正向拉动值分别为 0.047、0.028、0.013 和 0.011；而现金补偿对居民生计社会资本的影响仅通过了 95% 的显著性检验，其正向拉动值为 0.010。

这可能是因为通过现金补偿中的生态公益林补偿金和林权所有者补助等，增加了闽江源自然保护区当地居民的收入和借贷机会，为提升居民的受教育程度、生产技能和医疗保健水平等提供资金保障，当地居民能够利用补偿资金承包耕地和园地、购买农业生产设备和建设房屋，从而提升了居民生计的金融资本、人力资本、自然资本和物质资本；但是，现金补偿对居民参与组织和决策、增加信任度和提升社会网络地位等方面影响的显著性不是太强，所以，现金补偿对当地居民生计的社会资本的正向拉动值较小。

（2）实物补偿对居民生计资本的影响。

从表 5-9 可以看出，实物补偿对闽江源自然保护区当地居民生计资本影响通过了 95% 的显著性检验，其正向拉动值为 0.076，说明实物补偿正向显著影响居民的生计资本。其中，实物补偿对闽江源自然保护区当地居民生计的物质资本、自然资本、社会资本和金融资本影响都通过了 99% 的显著性检验，其正向拉动值分别为 0.034、0.012、0.011 和 0.010；而实物补偿对居民生计的人力资本影响仅通过了 90% 的显著性检验，其正向拉动值为 0.009。

这可能是由于通过实物补偿能够增加闽江源自然保护区当地居民农业生产的种子、化肥和设备，增加居民的生活用品和固定资产，直接解决了居民生产生活中的物质短缺问题，提升居民生计的物质资本；另外，通过实物补偿还可以间接增强居民的资源环境保护和社会合作关系、提高居民收入，从而提升了居民生计的自然资本、社会资本和金融资本；但是，实物补偿对居民劳动力数量增加和人口素质提升等方面影响显著性不强，所以，实物补偿对居民生计的人力资本的正向拉动值较小。

（3）政策补偿对居民生计资本的影响。

从表 5-9 可知，政策补偿对闽江源自然保护区当地居民生计资本影响通过了 90% 的显著性检验，其正向拉动值为 0.039，说明政策补偿正向显著影响居民的生计资本。其中，政策补偿对闽江源自然保护区当地居民生计的物质资本、人力资本、社会资本和自然资本影响都通过了 95% 的显著性检验，其正向拉动值分别为 0.016、0.014、0.012 和 0.003；政策补偿对居民生计的金融资本影响没有通过显著性检验，具有负向拉动作用，其值为-0.006。

这可能是因为通过政策补偿中的生态移民政策，形成移民新村，与此同时，居民能够接受较好的教育和获得较为便利的就业机会，从而提升了居民生计的物质资本和人力资本；另外，政策补偿中的生态产业政策、替代能源项目建设政策和资源环境保护政策等在实施过程中需要居民积极参与，这增强了居民的交往能力、在社会网络中的地位和资源环境保护意识，从而提高了居民生计的社会资本和自然资本；但是，由于政策补偿主要包括生态移民政策、生态产业发展政策、替代能源项目建设政策和资源环境保护政策等，而这些政策实施后产生效应所需要的时间较长，居民修建房屋、添置生产设备和生活用品还需要自筹资金，致使当前政策补偿对居民生计的金融资本没有显著影响而且呈现负向拉动。

（4）技术补偿对居民生计资本的影响。

从表 5-9 可以看出，技术补偿对闽江源自然保护区当地居民生计资本影响没有通过显著性检验，表明技术补偿对居民的生计资本影响不显著。技术补偿对闽江源自然保护区当地居民生计的人力资本和物质资本影响具有正向拉动作用，其正向拉动值分别为 0.029 和 0.012；技术补偿对居民生计的自然资本、金融资本和社会资本影响具有负向拉动作用，其负向拉动值分别为-0.028、-0.005 和-0.004。

这可能是由于通过对居民进行农业生产技术培训和非农技能培训等，能够有效提高居民的劳动能力和素质，从而正向拉动居民生计的人力资本；另外，在技术和技能培训过程中能够促进生产资料和生产设备的有效流动，从而正向拉动居民生计的物质资本；但是，因为技术补偿对居民生计资本影响需要较长时期才能够得到体现，所以，总体上目前技术补偿对居民生计资本影响不显著。

## 5.5.3 生态补偿前后闽江源自然保护区居民的生计策略

1. 生态补偿前后居民的生计活动参与情况

**1）生态补偿前后居民参与农业活动的情况**

调查发现，生态补偿前后闽江源自然保护区当地居民家庭中有 1 人参与农业活动户数由 32 户降至 4 户，有 2 人参与农业活动户数由 116 户增至 120 户，有 3 人参与农业活动户数从 48 户增至 60 户，有 4 人参与农业活动户数从 12 户增至 20 户，有 5 人参与农业活动户数由 0 户增至 6 户，有 6 人参与农业耕种活动户数由 4 户降至 2 户，总体上看，生态补偿前后居民农业活动的参与度变化不大。主要是由于，一方面，生态补偿后许多中青年外出务工，出现耕地转租或者抛荒现象，致使参与耕地种植活动的家庭数量减少；另一方面，随着生态补偿的实施，当地居民通过获得相关政策扶持和技术指导等，在一定程度上促进黄花梨、毛竹、烟叶和莲子的生产，使得参与这些农业活动的家庭数量有所增加。

**2）生态补偿前后居民参与非农业活动的情况**

通过调查可知，实施生态补偿后，闽江源自然保护区当地居民中没有从事非农业活动的家庭数量减少 14 户，有 1 人参与非农业活动的家庭数量减少 18 户，有 2 人参与非农业活动的家庭数量增加 22 户，有 3 人参与非农业活动的家庭数量增加 8 户，有 4 人及以上参与非农业活动的家庭数量增加 2 户；总体上看，生态补偿前后居民非农业活动的参与人数略有增加。这可能是因为实施生态补偿之后，增加当地居民农业生产技术和非农技能培训的机会，增强农用机械使用和外出务工的能力，致使更多居民选择非农业生计方式。

2. 生态补偿前后居民的生计活动结构

**1）生态补偿前后居民的农业生计活动结构**

通过闽江源自然保护区居民问卷调查数据的整理和统计，得到生态补偿前后闽江源自然保护区居民的农业生计活动结构的情况（图 5-2）。

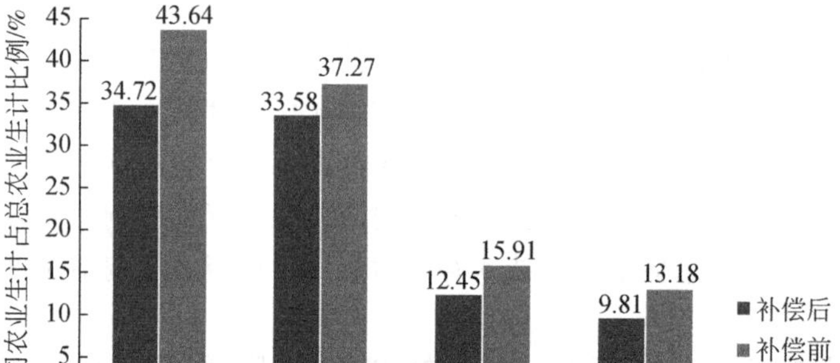


图 5-2　生态补偿前后居民的农业生计结构

调查发现，生态补偿前后闽江源自然保护区当地居民从事农业生计人数占比由 53. 64% 降到 48. 68% 。从图 5-2 可知，生态补偿前后闽江源自然保护区当地居民从事粮食生产人数占比从 43. 64% 降到 34. 72% ，从事莲子生产人数占比由 37. 27% 降到 33. 58% ，从事烟叶生产人数占比从 15. 91% 降到 12. 45% ，从事毛竹生产人数占比从 13. 18% 降到 9. 81% 。

这主要是由于实施生态补偿后，闽江源自然保护区当地中青年居民大多数首选外出务工，致使从事农业生计活动人数减少。

#### 2）生态补偿前后居民的非农业生计活动结构

基于闽江源自然保护区居民问卷调查数据的整理和统计，获得生态补偿前后闽江源自然保护区居民的非农业生计活动结构的情况（图 5-3）。

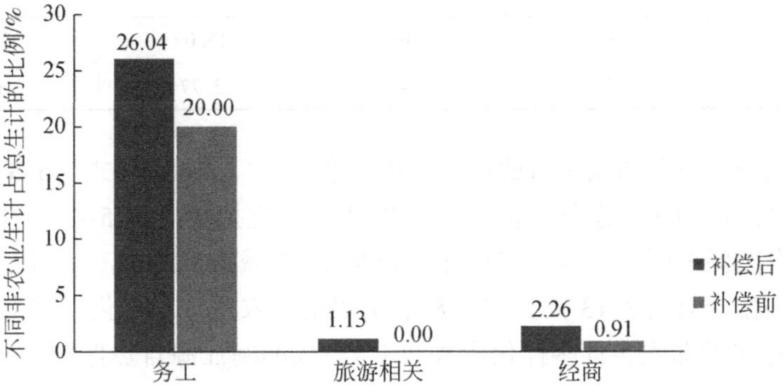


图 5-3　生态补偿前后居民的非农业生计结构

从图 5-3 可以看出，生态补偿前后闽江源自然保护区当地居民外出务工人数占比从 20.00% 增加到 26.04%，经商人数占比从 0.91% 增至 2.26%，旅游相关人数占比增至 1.13%。

这主要是因为实施生态补偿后，闽江源自然保护区当地居民获得非农生计技能培训，提升居民外出务工的生存能力；另外，生态补偿实施增强了居民生计的物质资本和金融资本，为居民的经商提供了保障，使得生态补偿后闽江源自然保护区当地居民非农业生计活动中的务工和经商人数占比增加。

### 3. 生态补偿前后居民的生计多样化

居民生计多样化对降低生计脆弱性和增强生计风险抵御能力具有重要作用（阎建忠等，2010），基于闽江源自然保护区居民问卷调查数据的整理和统计，得到生态补偿前后闽江源自然保护区居民生计数量（表 5-10）。从表 5-10 可知，生态补偿前后闽江源自然保护区当地居民的家庭生计数量都不多，生态补偿前后，居民家庭中大多数生计数量为 3 种及以下，其占比分别为 75.47% 和 81.13%。

**表 5-10　生态补偿前后居民的生计数量**

| 生计数量/种 | 频数/人 | | 频率/% | |
|---|---|---|---|---|
| | 补偿后 | 补偿前 | 补偿后 | 补偿前 |
| 1 | 8 | 8 | 3.77 | 3.77 |
| 2 | 64 | 56 | 30.19 | 26.42 |

续表

| 生计数量/种 | 频数/人 | | 频率/% | |
|---|---|---|---|---|
| | 补偿后 | 补偿前 | 补偿后 | 补偿前 |
| 3 | 100 | 96 | 47.17 | 45.28 |
| 4 | 32 | 48 | 15.09 | 22.64 |
| 5 | 8 | 4 | 3.77 | 1.89 |

通过问卷调查和访谈获得的研究数据，利用式（5-6）和式（5-3），计算获得闽江源自然保护区生态补偿前后居民生计多样化指数（图5-4）。生态补偿前后闽江源自然保护区居民生计多样化指数从2.92减少到2.85，其中，居民的农业生计多样化指数由2.13减少到1.89，居民的非农生计多样化指数由0.79增加到0.96。居民的非农生计多样化指数低于1，表明闽江源自然保护区居民生计多样化状况较差。

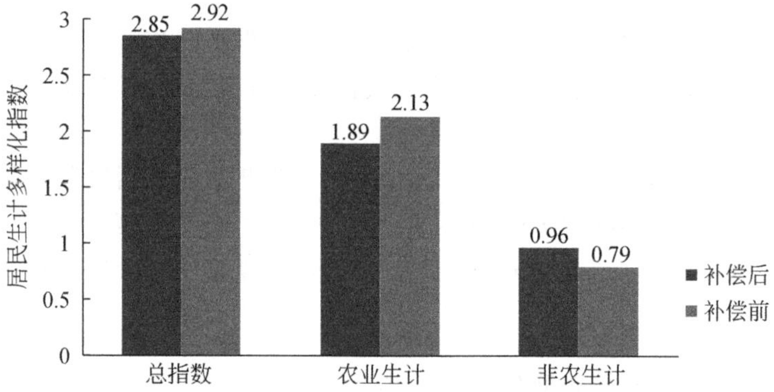


图5-4　生态补偿前后居民生计多样化指数

这主要是因为闽江源自然保护区当地居民的农业生计类型减少，实施生态补偿之后，当地居民中的大多数中青年选择外出务工，加上老年人的劳动能力下降，从事农业生计活动人数占比减少，致使居民的农业生计多样化指数降低。另外，生态补偿实施促进了当地农业生产技术改善，使得更多的居民选择外出务工、经商和参与生态旅游等非农生计活动，造成生态补偿实施之后，居民的非农生计多样化指数增加。

### 5.5.4　生态补偿方式对闽江源自然保护区居民生计策略的影响

确定自然保护区生态补偿方式的重要前提是明确生态补偿对象，生态补偿不仅要对生态系统服务的提供者进行补偿，对由于保护自然保护区资源环境而失去发展机会的当地居民也需要进行补偿，这是因为自然保护区资源环境保护的需要，限制或者禁止了当地居民传统的生计策略（狩猎、砍伐薪柴和采集药材等行为），致使其收益受到损失，所以，应该对这些经济受损居民进行补偿。

生态补偿政策作为自然保护区资源环境保护的重要手段，对协调自然保护区资源环境保护与当地居民生计策略选择之间的关系具有重要作用，但是，不同生态补偿方式对居民生计策略的影响是有差异的。生计策略指居民对生计资本利用的配置和经营活动的选择，以便实现其生计目标。调查中发现，闽江源自然保护区居民的生计策略主要包括农业为主和非农业为主的两种类型，农业为主生计策略主要体现在通过采集业、种植业和畜牧业等作为主要收入来源；而非农业为主生计策略指的是居民家庭收入主要来源于个体经营、务工和家庭副业等。不同的生计资本及其组合会产生多样化的生计活动，从而实现不同类型的生计策略，不同生计策略对生态补偿方式的选择具有显著影响，采取农业为主生计策略的居民，更多选择实物补偿和现金补偿，希望通过种子、苗圃和化肥的提供以及生态公益林补偿金、生态移民补偿金和林权所有者补助等的获得，提升其生计能力；而采取非农业为主生计策略的居民，更多选择政策补偿和技术补偿，希望获得税收和信贷政策的扶持、农业生产技术的培训，提高其生计水平。

1. 变量选择

被解释变量为闽江源自然保护区居民生计策略，解释变量为现金补偿、实物补偿、政策补偿和技术补偿等生态补偿方式，借助线性回归模型，进行闽江源自然保护区生态补偿方式对居民生计策略影响的分析。

2. 模型建立

根据闽江源自然保护区实际情况和研究需要，将闽江源自然保护区居民生计策略分为以农业为主和以非农业为主两类，其中，以非农业为主生计策略用 1 表示，以农业为主生计策略用 0 表示，由于被解释变量只有两个取值，所以，利用二分类 Logistic 回归模型，进行生态补偿方式对居民生计策略影响的分析，其计量模型为

$$Y = k_0 + \sum_{i=1}^{n} k_i X_i \tag{5-9}$$

式中，$k_0$为常数项；$k_i(i=1,2,3,\cdots,n)$ 为回归系数；$X_i(i=1,2,3,\cdots,n)$ 为各种生态补偿方式；$Y$ 为居民生计策略。

3. 生态补偿方式对居民生计策略的影响

调查发现，闽江源自然保护区大多数居民同时选择多种生态补偿方式，说明居民更喜欢“捆绑”式的生态补偿方式。所以，采取方案（一）和方案（二）两种方案，对比分析生态补偿方式对居民生计策略的影响，其中方案（一）为不考虑现金补偿、实物补偿、政策补偿和技术补偿等四种生态补偿方式之间可能存在的交叉影响，方案（二）为考虑现金补偿、实物补偿、政策补偿和技术补偿等四种生态补偿方式之间交互作用的影响。

基于问卷调查获取的相关数据，运用二分类 Logistic 回归模型，通过式（5-9），获得方案（一）和方案（二）的回归结果（表 5-11）。

**表 5-11　生态补偿方式对居民生计策略影响的回归结果**

| 补偿方式 | 方案（一）<br>影响系数（$t$ 检验，显著水平） | 方案（二）<br>影响系数（$t$ 检验，显著水平） |
|---|---|---|
| 现金补偿 | 2.361（3.426，0.004） | 3.512（6.106，0.002） |
| 实物补偿 | 0.325（0.375，0.138） | 1.036（2.115，0.062） |
| 政策补偿 | 0.513（0.384，0.032） | 1.591（2.724，0.028） |
| 技术补偿 | 0.441（0.405，0.042） | 1.483（4.035，0.003） |
| 交叉项 | — | -0.014（0.805，0.249） |
| 常数项 | -1.617（23.618，0.00） | -2.277（25.208，0.00） |
| 2 倍对数似然值 | 428.247 | 422.447 |

从表 5-11 可知，方案（一）在没有考虑现金补偿、实物补偿、政策补偿和技术补偿等补偿方式之间可能存在交叉影响情况下，现金补偿、政策补偿和技术补偿等三种补偿方式对闽江源自然保护区当地居民生计策略的影响都通过了 95% 的显著性检验，而实物补偿对居民生计策略的影响没有通过显著性检验，表明现金补偿、政策补偿和技术补偿等三种补偿方式正向显著影响闽江源自然保护区居民生计策略。其中，现金补偿对闽江源自然保护区居民生计策略影响通过了 99% 的显著性检验，影响系数最大，其值为 2.361，说明现金补偿对居民生计策略影响最为显著，采取非农业为主生计策略的居民更加偏向于选择现金补偿方式；政策补偿和技术补偿对闽江源自然保护区居民生计策略影响都通过了 95% 的显著性检验，其影响系数分别为 0.513 和 0.441，而实物补偿对居民生计策略影响系数仅为 0.325。

方案（二）为考虑现金补偿、实物补偿、政策补偿和技术补偿等四种生态补偿方式之间交互影响的情况，从表 5-11 可知，方案（二）中的现金补偿和技术补偿两种补偿方式对闽江源自然保护区当地居民生计策略的影响都通过了99%的显著性检验，政策补偿对居民生计策略影响通过95%的显著性检验，实物补偿对居民生计策略影响仅仅通过90%的显著性检验，表明生态补偿方式的交互作用对闽江源自然保护区居民生计策略的正向影响较为显著。

另外，对比方案（二）和方案（一）的结果发现，现金补偿、实物补偿、政策补偿和技术补偿等四种生态补偿方式对闽江源自然保护区当地居民生计策略的影响系数方案（二）比方案（一）分别提升了1.151、0.711、1.078和1.042，说明现金补偿、实物补偿、政策补偿和技术补偿等各种生态补偿方式组合对闽江源自然保护区居民生计策略的影响得到较大提升，居民更加愿意选择各种生态补偿方式的组合形式。

## 5.5.5 生态补偿前后闽江源自然保护区居民的生计结果

1. 生态补偿前后居民的收入结构

**1）生态补偿前后居民的农业收入结构**

通过闽江源自然保护区居民问卷调查数据的整理和统计得到生态补偿前后居民农业收入结构情况（图5-5）。生态补偿前后闽江源自然保护区居民粮食收入占比由8.82%增加到10.79%，莲子收入占比从36.19%增加到37.35%，烟叶收入占比由31.79%增加到37.03%，毛竹收入占比从19.88%减少到6.01%。

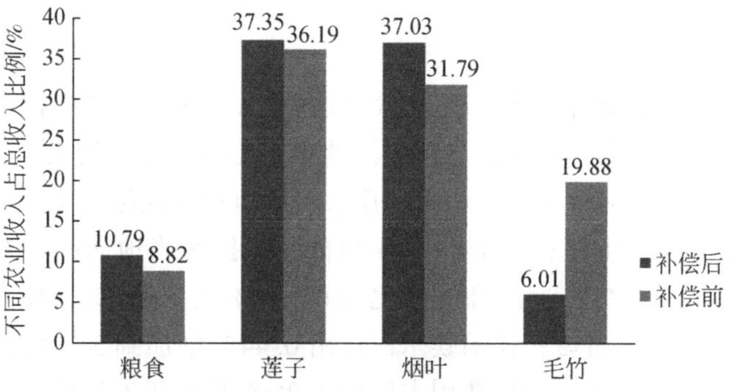


图5-5 生态补偿前后居民的农业收入结构

这主要是由于闽江源自然保护区实施生态补偿后，农业生产条件改善、技术进步，提升了粮食、莲子和烟叶产量和收入；另外，近年来闽江源自然保护区当地毛竹经营的管理成本上升，再加上实施生态补偿之后当地中青年劳动力大多数外出务工，许多竹林转租给企业集中经营，造成当地居民毛竹收入占比下降。

**2）生态补偿前后居民的非农业收入结构**

基于居民问卷调查数据的整理和统计获得生态补偿前后居民非农业收入结构情况（图 5-6）。生态补偿前后闽江源自然保护区居民务工收入占比由 95.71% 减少到 92.80%，经商收入占比从 4.29% 增加到 4.56%，旅游收入占比增加 2.64%。

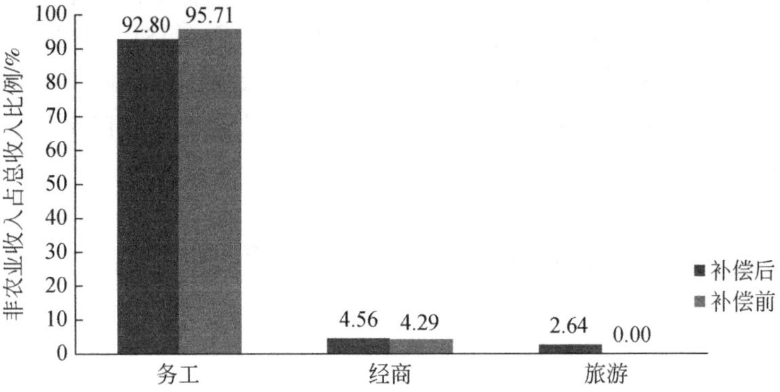


图 5-6　生态补偿前后居民的非农业收入结构

这主要是因为闽江源自然保护区实施生态补偿之后，通过政策扶持、非农业就业技能培训以及银行低息贷款等，发展生态旅游带动相关行业，增加闽江源自然保护区居民的非农业就业机会，提升了居民参与生态旅游开发和经商的收入。

2. 生态补偿前后居民的消费结构

依据相关学者的研究成果（张晓蕾和姚顺波，2008；李聪等，2014），根据闽江源自然保护区的实际情况，当地居民消费主要包括农业投入、食品开支、教育开支、休闲娱乐、能源开支、通信费用、有线电视及网络开支、医疗开支等方面。在调查中发现，生态补偿前后闽江源自然保护区当地居民农业投入占比由 22.95% 增加到 33.26%，食品开支占比由 61.31% 减少到 47.29%，教育开支占比由 9.54% 减少到 5.71%，休闲娱乐占比由 0.44% 增加到 3.70%，能源开支占比由 2.12% 增至 3.32%，通信费用占比由 1.25% 增加到 3.26%，有线电视及网络开支占比由 1.75% 增加到 2.05%，医疗开支由 0.65% 增加到 1.41%。

这主要是由于实施生态补偿后闽江源自然保护区当地居民农业收入提升，从而带动农业投入的增加；实施生态补偿之后，因闽江源自然保护区所在地建宁县社会经济的发展，增加了闽江源自然保护区当地居民农业和务工的收入，提升了居民生活水平，居民解决温饱之后，为了追求高品质生活，居民休闲娱乐、通信费用、有线电视及网络等方面开支占比大幅度上升，与此同时，食品开支占比下降。

总体上看，与生态补偿前相比较，实施生态补偿之后，闽江源自然保护区当地居民各种开支占比相对均衡，在一定程度上说明当地居民的消费模式得到较大转变，更加注重生活体验，改变原有的生计方式和生活模式，改善了其生活质量，提高了居民生活水平，表明生态补偿获得较好的效果。

### 5.5.6 生态补偿对闽江源自然保护区居民收入的影响

自然保护区的建立和管理对资源环境保护和生态文明建设等具有重要意义，与此同时，限制了自然保护区当地居民对资源环境的利用，给居民造成损失，未能很好地解决居民的生计问题。重视当地居民在自然保护区资源环境保护中获得的利益和承受的损失，能够有效地解决资源环境保护与社区发展之间的矛盾。在自然保护区资源环境保护中充分考虑当地居民的响应和参与空间，转变当地居民的发展模式，能够帮助当地居民形成新的收入结构和模式，增加经济收入。另外，自然保护区生态系统服务所带来的惠益并没有公正地分配给当地居民，造成了自然保护区资源环境保护与社区发展的冲突。如何协调自然保护区资源环境保护与当地居民生产生活之间的矛盾，对提高居民收入和提升居民家庭生活水平具有重要意义。

生态补偿是调整社会经济发展与生态环境保护相关利益主体之间关系的制度安排，能够将环境的外部性和非市场价值转化为真实的经济激励，在协调资源环境保护工作与居民生计发展的过程中发挥重要作用，对改善贫困居民生计状况和提升贫困人口收入水平具有重要影响。当前生态补偿政策收入效应主要包括天然林保护、退耕还林（草）工程等对居民收入的影响，生态补偿项目实施产生明显的生态效益，对当地社区社会经济可持续发展的作用有限，对当地居民收入影响具有波动性和差异性。生态补偿方式中的现金补偿和实物补偿虽然增强居民金融资本和物质资本，在一定程度上（短期内）增加居民收入，但难以解决居民生计的可持续性，无法实现收入水平的持续提升；而政策补偿和技术补偿通过增强居民生计资产和增加就业机会，能够持续提高居民的收入和家庭生活水平，实现居民生计可持续发展。

伴随着社会经济发展，生态破坏、环境污染和资源浪费等问题日益突出，威胁着生态安全和人类生存，生态保护是针对人为活动造成的自然生态系统退化、破坏甚至消失所采取的活动，生态保护的重要途径是建立自然保护区，生态补偿属于生态保护政策的重要领域。自然保护区建设和管理是恢复和保护生态服务系统、保证人类对生态系统可持续利用的重要手段；与此同时，自然保护区的建立限制了当地居民对资源环境的利用，影响了居民的收入。如何协调自然保护区资源环境保护和当地居民收入之间的关系，实现自然保护区资源环境保护和居民生计可持续发展已成为亟待解决的现实问题。生态补偿可以调整利益相关者保护或者破坏生态环境活动产生的环境利益及其经济利益分配关系，并通过政策手段实现外部性生态环境保护的内部化，以实现生态保护目标。当前我国政府还没有制定完善的自然保护区生态补偿政策，对自然保护区生态补偿仅限于包括生态公益林补贴、退耕还林（草）补贴等相关的经济补贴政策，因为自然保护区生态补偿处于起步和探索阶段，分析生态补偿对自然保护区当地居民收入的影响，为国家进一步调整和优化生态补偿政策提供科学依据。

1. 变量选择

根据闽江源自然保护区的实际情况，以居民对闽江源自然保护区生态补偿政策的认知，包括居民对生态补偿政策实施程度的认知、了解程度、受益程度、满意程度作为自变量；以闽江源自然保护区当地居民年人均纯收入作为因变量（表 5-12），进行生态补偿对闽江源自然保护区居民收入影响的分析。

**表 5-12　变量及其描述**

| 变量 | | 指标体系构成 | 赋值 |
|---|---|---|---|
| 自变量 $X$ | 生态补偿政策的实施程度（$X_1$） | 居民对生态补偿政策宣传、制定和执行情况的认知 | 根据居民选择的程度等级进行指标赋值 |
| | 生态补偿政策的了解程度（$X_2$） | 居民对生态补偿的对象、范围、标准、方式和资金来源等 | |
| | 生态补偿政策的受益程度（$X_3$） | 居民对实施生态补偿后所获取的补偿方式和金额等 | |
| | 生态补偿政策的满意程度（$X_4$） | 居民对实施生态补偿后所获取的补偿标准和生态方式等 | |
| 因变量 $Y$ | 收入（$Y$） | 居民年人均纯收入 | 实际测算的收入 |

2. 模型建立

用 $Y$ 代表闽江源自然保护区居民年人均纯收入，$X_1, X_2, X_3, X_4$ 分别代表居民对生态补偿政策实施程度的认知，居民对生态补偿政策的了解程度，居民对生态补偿政策的受益程度，居民对生态补偿政策的满意程度，构建生态补偿对闽江源自然保护区居民收入影响的线性回归模型：

$$Y=U_0+U_1X_1+U_2X_2+U_3X_3+U_4X_4+V \quad (5\text{-}10)$$

式中，$U_0$为常数项；$U_1, U_2, U_3, U_4$为影响因素的回归系数；$V$为随机误差项。

3. 生态补偿对居民收入的影响

基于闽江源自然保护区居民问卷调查获取的相关数据，通过 SPSS 统计软件，运用式（5-10），获得生态补偿对闽江源自然保护区居民收入影响的回归结果（表 5-13）。

**表 5-13　生态补偿对居民收入影响的回归结果**

| 变量 | 回归系数 | $t$ 检验 | 显著水平 |
|---|---|---|---|
| 生态补偿政策的实施程度 | 0.048 | 1.013 | 0.051 |
| 生态补偿政策的了解程度 | 0.052 | 1.247 | 0.035 |
| 生态补偿政策的受益程度 | 0.068 | 1.426 | 0.003 |
| 生态补偿政策的满意程度 | 0.043 | 1.038 | 0.057 |

从表 5-13 可以看出，生态补偿政策实施对闽江源自然保护区当地居民收入具有正向影响，但仅仅通过 90% 的显著性检验，表明虽然实施生态补偿政策对居民收入产生了一定影响，但是其影响并不是太显著。这主要是因为闽江源自然保护区当地居民参与资源环境保护和管理工作，减少了居民从事收入较多的第二、第三产业的工作机会。所以，需要进一步进行生态补偿相关配套措施的制定和实行，以完善生态补偿政策，促进生态补偿政策发挥对居民收入的调节作用，实现闽江源自然保护区资源环境保护和居民收入增加。

从表 5-13 可知，生态补偿政策了解程度对闽江源自然保护区当地居民收入具有正向影响，并且通过 95% 的显著性检验，说明居民对生态补偿政策了解程度对其收入产生较为显著的影响。这可能是由于居民对生态补偿政策了解度越高，就有越多居民尝试通过生态保护行为争取更多补贴而增加其收入。

从表 5-13 可以看出，生态补偿政策受益程度对闽江源自然保护区当地居民收入具有正向影响，并且通过 99% 的显著性检验，表明居民对生态补偿政策受益程度对其收入产生显著的影响。这是因为居民对生态补偿政策受益度越高，生态补偿政策的补贴种类和金额对其收入影响越大，越能激励居民采取资源环境保护的行为。

从表 5-13 可知，生态补偿政策满意程度对闽江源自然保护区当地居民收入具有正向影响，但仅仅通过 90% 的显著性检验，说明虽然实施生态补偿政策对居民收入产生了一定影响，但是其影响并不是太显著。这主要是由于当前生态补偿标准低，而且闽江源自然保护区当地居民参与资源环境保护和管理工作的工资少，机会成本高，因此，居民对生态补偿政策满意程度不高。

# 5.6　生态补偿对闽江源自然保护区居民可持续生计的影响效应

## 5.6.1　文献回顾及理论分析框架

1. 文献回顾

**1）自然保护区生态保护对居民可持续生计影响的研究**

自然保护区生态保护对居民可持续生计影响的研究是资源环境可持续利用领域的前沿课题（Mitchell and Higham，2013；Kai et al.，2016；Marielle et al.，2018；杨锐，2016）。研究发现，自然保护区生态保护对居民可持续生计的影响具有双重性，一方面，研究认为，由于实施自然保护区生态保护，原本属于当地居民管理经营的山林和水域等被规划到生态保护范围内，利用行政手段限制了居民对木材和非木质林产品的经营以及水产养殖等，居民对当地资源环境的利用受到限制，造成居民就业机会减少，减弱了居民生计资本，致使居民生计变得更加单一化，难以实现生计多样化，进而导致居民收入和生计能力下降、居民的生活满意度和社会地位降低。如果不能为居民生计找到有效的替代途径，居民将失去原有的谋生手段和经济来源，导致自然保护区生态保护与居民可持续生计之间的矛盾增大（Ehussien et al.，2012；Vedeld et al.，2016；李卅和张玉钧，2017；陈传明等，2018）。另一方面，有些学者研究指出在自然保护区生态保护中，利用政府政策的扶持，通过改善自然保护区当地社区基础设施、发展生态旅游业和实施共管项目等，为自然保护区当地居民提供更多的就业机会，改变其原有生计方式，增强了居民生计资本（Sanjay and Arian，2011；Rebecca and Terre，2018；邱守明等，2017），提高居民收入水平和生计能力，在一定程度上提升了居民的生活满意度和社会地位，从而促进了自然保护区生态保护与当地居民可持续生计的协调发展。

虽然以上研究较为系统地分析了自然保护区生态保护对居民可持续生计的影响，但是，相关研究主要集中于自然保护区生态保护对当地居民可持续生计影响因素的减轻和移除等方面，而很少涉及通过生态补偿政策工具，从居民生计可持续发展的视角，进行自然保护区生态保护与居民可持续生计互相促进的协调研究，因此，在实践上难以达到自然保护区生态保护有效性和居民生计可持续性的目标。

**2）生态补偿对居民可持续生计影响的研究**

生态补偿可以调整利益相关者保护或破坏生态环境活动产生的环境利益及其经济利益分配关系，并通过政策手段实现生态环境保护外部性的内部化。作为生态环境保护政策，重要领域的生态补偿对居民可持续生计影响的研究受到国内外学术界的关注，相关研究主要集中于生态补偿方式对居民可持续生计影响、生态补偿对居民可持续生计影响的评估等方面。在生态补偿方式对居民可持续生计影响方面，相关学者研究发现不一样的生态补偿方式对居民可持续生计具有不同的影响和作用，研究认为通过技术补偿和政策补偿，能够增强居民的生计资本，实现居民的替代生计选择和生计多样化的提升，为居民增加新的就业机会，以提高其收入水平和生计能力以及社会地位，可以获得理想的生态补偿效果，实现居民生计的可持续发展目标（高文军和石晓帅，2015）。研究者指出简单并且低成本的现金补偿和实物补偿不利于长期的生态环境保护和持续的居民生计改善，不能达到理想的生态补偿效果（Zheng et al.，2013；Liu et al.，2018）。另外，在生态补偿对居民可持续生计影响的评估方面，研究发现生态补偿是资源环境保护与居民可持续生计发展相互协调的基础，生态补偿对居民可持续生计影响的评估结果，对揭示生态补偿对居民可持续生计影响机制具有重要作用；相关学者基于生态补偿对居民可持续生计影响的具体测度指标体系的构建，通过案例分析生态补偿前后居民可持续生计资本、生计策略和生计结果的变化，进行生态补偿对居民可持续生计影响的评估（李霞，2017；庞雯，2017）；学术界认为居民拥有生计资本对其利用新机会能力具有重要作用，研究指出通过生态补偿能够增强居民的生计资本，促进居民选择合理的生计策略，获得良好的生计结果，提升居民的生计能力，改善居民生计状况，达到提高居民可持续生计水平的目标（Clements and Milner-Gulland，2015；Alves et al.，2018；虞慧怡等，2016；胡童和马军，2018）。

虽然近年来有些研究者进行了生态补偿对居民可持续生计影响程度、生态补偿对居民可持续生计影响评价等方面的探讨，但是，大多数相关研究是通过建立生态补偿对居民可持续生计影响的指标体系，从生态补偿前后的居民生计资本、生计策略和生计结果变化的角度，进行生态补偿对居民可持续生计影响的分析和评估，而缺乏生态补偿前后其他关键因素对居民可持续生计的影响，只考虑生态补偿前后居民生计资本、生计策略和生计结果的对比，没有涉及有无参与或者实施生态补偿的比较分析，所以，没能够完整地揭示生态补偿对居民可持续生计的影响效应。

2. 理论分析框架

生态保护和精准扶贫属于发展中国家两大核心的政策领域，自然保护区建设和管理对生态保护和维护国家生态安全等方面具有重要作用；与此同时，在自然保护区生态保护过程中，对资源环境利用的限制和土地占用、野生动物致害和生态移民等，致使当地居民生计脆弱，造成居民损失，且缺乏生态补偿，未能有效解决居民的生计问题，使其陷入贫困，导致自然保护区生态保护和当地居民生计可持续发展之间产生冲突。而生态补偿具有纠正生态保护外部性环境政策的作用，通过机制创新可以达到生态保护和扶贫的双赢目标（Bremer et al.，2014；李宗利，2017）。

生计是谋生方式，是居民为了谋生所需要的能力、资产和从事的活动。可持续生计是指在脆弱性环境的背景下，居民在面临各种风险的时候，能够抵御自然灾害、经济危机和社会变化的能力，能够对各种资源进行长期稳定的利用，同时又不会对资源可再生能力造成损害，并且能够在各种风险中不断地提升其生计能力；其含义包括可持续的谋生技能和手段、改善生活的必备资产储备、良好的外部环境条件和政策支持（中国社会科学院社会政策研究中心课题组，2005；张佰林等，2013）。根据自然保护区的特性和当地居民的主观和客观因素，本书将自然保护区居民可持续生计界定为：基于居民自身主客观因素和社会制度环境的约束，在维持自然保护区当地资源环境可持续利用的前提下，居民通过增殖生计资本，积累和优化生计资本配置，提升其生计能力，实现生计可持续性和增强主观幸福感。

早期的生态补偿概念主要出现在生态学领域，随着政府对生态保护的重视而引入到经济学分析中。国外通常用生态服务付费或者生态效益付费来表述生态补偿，其含义主要是对享受生态系统服务价值的付费；国内目前对生态补偿的界定主要是以生态保护、人与自然和谐相处、绿色减贫等为核心目标的表述（罗俊等，2015）。依据生态补偿具有的生态保护和扶贫脱贫的作用，并结合研究目的，本书将生态补偿定义为：根据生态保护成本、机会成本和发展成本损失以及生态系统服务价值，运用政府或者市场手段，以生态保护和居民扶贫脱贫为目标，对受益者收费，对受损者和生态保护者补偿的政策行为。

基于文献回顾，依据自然保护区居民可持续生计的特点和生态补偿的作用，构建生态补偿对自然保护区居民可持续生计影响分析的理论框架（图 5-7）。

从图 5-7 可以看出，生态补偿对自然保护区居民可持续生计的影响途径主要体现在：一方面，通过生态补偿，居民能直接获得收入和能力，提高居民的生计水平和生活满意度，从而在一定程度上对居民可持续生计产生了直接影响；另一

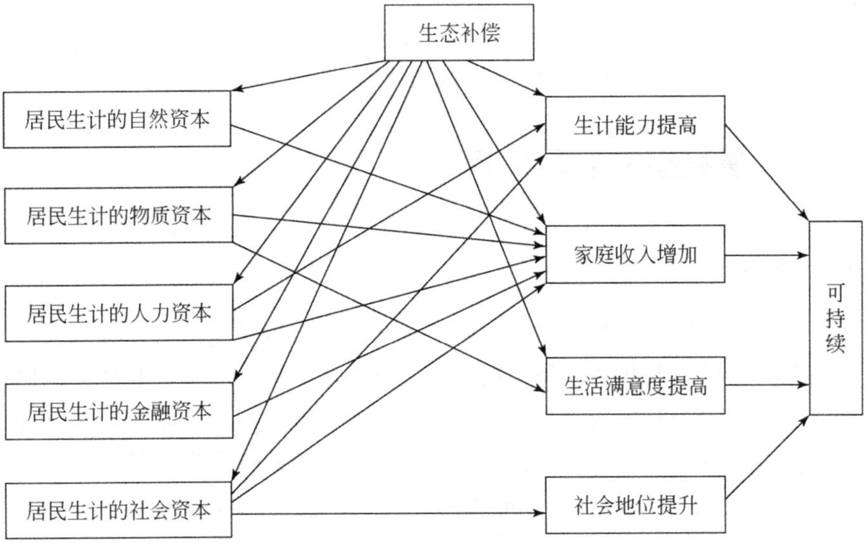


图 5-7　生态补偿对自然保护区居民可持续生计影响分析的理论框架

方面，生态补偿通过影响居民生计的人力资本、自然资本、物质资本、金融资本和社会资本，对居民可持续生计产生了间接影响。

实施生态补偿的目的是保护资源环境和提高居民生产生活水平，政府通过技术补偿和政策补偿的方式，对自然保护区当地居民的经济林和经济作物种植等提供技术指导和政策扶持、对居民的非农就业提供技能培训和政策支持，从而增加了居民生计的人力资本存量以及自然资本存量；通过实物补偿方式，提供给自然保护区当地居民的农业生产的设备和资料等，从而增加了居民生计的物质资本存量；通过现金补偿方式，直接给予自然保护区当地居民经济补助，从而增加了居民生计的金融资本存量；另外，在生态补偿政策实施过程中，增强了自然保护区当地居民之间的联系和合作，在一定程度上增加了居民生计的社会资本存量。因此，生态补偿必然会对自然保护区居民生计的人力资本、自然资本、物质资本、金融资本和社会资本产生影响，并且通过影响居民生计的人力资本、自然资本、物质资本、金融资本和社会资本，影响居民的可持续生计。

当前学术界大多采用对比分析和线性回归的方法，分析生态补偿对居民可持续生计的影响，然而，通过直接对比生态补偿前后的居民生计指标做出判断，无法对影响程度作出较为精确的估计，难以具体分辨出生态补偿本身的影响效果。另外，因为居民可持续生计受到多种因素的影响，并且在分析生态补偿影响效应时存在样本选择偏差问题，如果不考虑这些情况直接分析生态补偿对居民可持续生计的影响效应，会造成研究结论产生一定偏差。因此，运用倾向得分匹配法

(propensity score matching, PSM),基于闽江源自然保护区调研中所获得的相关数据的整理和统计,将生态补偿从其他影响居民可持续生计的因素中独立出来,科学地揭示生态补偿对居民可持续生计的影响效应。

## 5.6.2 计量模型和变量选择

1. 计量模型

采用倾向得分匹配对处理组和对照组进行匹配可以避免由于自我选择而导致的选择性偏差。将参与生态补偿的居民作为处理组,未参与生态补偿的居民作为对照组,将倾向得分相同或相似的居民进行匹配,即在对照组中找到与处理组资源禀赋特征相似的居民进行可持续生计比较分析,以此作为生态补偿对居民可持续生计影响的效应(Rosenbaum and Rubin, 1993; Heckman et al., 1997)。闽江源自然保护区生态补偿对居民可持续生计影响的平均处理效应(ATT)为

$$\begin{aligned}\mathrm{ATT} &= E(Y_i^1 \mid T_i=1) - E(Y_i^0 \mid T_i=1) \\ &= E(Y_i^1 - Y_i^0 \mid T_i=1) \\ &= E\{E[(Y_i^1 - Y_i^0 \mid T_i=1), P(X)]\}\end{aligned}$$

式中,$T_i=1$ 表示居民参与生态补偿,为处理组;$T_i=0$ 表示居民未参与生态补偿,为对照组;$Y_i^1$ 为第 $i$ 个参与生态补偿的居民生计情况;$Y_i^0$ 为第 $i$ 个未参与生态补偿的居民生计情况;$X$ 为一组不受居民参与生态补偿影响的观测变量;$P(X)$ 为居民参与生态补偿的概率,其值可通过 Logistic 回归模型进行测算。

根据居民参与生态补偿个体倾向得分值 $P(X)$ 的情况进行样本居民的分组,但是,因为 $P(X)$ 是一个连续变量,现实中两个样本居民不可能具有完全相同的倾向得分值,所以,需要借助近邻匹配法、半径匹配法、核匹配法等方法,对处理组和对照组进行分层匹配。

2. 变量选择

在计量模型的变量选择上,依据已有关于生态补偿对居民可持续生计影响的研究成果,结合研究区域实际情况(张丽,2012;吴乐和靳乐山,2018;刘宇晨和张心灵,2019),选择闽江源自然保护区居民生计的物质资本、金融资本、人力资本、自然资本和社会资本五个可测变量。其中,物质资本是指居民维持生计所需的各种生产资料和固定资产,金融资本是指居民通过各种生计活动累积的各类金融资源,人力资本主要包括居民的受教育程度、知识与技能储备和健康的情况,自然资本主要包括居民所拥有各种自然资源的数量和质量,社会资本主要包

括居民为了实现生计目标而利用的各种社会资源。

### 5.6.3 生态补偿对居民可持续生计的影响效应检验

1. 倾向得分匹配估计结果及分析

基于闽江源自然保护区当地居民问卷调查得到的研究数据，通过整理和计算，获得闽江源自然保护区居民生计的物质资本、金融资本、人力资本、自然资本和社会资本等相关变量值。以闽江源自然保护区居民生计资本（包括物质资本、金融资本、人力资本、自然资本和社会资本）作为变量，进行居民参与生态补偿和居民未参与生态补偿的相似性匹配，并据此检验生态补偿对居民可持续生计的影响效应。通过 Logistic 模型估计具有相似特征的受到生态补偿影响和未受到生态补偿影响的居民户，并采用最近邻匹配法、半径匹配法和核匹配法，检验生态补偿对居民可持续生计影响的平均处理效应（ATT），结果详见表 5-14。

**表 5-14 生态补偿对居民可持续生计影响的处理效应**

| 分组 | | 最近邻匹配法 | 半径匹配法 | 核匹配法 |
|---|---|---|---|---|
| 匹配前 | 处理组 | 2.356 | 2.356 | 2.356 |
| | 对照组 | 2.125 | 2.125 | 2.125 |
| 匹配后 | 处理组 | 3.969 | 3.995 | 3.763 |
| | 对照组 | 2.037 | 2.026 | 2.018 |
| | ATT | 1.932** | 1.969*** | 1.745** |
| | 标准误 | 0.706 | 0.513 | 0.797 |

** 代表在 5% 水平上显著，*** 代表在 1% 水平上显著。

运用最近邻匹配法、半径匹配法和核匹配法三种匹配方法，检验生态补偿对居民可持续生计影响的平均处理效应（ATT），能够保证生态补偿对居民可持续生计影响效应的准确性。从表 5-14 可以看出，匹配前处理组与对照组的结果相差不大；而匹配后，采用最近邻匹配法获得的生态补偿对居民可持续生计影响的平均处理效应 ATT 值为 1.932，并且在 95% 统计水平上显著；采用半径匹配法获得的 ATT 值为 1.969，并且在 99% 统计水平上显著；采用核匹配法获得的 ATT 值为 1.745，并且在 95% 统计水平上显著；运用最近邻匹配法、半径匹配法和核匹配法三种匹配方法，获得的 ATT 均为正值和显著性结果相似，表明受到生态补偿影响居民的可持续生计相对于未受到生态补偿影响居民的可持续生计得到了显著的提高，在一定程度上体现了检验结果的稳定性和准确性。以最近邻匹配法的估计结果为例，从表5-14可知，生态补偿每提高一个单位，居民可持续生计就提高1.932个单位。

2. 匹配结果的平衡性检验

为保证倾向得分匹配估计结果的可靠性，需要进行处理组和对照组中的变量平衡性检验，以最近邻匹配法为例，针对处理组和对照组的各个变量进行平衡性的检验，结果详见表5-15。

**表5-15　匹配变量的平衡性检验结果**

| 生计资本 | 匹配前后 | 处理组 | 对照组 | 差异 | *P* 值 |
|---|---|---|---|---|---|
| 物质资本 | 匹配前 | 2.345 | 3.661 | 56.12 | 0.00 |
| | 匹配后 | 2.345 | 2.239 | −4.52 | 0.32 |
| 金融资本 | 匹配前 | 2.241 | 2.885 | 28.74 | 0.00 |
| | 匹配后 | 2.241 | 2.193 | −2.14 | 0.37 |
| 人力资本 | 匹配前 | 1.571 | 2.064 | 31.38 | 0.00 |
| | 匹配后 | 1.571 | 1.447 | −7.89 | 0.57 |
| 自然资本 | 匹配前 | 3.578 | 2.143 | −40.11 | 0.00 |
| | 匹配后 | 3.578 | 3.640 | 1.73 | 0.73 |
| 社会资本 | 匹配前 | 1.941 | 2.847 | 46.68 | 0.00 |
| | 匹配后 | 1.941 | 1.860 | −4.17 | 0.49 |

从表5-15可知，处理组（参与生态补偿的居民）与对照组（未参与生态补偿的居民）之间具有较好的匹配效果，匹配前处理组和对照组的各个变量之间存在显著差异，而匹配后，处理组和对照组的各个变量之间差异大幅度减少；同时，样本在匹配后的 *P* 值显著增加，匹配后处理组和对照组中各个变量的差异在统计上非常不显著，说明匹配后处理组和对照组样本的个体差异基本得以消除，表明通过匹配变量的平衡性检验；因此，运用倾向得分匹配法估计生态补偿对居民可持续生计的影响效应，其结果具有稳健性和可信性。

总体上看，生态补偿对闽江源自然保护区居民可持续生计具有正向显著的影响效应，生态补偿对居民可持续生计的促进作用表现在直接影响和通过增殖居民生计资本产生的间接影响。在野外实地调研过程中，与政府相关管理部门访谈之后发现，管理人员认为，一方面，自然保护区生态补偿政策的制定，有助于自然保护区资源环境的保护、有利于当地居民的生产技能和生活质量的提高，所以，实施生态补偿必然直接促进当地居民可持续生计水平的提升；另一方面，目前自然保护区生态补偿方式主要包括实物补偿、现金补偿、技术补偿和政策补偿，通过实物补偿提供农业生产设备和资料等增加了居民生计的物质资本存量，通过现金补偿直接给予经济补助增加了居民生计的金融资本存量，通过技术补偿提供农业生产技术指导和非农就业技能培训增加了居民生计的人力资本存量以及自然资本存量，在生态补偿政策实施过程中增强了居民之间的联系和合作，在一定程度上增加了居民生计的社会资本存量，因此，不同生态补偿方式必然会对自然保护区当地居民生计资本产生显著的培育效应，从而间接促进了居民可持续生计水平的提升。

## 5.7 结论与建议

### 5.7.1 结论

闽江源自然保护区建设前后当地居民生计资本指数从 0.404 减少到 0.391，表明闽江源自然保护区建设造成当地居民生计资本的减弱，主要体现在闽江源自然保护区建设后当地居民生计的自然资本、物质资本和金融资本的减少。闽江源自然保护区建设前后当地居民生计多样化指数由 2.70 增加到 2.80，其中农业生计多样化指数从 2.06 减少到 1.82，非农业生计多样化指数由 0.61 增加到 0.95，由于建设前后非农业生计多样化指数都小于 1，在一定程度上说明居民生计类型多样化不高，居民生计较脆弱，抵御生计风险能力有限。闽江源自然保护区建设后致使大多数当地居民收入减少，主要体现在粮食、莲子、烟叶和毛竹等农业收入下降；闽江源自然保护区建立前后当地居民生活满意度从 3.98 减少到 3.85，主要是由于居民对教育条件和家庭生活设施的满意程度下降。

生态补偿前后闽江源自然保护区居民生计资本总指数从 0.420 增加到 0.464，其中，生态补偿后居民生计的人力资本、物质资本和金融资本比生态补偿前分别增加 0.069、0.113 和 0.063，自然资本则下降 0.018。生态补偿前后居民生计的人力资本、物质资本、金融资本和自然资本指数以及生计资本总指数均表现出显著差异，而社会资本没有表现出显著差异性。

现金补偿和实物补偿对闽江源自然保护区居民生计资本的影响都通过了 95% 的显著性检验，政策补偿通过了 90% 显著性检验，技术补偿未通过显著性检验，说明现金补偿、实物补偿和政策补偿正向显著影响居民生计资本；另外，现金补偿对居民生计资本正向拉动作用最强，实物补偿较强，政策补偿一般，技术补偿最弱。

生态补偿前后闽江源自然保护区居民从事农业活动人员占比下降，非农业活动人员占比上升；生态补偿前后居民的生计多样化指数从2.92减少到2.85，其中农业生计多样化指数从2.13减少到1.89，非农业生计多样化指数从0.79上升到0.96，说明当地居民家庭生计类型较少，生计多样化状况不佳，非农业生计多样化指数低于1，非农业就业渠道有待进一步拓宽。

方案（一）在不考虑各种生态补偿方式之间可能存在的相互作用的影响下，现金补偿、政策补偿和技术补偿正向显著影响居民生计策略。方案（二）在考虑各种生态补偿方式之间相互作用的影响下，各种生态补偿方式对居民生计策略的影响都通过了显著性检验，并且正向作用明显；各种生态补偿方式的影响系数方案（二）比方案（一）都有较大提升，居民更加愿意选择各种生态补偿方式的组合形式。

生态补偿前后闽江源自然保护区居民各种农业类型收入比例相对稳定，生态补偿后居民非农业收入来源增多，其收入呈现多元化趋势；实施生态补偿后居民消费结构更加均衡，食品开支占比下降，生活体验消费占比上升，提升了居民生活品质，表明生态补偿获得较好的效果。

生态补偿政策实施对闽江源自然保护区居民收入具有正向影响，但影响不太显著；生态补偿政策了解程度对居民收入具有正向影响，且影响较为显著；生态补偿政策受益程度对居民收入具有正向影响，并且影响显著；生态补偿政策满意程度对居民收入具有正向影响，但影响不太显著。

运用倾向得分匹配法，检验生态补偿对闽江源自然保护区居民可持续生计的影响效应，表明受到生态补偿影响居民的可持续生计水平相对于未受到生态补偿影响居民的可持续生计水平得到了明显的提高，生态补偿对闽江源自然保护区居民可持续生计具有正向显著的影响效应，生态补偿对居民可持续生计的促进作用表现在直接影响和通过增殖居民生计资本产生的间接影响。

### 5.7.2 建议

1. 完善自然保护区生态补偿制度

自然保护区的建立和管理对资源环境保护和区域生态安全维护以及生态文明建设等方面具有重要意义，与此同时，建立和管理自然保护区制约了当地社会经济的发展，使得大多数当地居民对资源环境的利用受到限制，制约了居民的发展，加上野生动物对农作物和家庭畜禽的侵害，造成当地居民家庭经济收入来源减少，加大了居民的生活压力，导致了当地居民损失，但是又缺乏完善的生态补偿制度，从而严重影响了居民生计的可持续性。因此，应该从生态补偿标准的确定、生态补偿方式的选择、生态补偿资金的来源、生态补偿的立法等方面，完善自然保护区生态补偿制度，以实现自然保护区生态保护和当地居民生计可持续发展双赢的目标。

**1）提升自然保护区生态补偿标准**

目前自然保护区当地居民生态补偿金主要包括生态公益林补偿金、生态移民补偿金和林权所有者补助等形式，由于补偿标准过低，难以弥补因为自然保护区建立和管理给当地居民造成的损失，影响了居民生计的可持续发展，降低了居民参与自然保护区生态保护的意愿。所以，政府应该根据自然保护区当地居民机会成本以及发展限制的损失、当地居民受偿意愿以及受益者支付意愿等方面，确定生态补偿标准，通过提高生态补偿金额弥补居民的损失，促进自然保护区资源环境保护和当地居民生计的可持续发展。

**2）分阶段选择自然保护区生态补偿组合方式**

生态补偿方式是体现自然保护区生态补偿主体和客体之间责任义务关系的重要环节，目前自然保护区生态补偿方式主要有现金补偿、实物补偿、技术补偿和政策补偿四种，其中，现金补偿和实物补偿是最为直接和方便的补偿方式，具有短期性和政府投入量大的特点，属于输血型补偿方式；而政策补偿和技术补偿方式是通过各项优惠政策和技术培训，补偿当地居民的机会成本损失和提升居民生计能力，具有长期性特征，属于造血型补偿方式。自然保护区生态补偿实施初期要有政府大量的投资和扶持，实施后期主要是为了更好地促进自然保护区资源环境保护和当地居民生计可持续发展；另外，采取生态补偿组合方式对自然保护区当地居民的生计资本提升和生计策略选择具有重要作用。因此，应该依据自然保护区特点和当地居民实际情况，分阶段地选择自然保护区生态补偿组合方式，生态补偿实施的前期应该选择现金补偿和实物补偿（输血型补偿）方式为主，政策补偿和技术补偿（造血型补偿）方式为辅的组合方式；而生态补偿实施的后期可以选择技术补偿和政策补偿（造血型补偿）方式为主，现金补偿和实物补偿（输血型补偿）方式为辅的组合方式。

**3）增加自然保护区生态补偿资金来源渠道**

目前自然保护区生态补偿资金主要来源于财政渠道中的中央财政专项基金和上级财政转移支付等，但是，这种纵向生态补偿资金来源体系弱化和忽视了自然保护区当地居民的权益及其诉求，对提升居民的生计能力和生计水平产生了不利影响；另外，自然保护区所在地大多经济欠发达，当地经济状况很难为自然保护区生态补偿提供大量资金支持，而生态补偿标准过低是当前无法回避的问题。所以，在国家财政渠道获得自然保护区生态补偿资金有一定约束的情况下，有必要拓宽生态补偿资金的来源渠道，一方面，通过国际援助和发行生态彩票等社会渠道获得生态补偿资金，另一方面，通过向自然保护区当地旅游公司和相关企业等受益部门征收生态补偿税和生态补偿费等渠道筹集生态补偿资金，以增加自然保护区生态补偿资金的来源渠道。

**4）强化自然保护区生态补偿的立法**

当前自然保护区生态补偿的相关法律法规的内容不完善，没有对自然保护区生态补偿制度进行详细和全面的制定，没有专门的法律法规或者规章制度约束自然保护区生态补偿中的相关问题；无论是市场经济手段还是上级政府财政转移支付的生态补偿政策，都需要立法保障。因此，在完善生态补偿立法的同时，将生态补偿的条款纳入《中华人民共和国自然保护区法》中，在《中华人民共和国自然保护区管理条例》中强调生态补偿实施的原则和法律法规，以法律形式确立自然保护区生态补偿的主体、客体、标准、方式和资金来源。

### 2. 提升自然保护区居民生计资本

作为自然保护区当地居民生产生活基础的生计资本，对居民可持续生计发展具有重要作用。而自然保护区所在地经济欠发达、生产条件差、教育落后、收入水平低、交通落后、与外界联系不便，总体上居民生计资本水平较低。所以，政府应该加强对自然保护区当地居民的农业生产技术指导和培训，改善农业生产条件，增强居民生计的自然资本；政府对自然保护区及周边地区公共基础设施应该加大投入，同时补助居民购买交通和生产工具，提高居民生计的物质资本；在政府增加教育投入的基础上，通过基础教育、职业教育与培训，提高居民的素质和生产能力，提升居民生计的人力资本；政府通过制定居民贷款优惠政策增加居民的信贷机会，另外，通过对居民非农业就业培训增加就业机会，提高居民收入，增加居民生计的金融资本；通过积极组织合作小组等民间团体，加强居民之间的交流和协作，提高其自我服务能力，增强居民生计的社会资本。

### 3. 加强自然保护区居民生计技能培训

当前自然保护区当地居民非农就业技能和农业生产技术水平较低，影响了居民的生计能力。所以，一方面，需要政府通过制定相关非农就业政策以增加居民新的就业机会，同时对自然保护区当地居民进行非农就业技能的培训，以提高居民的就业技能，使其尽快地适应新的就业途径，增加居民的就业门路和收入，增强其生计风险的抵御和处理能力，提高居民的生计能力；另一方面，通过政府、自然保护区管理部门以及当地企业邀请相关专家和技术人员，对从事农业生产的自然保护区当地居民进行技术培训，增加农业生产的技术含量，提升农业生产效率，提高居民的收入水平，增强其生计能力，实现自然保护区当地居民生计的可持续性。

4. 合理地选择自然保护区居民替代生计

居民替代生计对自然保护区资源环境保护和当地居民生计可持续发展具有重要意义，根据自然保护区建设对居民生计的影响状况、居民意愿调查结果和自然保护区功能区划分情况，合理地选择居民生计的替代类型；位于自然保护区实验区内的居民选择“多样化产业型”的生计方式，利用自然保护区良好的资源环境，当地居民通过参与生态旅游和生态农业等替代生计项目增加其就业机会，提高居民收入水平；位于缓冲区及其周边地区的居民选择“传统农业改造型”的生计方式，在政府政策扶持下改造传统农业，发展环境友好型农业；位于核心区边缘居民选择“生态移民型”的生计方式，利用生态移民得到生态补偿资金安排居民的生活和生计技术培训，提升其生计能力。通过合理地选择替代生计，丰富居民生计的类型，实现自然保护区居民可持续生计发展的目标。

# 第 6 章　自然保护区居民可持续生计评价

**本章提要**：为了解决自然保护区资源环境保护与当地居民可持续生计之间的矛盾，利用可持续生计分析框架，采用问卷调查法、层次分析法、居民的生计资本和生计策略以及可持续生计的评价模型，以福建省闽江河口湿地国家级自然保护区（简称闽江河口自然保护区）为研究案例区，进行自然保护区居民可持续生计评价的实证研究。结果表明，闽江河口自然保护区当地居民生计可持续性评价指数为 0.593，表明居民生计可持续性一般，居民的生计资本和生计策略评价指数处于中等水平；针对闽江河口自然保护区当地居民生计面临着人力资本水平低、缺乏生态补偿制度、生计类型简单和缺乏生计技能等问题，提出自然保护区居民生计可持续发展的对策。

## 6.1 引　言

生计是建立在能力、资产和活动基础之上的谋生方式，居民可持续生计评价对于了解居民的生计状况、降低生计脆弱性和规避生计风险等方面具有重要意义。当前居民可持续生计评价的相关研究是学术界关注的热点，学术界的研究主要集中于管理与政策对居民生计的影响（Yemiru et al.，2011；赵雪雁，2011；赵立娟，2014）、为提高生计水平而采取的生计策略等方面（Eloise et al.，2012；朱建军等，2016），而研究区域主要包括山区和生态脆弱区，对自然保护区居民可持续生计评价与分析的研究鲜见报道。当前，湿地自然保护区居民生计存在着若干问题，如何处理资源环境保护与居民生计之间的关系成为湿地自然保护区可持续发展的重要问题。本章选取闽江河口自然保护区作为研究案例区，对闽江河口自然保护区居民可持续生计进行评价与分析，旨在为湿地类型自然保护区资源环境保护和居民生计可持续的发展提供借鉴。

# 6.2 研究方法

## 6.2.1 问卷调查法

基于相关专家的咨询，设计了“自然保护区居民生计可持续性评价与分析”的调查问卷。调查问卷内容包括三个部分：第一部分内容为自然保护区居民生计资本的调查，主要包括居民生计的自然资本、物质资本、人力资本、金融资本和社会资本；第二部分内容为居民生计策略的调查，主要包括居民的生计多样化与生计非农化；第三部分内容为居民生计面临问题的调查。调查问卷的问题设计采用封闭式和开放式结合，封闭式问题在题后给出若干选项填选，开放式问题由调查对象填写具体认知或者看法。通过 21 位本专业相关专家对调查问卷进行内容效度检验 (非常可行 12 人、比较可行 8 人、一般可行 1 人)，检验结果符合研究要求。

## 6.2.2 层次分析法

1. 建立居民可持续生计评价指标层次结构模型

分析和梳理居民生计问题的常见方法是采用可持续生计分析框架，其中，英国国际发展署提出的分析框架影响大且应用广泛，其核心内容包括生计资本和生计策略，生计资本作为可持续性生计评价中的重要影响因子，与生计策略存在相互作用的关系；生计资本状况决定了选择何种生计策略及其发展趋势，而生计策略选择也影响居民对生计资本的利用程度和生计结果。依据可持续性生计评价原则和自然保护区的实际情况，结合文献检索，通过专家咨询确定居民可持续性生计的评价指标体系。

首先，参考国内外相关文献，整理和筛选词频较高的指标；然后，邀请科研院所和高等院校中从事资源环境保护和居民生计等方面的专家、林业和生态环境保护部门以及自然保护区管理部门等相关单位的专家进行咨询，从备选指标中挑选出相对重要的指标，基于此，确定自然保护区居民可持续生计评价的指标，主要包括居民生计的自然资本（耕地面积、滩涂面积）、居民生计的物质资本（住房条件、家庭固定资产、基础设施）、居民生计的人力资本（家庭整体劳动能力、户主受教育程度）、居民生计的金融资本（农业收入、非农业收入、获得借贷的机会、生态补偿）、居民生计的社会资本（领导潜力、外出务工人数比、居民信任度)、居民生计多样化（居民家庭从事的生计种类)、居民生计非农化(家庭从事非农业收入占总收入的比重)。

层次分析法是将一个复杂问题分解为目标、准则、指标等层次，通过计算得出各层次排序权重，定性定量分析和解决问题的决策方法。层次分析法的步骤为明确目标、构建层次结构模型、建立构造判断矩阵、确定指标权重、进行层次排序和一致性检验。运用层次分析法进行自然保护区居民可持续生计评价，将自然保护区居民可持续生计水平作为一个复杂问题，并且分解为若干元素，按照这些元素的属性关系，将其划分成若干层次，上级准则支配下级元素。将目标层设定为自然保护区居民生计可持续水平，准则层为自然保护区居民的生计策略和生计资本，指标层为自然保护区居民的生计多样化和生计非农化，自然保护区居民生计的自然资本、物质资本、人力资本、金融资本和社会资本相关指标（图6-1)。

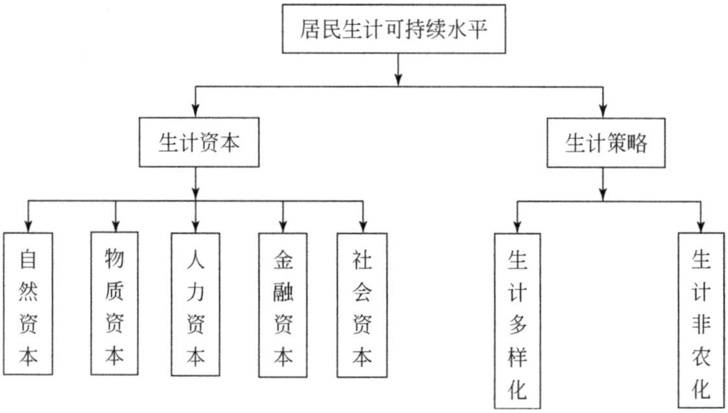


图6-1　自然保护区居民可持续生计评价指标的层次结构

2. 居民可持续生计评价指标权重的确定

采用层次分析法确定指标层指标的权重。邀请高等院校和科研院所中主要从事生态建设、环境保护和资源环境管理等领域的专家，依据自然保护区居民的实际情况，对准则层以及指标层的各项指标进行两两之间的重要性判断，构造判断矩阵，如表6-1～表6-3所示。

**表6-1　自然保护区居民生计可持续性矩阵**

| 准则 | 生计资本 | 生计策略 |
|---|---|---|
| 生计资本 | | |
| 生计策略 | | |

表 6-2 自然保护区居民生计资本矩阵

| 生计资本 | 自然资本 | 物质资本 | 人力资本 | 金融资本 | 社会资本 |
|---|---|---|---|---|---|
| 自然资本 | | | | | |
| 物质资本 | | | | | |
| 人力资本 | | | | | |
| 金融资本 | | | | | |
| 社会资本 | | | | | |

表 6-3 自然保护区居民生计策略矩阵

| 生计策略 | 生计多样化 | 生计非农化 |
|---|---|---|
| 生计多样化 | | |
| 生计非农化 | | |

按照判断矩阵定义，阶数小于等于 2 的时候判断矩阵具有完全一致性，因此，只需对生计资本矩阵进行一致性检验。运用 Matlab 软件，计算获得自然保护区居民生计资本判别矩阵最大特征值及其对应特征向量，特征向量（权重）为 $X=(X_1,X_2,X_3,X_4,X_5)$，其最大特征值为

$$\lambda_{\max} = \sum_{i=1}^{n} \frac{(kx)_i}{nx_i} \tag{6-1}$$

引用一致性的指标，其计算公式为

$$\mathrm{CI}=\frac{\lambda_{\max}-n}{n-1} \tag{6-2}$$

随机一致性指标的计算公式为

$$\mathrm{CR}=\frac{\mathrm{CI}}{\mathrm{RI}} \tag{6-3}$$

式中，CR 为随机一致性指标；CI 为一致性的指标；RI 平均随机一致性指标。

另外，通过专家咨询确定二级指标层指标的权重。邀请科研院所和高等院校中从事资源环境保护和居民生计等方面的专家、林业和生态环境保护部门以及自然保护区管理部门等相关单位的专家进行咨询，确定二级指标层的指标权重。

## 6.2.3 生计资本指数分析法

构建居民生计资本指数的计量模型，计算自然保护区居民生计资本的指数，评价和分析居民生计资本的状况。居民生计资本指数计算公式为

$$Q = \sum_{j=1}^{n} (Q_j \times W_j) \tag{6-4}$$

式中，$Q$ 为自然保护区居民生计资本的指数；$Q_j$为第 $j$ 项居民生计资本的得分；$W_j$为第 $j$ 项居民生计资本的权重；$n$ 为自然保护区居民生计资本的个数。

### 6.2.4 生计策略指数分析法

通过居民生计策略指数计量模型的建立，计算自然保护区居民生计策略的指数，进行居民生计策略的评价和分析。居民生计策略指数计算公式为

$$T = \sum_{i=1}^{n} (T_i \times W_i) \tag{6-5}$$

式中，$T$ 为自然保护区居民生计策略的指数；$T_i$为第 $i$ 项居民生计策略的得分；$W_i$为第 $i$ 项居民生计策略的权重；$n$ 为自然保护区居民生计策略的个数。

### 6.2.5 可持续生计指数分析法

构建居民可持续生计指数的计量模型，计算自然保护区居民可持续生计的指数，进行自然保护区居民生计可持续水平的评价，其计算公式为

$$S = \sum_{k=1}^{2} (V_k \times W_k) \tag{6-6}$$

式中，$S$ 为自然保护区居民可持续生计评价指数，反映了居民生计可持续性综合水平；$V_k$为准则层中居民生计资本和生计策略的指数；$W_k$为准则层中居民生计资本和生计策略的权重。

## 6.3 研究案例区概况和数据来源

### 6.3.1 研究案例区概况

闽江河口自然保护区的地理位置介于 119°36′27″～119°41′15″E，26°1′07″～26°3′39″N，位于福建省福州市的长乐区境内，总面积为 2100.0hm$^2$。该自然保护区于 2003 年 8 月成立县级自然保护区，2007 年 12 月晋升为省级自然保护区，2013 年6 月经国务院批准为国家级自然保护区。闽江河口自然保护区地处中亚热带和南亚热带过渡区，主要保护对象为滨海湿地生态系统、濒危动物物种和水鸟资源（占昕等，2017）。该自然保护区以河口浅滩为主，由鳝鱼滩和周边潮间带、

河口水域组成，属海洋与海岸生态系统类型（湿地类型）自然保护区。闽江河口自然保护区行政区划涉及福建省福州市长乐区的潭头镇、文岭镇和梅花镇等 3 个镇，13 个行政村，总人口约 10.0 万人，当地居民经济收入的主要来源为海洋捕捞、水产养殖、外出务工和生态旅游等。

## 6.3.2 研究数据的来源

1. 数据收集

根据代表性原则，选取闽江河口自然保护区建立和管理之后当地居民生计受影响程度高的村落（主要包括福建省福州市长乐区文岭镇的阜山村和文岭村、潭头镇的福星村和文石村、梅花镇的梅城村、梅东村和梅新村等）开展调查。调查对象以户为单位，选取每户家庭中年满 18 周岁的居民，问卷的调查时间为 2016 年 5 ~ 6 月、2016 年 9 ~ 10 月两个时段。共发放 300 份调查问卷，剔除无效问卷后，最终有效调查问卷为 284 份。调查采取面对面访谈的形式，并对调查问卷中的疑问给予解答，提高了调查问卷的回答质量和回收率。调查问卷的问题设计采用封闭式和开放式两种形式，封闭式问题是为了获得可以进行统计研究的数据，开放式问题一般在每个封闭式问题的后面列出，由调查对象填写对相关问题的看法和认知。

2. 数据处理

**1）数据的标准化处理**

通过问卷调查，得到闽江河口自然保护区居民可持续生计评价指标层中的每个二级指标数据。不同数据具有不同的量纲，为了标准的统一，应该标准化处理每个二级指标中的相关数据，以消除数据的量纲，使得数据具有可比性。采用 SPSS 软件进行数据的极差标准化处理，使得处理后的数据介于 0 ~ 1。闽江河口自然保护区居民可持续生计评价的指标数据标准化值计算公式为

$$P_j = \frac{\overline{X}_j - X_{\min}}{X_{\max} - X_{\min}} \tag{6-7}$$

式中，$P_j$为指标层中第 $j$ 项二级指标数据的标准化值；$\overline{X}_j$为指标层中第 $j$ 项二级指标平均值；$X_{\max}$与$X_{\min}$分别为指标层中第 $j$ 项二级指标的最大值与最小值。

**2）数据的严重程度等级处理**

采用 Microsoft Excel 软件对调查问卷数据进行统计和处理。参考李克特量表，划分非常严重、严重、较严重、较不严重和不严重 5 个程度等级，并依次赋予 5

分、4 分、3 分、2 分和 1 分，“居民生计面临问题”中的每个指标分值计算公式为

$$Y_i = [(5\times A_i)+(4\times B_i)+(3\times C_i)+(2\times D_i)+(1\times E_i)]/U \quad (6\text{-}8)$$

式中，$Y_i$为第 $i$ 个指标的严重程度分值；$U$ 为有效调查问卷数量，本研究中 $U=248$；5、4、3、2、1 分别为 5 分～1 分；$A_i$～$E_i$分别为第 $i$ 个指标中选择非常严重、严重、较严重、较不严重和不严重的人数。

# 6.4 闽江河口自然保护区居民可持续生计评价

## 6.4.1 闽江河口自然保护区居民可持续生计评价的指标体系及权重

依据表 6-1～表 6-3 的内容，邀请高等院校和科研院所中主要从事生态建设、环境保护和资源环境管理等领域专家，结合闽江河口自然保护区居民实际情况，对图 6-1 中评价指标的准则层和指标层各项指标，进行两两之间的重要性判断，构造判断矩阵，如表 6-4～表 6-6 所示。

**表 6-4 闽江河口自然保护区居民生计可持续性矩阵**

| 准则 | 生计资本 | 生计策略 |
|---|---|---|
| 生计资本 | 1 | 1 |
| 生计策略 | 1 | 1 |

**表 6-5 闽江河口自然保护区居民生计资本矩阵**

| 生计资本 | 自然资本 | 物质资本 | 人力资本 | 金融资本 | 社会资本 |
|---|---|---|---|---|---|
| 自然资本 | 1 | 2 | 2 | 2 | 1 |
| 物质资本 | 1/2 | 1 | 1 | 1/2 | 2 |
| 人力资本 | 1/2 | 1 | 1 | 1/2 | 1 |
| 金融资本 | 1/2 | 2 | 2 | 1 | 1 |
| 社会资本 | 1 | 1 | 1/2 | 1 | 1 |

**表 6-6　闽江河口自然保护区居民生计策略矩阵**

| 生计策略 | 生计多样化 | 生计非农化 |
| --- | --- | --- |
| 生计多样化 | 1 | 2/3 |
| 生计非农化 | 2/3 | 1 |

基于闽江河口自然保护区当地居民问卷调查的数据，运用式（6-1），计算获得闽江河口自然保护区居民生计资本判别矩阵最大特征值及其对应特征向量，特征向量（权重）为 $X=(X_1,X_2,X_3,X_4,X_5)=(0.291,0.141,0.174,0.221,0.173)$，其最大特征值为 5.2788。

接着，利用式（6-2），计算得到闽江河口自然保护区居民生计资本的引用一致性指标值为 0.0697，因为 5 阶矩阵中平均随机一致性指标值是 1.12，所以，利用式（6-3），计算获得闽江河口自然保护区居民生计资本的随机一致性指标值，为 0.0622（<0.10），所以，检验结果表明闽江河口自然保护区居民生计资本矩阵具有满意的一致性，矩阵中的权重可以应用。

另外，邀请科研院所和高等院校中从事资源环境保护和居民生计等方面的专家、福建省林业厅和福建省生态环境保护厅以及闽江河口自然保护区管理局等相关单位的专家进行两轮咨询。咨询过程中统一标准，各评价指标凭其重要性进行打分，同类别下的分指标总和为 1；第一轮咨询共发放 30 份问卷，回收有效问卷 26 份，有效应答率为 86.67%；根据第一轮咨询数据完善调查问卷，向第一轮有效咨询的专家进行第二轮咨询，获得二级指标层的指标权重（表 6-7）。

**表 6-7　闽江河口自然保护区居民可持续生计评价指标体系及指标权重**

<table>
<tr><th>目标层</th><th>准则层</th><th>指标层</th><th>二级指标层</th><th>赋值标准</th></tr>
<tr><td rowspan="5">生计可持续水平</td><td rowspan="5">生计资本（0.500）</td><td rowspan="2">自然资本（0.291）</td><td>耕地面积（0.381）</td><td>家庭人均耕地面积</td></tr>
<tr><td>滩涂面积（0.619）</td><td>家庭人均滩涂面积</td></tr>
<tr><td rowspan="3">物质资本（0.174）</td><td>住房条件：类型、面积、年限（0.401）</td><td>混砖住房为 1，砖木住房为 0.6，泥土住房为 0.3；<br>面积大于 150m² 为 1，101 ~ 150m² 为 0.75，50 ~ 100m² 为 0.5，小于 50m² 为 0.25；<br>年限大于 30 年为 0.2，21 ~ 30 年为 0.4，11 ~ 20 年为 0.6，6 ~ 10 年为 0.8，小于 6 年为 1</td></tr>
<tr><td>家庭固定资产（0.315）</td><td>调查户所拥有资产的选项数占所列选项的比例</td></tr>
<tr><td>基础设施（0.284）</td><td>非常满意为 1，满意为 0.8，一般为 0.6，不满意为 0.4，非常不满意 0.2</td></tr>
</table>

续表

| 目标层 | 准则层 | 指标层 | 二级指标层 | 赋值标准 |
|---|---|---|---|---|
| 生计可持续水平 | 生计资本（0.500） | 人力资本（0.141） | 家庭整体劳动能力（0.464） | 非劳动力为0，半劳动力为0.5，全劳动力为1 |
| | | | 户主受教育程度（0.536） | 文盲为0，小学为0.25，初中为0.5，高中及中专为0.75，大专及以上为1 |
| | | 金融资本（0.221） | 农业收入（0.361） | 从事农业活动的收入 |
| | | | 非农业收入（0.352） | 从事非农业活动的收入 |
| | | | 获得借贷的机会（0.104） | 有为1，无为0 |
| | | | 生态补偿（0.183） | 政府每年生态补偿金额 |
| | | 社会资本（0.173） | 领导潜力（0.163） | 家庭有村委成员为1，无为0 |
| | | | 外出务工人数比（0.624） | 家庭外出务工人数占家庭人数比 |
| | | | 居民信任度（0.213） | 几乎全部信任为1，大多数信任为0.8，一般信任为0.6，不多信任为0.4，几乎不信任为0.2 |
| | 生计策略（0.500） | 生计多样化（0.600） | 居民家庭从事的生计种类数（1.000） | 家庭从事一种生计类型及以下为0.2，两种为0.4，三种为0.6，四种为0.8，五种及以上为1 |
| | | 生计非农化（0.400） | 家庭从事非农收入占总收入的比重（1.000） | 家庭从事非农收入占总收入的比重 |

## 6.4.2 闽江河口自然保护区居民生计资本的评价

通过闽江河口自然保护区当地居民问卷调查，获得闽江河口自然保护区居民生计的自然资本、物质资本、人力资本、金融资本和社会资本的相关数据，基于此，采用式（6-7），计算获得闽江河口自然保护区居民生计资本中各个二级指标的数据标准化值，将二级指标标准化值乘以表6-7中对应二级指标权重值进行加权求和，获得居民生计资本的单项得分；依据闽江河口自然保护区居民生计资本的单项得分和表6-7中居民生计资本的单项权重，运用式（6-4），计算得到闽江河口自然保护区居民生计资本的单项指数，求和获得闽江河口自然保护区居民生计资本的总指数（表 6-8）。

**表 6-8 闽江河口自然保护区居民生计资本的单项指标评价结果**

| 准则层 | 指标层 | 单项得分 | 权重 | 单项指数 | 总指数 |
|---|---|---|---|---|---|
| 生计资本 | 自然资本 | 0.478 | 0.291 | 0.139 | 0.618 |
| | 物质资本 | 0.782 | 0.174 | 0.136 | |
| | 人力资本 | 0.475 | 0.141 | 0.067 | |
| | 金融资本 | 0.815 | 0.221 | 0.180 | |
| | 社会资本 | 0.555 | 0.173 | 0.096 | |

总体上看，闽江河口自然保护区居民生计资本总指数为 0.618，处于中等水平。另外，从表 6-8 可以看出，闽江河口自然保护区居民生计的金融资本得分和指数在各类型居民生计资本中均是最高，分别占 26.25% 和 29.13%；在调查中发现，闽江河口自然保护区当地青壮年劳动力大多移民海外、外出务工和经商，家庭整体经济水平和收入状况良好。

从表 6-8 可知，闽江河口自然保护区居民生计的物质资本处于较高水平，其单项的得分和指数分别占 25.19% 和 22.01%；通过调查得知，闽江河口自然保护区当地居民住房条件较好，面积以 101 ~ 150$m^2$ 居多，大部分为砖混结构，当地居民为提高社会威望和地位认同，对住房状况非常重视。

从表 6-8 可以看出，闽江河口自然保护区居民生计的社会资本处于中等水平，其单项的得分和指数分别占 17.87% 和 15.53%；社会资本反映居民的社会关系网络认同度和社会参与度的状况，血缘、地缘关系密切使得闽江河口自然保护区居民社会关系网络认同度较高，同时该自然保护区的建立和管理使得当地居民成为利益共同体，进一步加强了相互之间的联系；在调查中发现，有 80.00% 以上受访者对当地居民抱有较高的信任度，但是，由于外出人口多，人口流动性大，而且大部分居民没有参与社会组织，社会威望较低，因此，闽江河口自然保护区居民生计的社会资本水平一般。

从表 6-8 可知，虽然闽江河口自然保护区居民生计的自然资本的指数占 22.49%，处于较高水平，但其得分只占 15.39%，说明居民生计的自然资本水平不高；这主要是由于闽江河口自然保护区地处闽江入海口，当地的耕地面积少，加上闽江河口自然保护区建立和管理之后，实施了退耕还湿政策，造成当地居民失去了原有耕地的使用权利，进一步降低了居民的耕地面积；另外，在调查中发现，海外移民和外出务工致使闽江河口自然保护区当地缺乏劳动力，造成耕地撂荒或者租给外来人员。

从表 6-8 可以看出，闽江河口自然保护区居民生计的人力资本得分和指数在各类型生计资本中均是最低，分别占15.30%和10.84%；居民的家庭整体劳动力平均值为0.60，意味着家庭可用劳动力仅占到一半多些；家庭成员（尤其是户主）受教育程度影响其职业类型及其对家庭的发展规划，调查显示，闽江河口自然保护区当地居民的户主受教育程度平均值为0.44，其中，初中及以下文化程度的家庭户主占到了74.65%；近年来，随着当地居民对教育的重视，目前当地青年劳动力的受教育水平有所提高，但人口外流导致人才流失严重；在调查中发现，闽江河口自然保护区居民家庭人口中多为中老年和儿童，劳动力负担较重；缺乏劳动力导致耕地撂荒，吸引大量外来人口，而大部分外来人口受教育程度低。

### 6.4.3 闽江河口自然保护区居民生计策略的评价

基于闽江河口自然保护区当地居民的问卷调查，获得闽江河口自然保护区居民生计策略的相关数据，基于此，采用式（6-7）计算获得闽江河口自然保护区居民生计策略中各个二级指标的数据标准化值，将二级指标标准化值乘以表6-7中对应的二级指标权重值进行加权求和，获得闽江河口自然保护区居民生计策略的单项得分；依据闽江河口自然保护区居民生计策略的单项得分和表6-7中居民生计策略的单项权重，运用式（6-5）计算得到闽江河口自然保护区居民生计策略的单项指数，通过求和获得闽江河口自然保护区居民生计策略的单项指标和总指数（表6-9）。

**表6-9 闽江河口自然保护区居民生计策略的单项指标和总指数**

| 准则层 | 指标层 | 单项得分 | 权重 | 单项指数 | 总指数 |
|---|---|---|---|---|---|
| 生计策略 | 生计多样化 | 0.492 | 0.600 | 0.295 | 0.567 |
| | 生计非农化 | 0.680 | 0.400 | 0.272 | |

从表6-9可知，闽江河口自然保护区居民生计策略的总指数为0.567，属于中等水平。在闽江河口自然保护区居民的生计多样化调查中，85.92%的家庭从事一至三种类型的生计活动，四种类型以上生计活动仅占14.08%，其中从事两种生计活动类型的家庭最多，占到42.96%；多样的生计类型有助于抵御未知的生计风险，面对灾害时具有弹性恢复能力，而闽江河口自然保护区当地居民生计类型较少，导致其抵抗生计风险能力不高。

在闽江河口自然保护区居民的生计非农化调查中，当地居民非农业收入占家庭总收入的68.02%，为家庭收入的重要组成部分；由于人均耕地少，难以种植大面积的经济作物，加之近年来渔业资源不断衰退，捕捞强度日益增大，当地居民正在改变传统“靠海吃海”的生计方式；另外，农业收入过低也是闽江河口自然保护区当地居民不再首选农业作为生计方式的原因，劳动力资源的转移逐渐使得农业收入向非农业收入转变。

### 6.4.4 闽江河口自然保护区居民可持续生计的总体评价

将闽江河口自然保护区居民可持续生计评价指数划分为四个等级，具体为不可持续（0.00 ~ 0.25）、低等可持续（0.26 ~ 0.50）、中等可持续（0.51 ~ 0.75）、高等可持续（0.76 ~ 1.00）。根据闽江河口自然保护区居民生计资本和生计策略的评价结果，结合表 6-7 准则层中居民的生计资本和生计策略指标的权重，运用式（6-6），计算获得闽江河口自然保护区居民可持续生计评价指数 $S$ 为 0.593，处于中等可持续水平（0.51 ~ 0.75）。总体来看，闽江河口自然保护区居民生计可持续水平处于中等状况，尽管经济收入水平较高，但绝大部分收入来源于青年劳动力外出务工，不利于当地居民生计可持续发展。

## 6.5 闽江河口自然保护区居民生计面临问题的分析

基于闽江河口自然保护区当地居民调查问卷获得的相关数据，利用式（6-8）计算获得闽江河口自然保护区当地居民面临生计问题的重要程度状况，采用 Microsoft Excel 软件，制作闽江河口自然保护区居民生计面临问题的重要程度柱状图（图 6-2）。

从图 6-2 可以看出，闽江河口自然保护区居民生计面临着主要问题包括人力资本水平低、生态补偿制度缺乏、生计类型简单和生计技能缺乏等方面，其严重程度分值分别为 3.96、3.65、3.30 和 2.60。

进一步分析发现，排在首位的问题是闽江河口自然保护区居民生计的人力资本水平低，有 73.24% 的调查对象对人力资本水平低打 4 分以上，表示大多数调查对象认为当地居民生计的人力资本问题严重；这主要是因为闽江河口自然保护区所在地福建省福州市长乐区是著名的侨乡和台胞祖籍地，海外移民的风俗由来已久，青壮年劳动力长期在外务工，当地留守人员大多是中老年和儿童，家庭劳动力大量流失，劳动负担较重。

在调查中发现，有 69.72% 的调查对象对缺乏生态补偿制度打 4 分和 5 分。实施生态补偿能够有效地将生态环境效益具体化，并通过资金、实物、政策和技术补偿方式向利益受损的当地居民进行补偿，使其放弃破坏生态环境的发展模

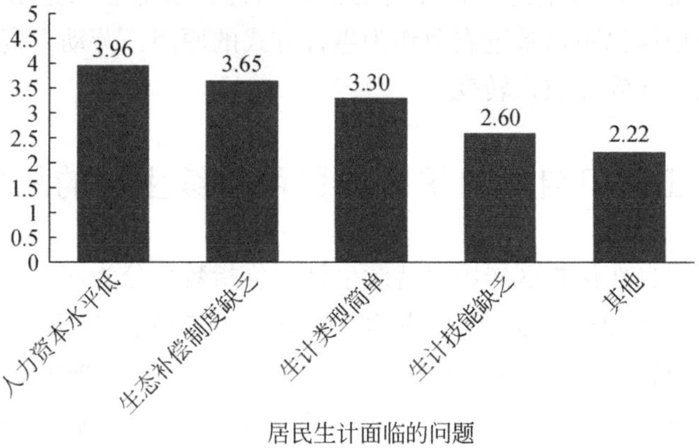


图6-2　闽江河口自然保护区居民生计面临问题的重要程度

式，优化居民生计结构。闽江河口自然保护区建设和管理限制了当地居民进行海洋捕捞和滩涂养殖等生计活动，使得当地居民利用资源可能性减少，致使居民的收入下降和就业机会减少，导致居民损失；而《福建省闽江河口湿地国家级自然保护区管理办法》中没有完善的生态补偿制度，导致居民损失未能获得有效补偿，降低闽江河口自然保护区居民可持续生计水平，致使当地居民参与资源环境保护的意愿不强。

通过调查可知，在闽江河口自然保护区居民生计面临问题的生计类型简单和生计技能缺乏选项中，打3分以上的调查对象分别占80.28%和53.52%；文化水平低与科技水平落后限制了闽江河口自然保护区当地居民选择多样的生计方式，大多留守劳动力依然延续传统农业生计活动，主要从事渔业和养殖业；每年休渔期，大部分从事渔业捕捞的居民会转而从事其他生计活动，如外出务工和参与种植业等；建立闽江河口自然保护区限制当地社区经济发展，缺乏对当地居民生计技术培训的投入，致使居民缺乏生计技能；另外，由于闽江河口自然保护区当地居民受教育程度较低，缺乏专业技能，外出务工成为当地居民较为主要的非农业生计方式。

## 6.6 结论与对策

### 6.6.1 结论

运用层次分析法进行居民生计可持续性评价的过程体现了人的决策思维的基

本特征，是一种十分有效的系统分析方法，对分析与评价湿地类型自然保护区居民可持续生计具有参考意义。

基于问卷调查和专家咨询，建立居民可持续生计评价指标的层次结构模型和判别矩阵、确定评价指标的权重，采用居民生计可持续评价模型，计算获得闽江河口自然保护区居民可持续生计评价指数为 0.593，说明该自然保护区居民生计可持续水平一般，亟待进一步提升。

闽江河口自然保护区的建立对湿地生态系统和生物多样性保护起到重要作用，但是，该自然保护区建设和管理限制了居民利用当地资源环境，造成居民生计资本结构的变化，进而改变生计策略的选择，影响了居民的生计结果。闽江河口自然保护区当地居民面临的生计问题包括居民生计的人力资本水平低、生态补偿制度缺乏、生计类型简单和生计技能缺乏等。

### 6.6.2 对策

1. 提升居民生计的人力资本水平

人口是影响社会经济发展的重要因素，人口外流是造成自然保护区当地土地抛荒、经济发展停滞的重要原因，人口流动与当地社会经济发展关系需要相协调。当地政府部门应该完善劳动力流动的审查制度，将劳动力输出工作纳入当地社会经济发展规划中，保证农业生产和人口流动相协调，有计划地进行劳务输出，掌控自然保护区当地人口流动情况，保证基本农业生产不会受到影响。各级政府和自然保护区管理部门通过制定扶持政策，加强教育投入，以提高居民受教育程度；从鼓励居民创业、降低投资门槛、提供就业岗位和提高工作待遇等方面，吸引适龄劳动力，提高居民的家庭整体劳动能力，提升自然保护区当地居民可持续生计的人力资本。

2. 建立生态补偿的长效机制

依据自然保护区的实际情况，从生态补偿的主体、客体、标准和方式等方面，建立自然保护区生态补偿长效机制；另外，在《中华人民共和国自然保护区管理条例》中应该体现生态补偿的相关条款，包括自然保护区生态补偿实施的原则、方针、政策和法律法规等。以缓解自然保护区建设和管理对当地居民收入和生活水平的影响，实现自然保护区资源环境保护和当地居民生计可持续发展双赢的目标。

### 3. 加强居民生计技能培训

自然保护区当地居民生计技能培训包括非农就业和农业生产的技能培训，政府对居民进行非农就业技能培训，以促进当地居民就业技能和生计能力的提升。另外，大多数从事种植业、渔业生产的当地居民文化程度较低，从而影响了种植业和渔业的生产效率以及当地居民收入；应通过当地政府和自然保护区主管部门以及当地企业邀请相关专家和技术人员，对从事种植业、渔业生产的当地居民进行技术培训，提高居民的农作物种植、海洋捕捞和水产养殖等方面的技术含量，提高居民种植业、渔业生产的效率，增强居民生计能力，提升居民的收入水平。

### 4. 丰富居民生计类型

居民生计类型多样化有利于提升居民抵抗生计风险的能力。依据自然保护区建设对当地居民生计的影响状况、居民意愿调查结果和自然保护区功能区划分情况，选择居民生计的替代类型；位于自然保护区实验区内居民选择“多样化产业型”的生计方式，位于缓冲区及其周边地区居民选择“传统农业改造型”的生计方式，位于核心区边缘居民选择“生态移民型”的生计方式，通过替代生计的选择，居民生计类型更加丰富，实现自然保护区居民可持续生计发展的目标。

# 第 7 章　自然保护区居民生计脆弱性评价

**本章提要**：自然保护区资源环境保护政策的施行，改变了当地居民的生产生活方式，限制了居民对资源环境的利用，使其抵御生计风险的能力下降，导致居民生计呈现脆弱性，而脆弱居民生计诱发生态保护的反复无常严重威胁着自然保护区社区社会经济的可持续发展。运用问卷调查法、熵权法、居民生计脆弱性评价法，以福建省雄江黄楮林国家级自然保护区（简称黄楮林自然保护区）为研究案例区，进行自然保护区居民生计脆弱性的评价。结果表明，黄楮林自然保护区当地居民生计脆弱性指数为-0.072，居民生计脆弱性水平不高，其中，暴露度指数为0.391，处于偏低水平，居民面临的生计风险冲击程度较轻；敏感性指数为0.494，处于中等水平，居民对生计风险较不敏感；适应能力指数为0.537，处于中等水平，居民面临生计风险的适应能力一般。黄楮林自然保护区不同功能区域居民生计脆弱性存在差异性，缓冲区居民生计脆弱性指数为-0.061，实验区居民生计脆弱性指数为-0.089，从缓冲区至实验区居民生计脆弱性水平逐渐降低。黄楮林自然保护区的单一生计类型居民生计脆弱性指数为-0.039，多种生计类型居民生计脆弱性指数为-0.081，单一生计类型居民生计脆弱性高于多种生计类型居民。黄楮林自然保护区当地居民生计脆弱的主要原因包括基础设施建设不足、自然灾害频发、农产品滞销严重、生计类型单一和生态补偿标准低。最后，从完善减灾救灾制度、加强农产品市场信息化建设、强化生计技能培训、合理发展生态旅游等方面，提出增强自然保护区居民生计能力的建议。

## 7.1 引　言

由于自然环境和人类生存方式的差异，社会组织容易暴露在风险冲击下，呈现脆弱性。自然环境变化和社会人文风险都影响着某一群体的生计活动，随着生计问题被越来越多学者关注，研究者期望通过对生计脆弱性的研究，从经济因素和社会关系的角度，解释了生计脆弱导致贫困比自然灾害造成贫困更加具有威胁性（O'Brien and Leichenko，2000；Luers，2005）。自然保护区分布着有代表性的珍稀野生动植物，是物种天然集中分布的自然生态系统，建设自然保护区是加快转变经济发展方式、建设生态文明、促进人与自然和谐的重要手段，同时自然保护区政策的施行也使得当地居民生产和生活方式发生较大变化。在自然保护区当地居民生产和生活环境发生较大波动的基础上，结合目前国内外居民生计脆弱性的相关研究成果（Polsky et al.，2007；韩文文等，2016），通过构建自然保护区居民生计脆弱性评价指标体系，本章选取黄楮林自然保护区作为研究案例区，进行居民生计脆弱性评价，为自然保护区居民降低生计脆弱和规避生计风险以及提升生计能力等方面提供参考，对政府制定减轻自然保护区居民生计脆弱性的相关政策具有重要意义。

# 7.2 研究方法

## 7.2.1 问卷调查法

通过咨询专家、实地考察和走访自然保护区管理部门，根据自然保护区居民的实际情况，设计“自然保护区居民生计脆弱性评价的调查问卷”，通过调查问卷形式向居民获取相关数据。调查问卷包括两部分内容，第一部分内容为居民生计资本的调查，包括居民生计的自然资本、物质资本、人力资本、金融资本和社会资本。其中，居民生计的自然资本调查内容包含居民家庭拥有的耕地和林地面积，居民生计的物质资本调查内容包含居民的家庭牲畜数量和房屋建设情况、家庭固定资产和对当地基础设施满意程度，居民生计的人力资本调查内容包含居民的家庭总人口、成年劳动力、非劳动力、外出务工人员数量和劳动力受教育程度，居民生计的金融资本调查内容包含居民的家庭总收入、农业收入、非农收入、生态补偿项目和借贷情况，居民生计的社会资本调查内容包含居民的决策参与度、社会组织参与度和信任情况。第二部分内容为居民生计策略的调查，调查内容包括居民从事各项生计活动的种类和数量、家庭从事不同生计类型的人数和年收入等情况。

## 7.2.2 熵权法

熵权法作为一种客观的赋权方法，在工业、经济和信息等众多领域得到广泛应用。“熵”作为评价系统有序程度的衡量，熵权越小表示指标的变异程度越大，包含的信息量越多，其在整个指标体系中的评价作用越大；而熵权越大表示指标的变异程度越小，包含的信息量越少，其在整个指标体系中的评价作用越小。

1. 居民生计脆弱性评价的指标体系

居民生计脆弱性评价指标体系的构建过程是对目标事物理解逐渐深化和系统化的过程，深入了解目标事物的含义和特征。首先要明确目标对象，接着深入了解相关的理论基础，参考国内外相关研究的经验和统计方法，构建居民生计脆弱性评价指标体系。

自然保护区与传统的贫困地区、生态脆弱区不同，贫困地区和生态脆弱区往往由于生态环境脆弱、地理环境封闭和资源匮乏等因素，当地居民抗干扰能力较弱，可利用资源少而生计活动单一，因而导致贫困。自然保护区是有代表性的珍稀野生动植物物种天然集中分布的自然生态系统区域，当地居民的生计条件并不一定是环境恶劣或资源短缺。自然保护区生态保护政策的施行使得当地居民生产和生活方式发生较大变化，自然保护区的建立和管理同样影响了当地居民的生计脆弱性水平。

基于理论分析，结合目前国内外居民生计脆弱性的相关研究成果，根据自然保护区当地居民的资源配置、生计模式和生计风险等特点，构建自然保护区居民生计脆弱性评价的指标体系。由于居民生计脆弱性水平受到多维度因子的综合影响，根据经典构建法，将自然保护区居民生计脆弱性评价的指标体系分为目标层、准则层和指标层三级分层结构。其中，目标层为自然保护区居民生计脆弱性水平，准则层划分为暴露度、敏感性和适应能力三个维度，依据英国国际发展部（DFID）提出的可持续生计分析框架确立指标层。

**1）居民生计脆弱性评价的暴露度指标**

暴露度是指居民生计风险对于自然保护区的冲击程度，以 DIFD 提出的可持续生计分析框架中的“生计资本五边形”作为理论基础，对居民生计的自然资本、物质资本、人力资本、金融资本和社会资本进行风险识别，将自然保护区居民生计风险划分为自然风险、物质风险、人力风险、金融风险和社会风险进行建构。暴露度的指标和赋值情况详见表 7-1。

**表 7-1　暴露度指标及赋值**

| 指标层 | 测度指标 | 指标含义及赋值 |
| --- | --- | --- |
| 自然风险 | 自然灾害 | 非常严重为 1，严重为 0.8，一般为 0.6，不严重为 0.4，非常不严重 0.2 |
| | 用水质量下降 | 水质下降为 1，未下降为 0 |

续表

| 指标层 | 测度指标 | 指标含义及赋值 |
|---|---|---|
| 物质风险 | 住房设施损毁 | 住房设施损毁金额 |
| | 家庭固定财产损失 | 家庭固定财产损失金额 |
| 人力风险 | 家庭成员重大疾病 | 人均医疗费用 |
| | 劳动力流失 | 外出劳动力占家庭人口比例 |
| 金融风险 | 农业亏损 | 农业亏损金额 |
| | 自营工商业亏损 | 经营亏损金额 |
| | 补偿标准偏低 | 非常严重为1，严重为0.8，一般为0.6，不严重为0.4，非常不严重0.2 |
| 社会风险 | 政策波动 | 非常严重为1，严重为0.8，一般为0.6，不严重为0.4，非常不严重0.2 |
| | 社会网络瓦解 | 退出社会组织为1，反之为0 |

**2）居民生计脆弱性评价的敏感性指标**

敏感性指的是风险冲击对居民家庭或个体产生不利于生计的敏感程度，敏感性分为自然风险、物质风险、人力风险、金融风险和社会风险。基于自然保护区当地居民的视角，结合居民自身遭受风险的经历和家庭对于风险冲击的抵御能力，主观评价对于生计风险的担心程度。当居民对于单项风险担心的程度越大，则对于该项风险越敏感，也说明单项风险对于居民生计冲击程度越大。敏感性的指标和赋值情况详见表7-2。

**表7-2　敏感性指标及赋值**

| 指标层 | 测度指标 | 指标含义及赋值 |
|---|---|---|
| 自然风险 | 遭遇自然灾害 | 很担心为1，比较担心为2，担心为3，有点担心为4，不担心为5 |
| 物质风险 | 家庭财产损失 | |
| 人力风险 | 医疗负担 | |
| | 赡养老人负担 | |
| | 子女教育负担 | |
| 金融风险 | 农业亏损 | |
| | 经商亏损 | |
| 社会风险 | 政策波动 | |

### 3）居民生计脆弱性评价的适应能力指标

居民的适应能力包括风险抵御能力和恢复程度，居民家庭生计资本配置是居民生计风险抵御能力的基础，作为可持续生计分析框架核心内容的生计资本是居民是否能够抵御风险和适应压力的最重要因素，可持续生计分析框架中，生计资本包括自然资本、物质资本、人力资本、金融资本和社会资本五种类型。恢复程度是居民采用的生计策略，多样化的生计策略可以有效地应对人为产生的风险和变化的外部环境，适应能力的指标和赋值情况详见表 7-3。

**表 7-3　适应能力指标及赋值**

| 指标层 | 测度指标 | 指标含义及赋值 |
| --- | --- | --- |
| 自然资本 | 家庭耕地面积 | 家庭人均耕地 |
| | 家庭林地面积 | 家庭人均林地 |
| 物质资本 | 牲畜拥有数量 | 家庭牲畜拥有数量 |
| | 房屋建筑状况（类型、面积、年限） | 砖混住房为 1，砖木住房为 0.6，泥土住房为 0.3；面积大于 $150m^2$ 为 1，$101 \sim 150m^2$ 为 0.75，$50 \sim 100m^2$ 为 0.5，小于 $50m^2$ 为 0.25；年限大于 30 年为 0.2，21 ~ 30 年为 0.4，11 ~ 20 年为 0.6，5 ~ 10 年为 0.8，小于 5 年为 1 |
| | 家庭固定资产 | 调查户所拥有资产的选项数占所列选项的比例 |
| | 公共基础设施 | 非常满意为 1，满意为 0.8，一般为 0.6，不满意为 0.4，非常不满意 0.2 |
| 人力资本 | 家庭整体劳动能力 | 非劳动力（14 岁以下、70 岁以上及长期病弱者）为 0，半劳动力（能从事简单劳作的妇女等）为 0.5，全劳动力为 1 |
| | 户主受教育程度 | 未受过教育为 0，小学为 0.25，初中为 0.5，高中为 0.75，大专及以上为 1 |
| 金融资本 | 家庭农业收入 | 家庭从事农业活动的总收入 |
| | 家庭非农业收入 | 家庭从事非农业活动的总收入 |
| | 家庭借贷能力 | 能否从亲戚朋友、银行等渠道借贷，能为 1，否为 0 |
| | 生态补偿金额 | 政府每年生态补偿金额 |
| 社会资本 | 家庭成员领导潜力 | 家庭有村委成员为 1，无为 0 |
| | 参与社会组织 | 有为 1，无为 0 |
| | 外出务工人数比 | 家庭外出务工人数占家庭总人数的比重 |

续表

| 指标层 | 测度指标 | 指标含义及赋值 |
|---|---|---|
| 社会资本 | 居民信任度 | 几乎全部信任为 1，大多数信任为 0.8，一般信任为 0.6，不多信任为 0.4，几乎不信任为 0.2 |
| 生计多样化 | 家庭从事的生计种类数量 | 家庭从事一种生计类型及以下为 0.2，两种为 0.4，三种为 0.6，四种为 0.8，五种及以上为 1 |

2. 确定居民生计脆弱性评价指标的权重

利用熵权法确定居民生计脆弱性评价指标权重能够避免主观因素干扰，使得评价指标之间的信息不重叠。评价指标某项数据方差越大，则该项指标的信息熵越小，代表该项指标在指标体系中信息程度越多，其熵权越高；评价指标某项数据方差越小，则其信息熵越大，那么该项指标所含有的信息程度越少，熵权越低。其基本步骤如下：

首先，计算第 $i$ 个评价指标下第 $j$ 个评价数据值的比重 $P_{ij}$，其计算公式为

$$P_{ij} = (y_{ij}) \Big/ \sum_{j=1}^{m} (y_{ij}) \quad (i = 1,2,\cdots,n;\ j = 1,2,\cdots,m) \tag{7-1}$$

式中，$y_{ij}$ 为第 $i$ 个评价指标下第 $j$ 个评价数据值。

其次，计算数据的熵值，其计算公式为

$$e_i = -\frac{1}{\ln n} \times \sum_{j=1}^{m} (P_{ij} \times \ln P_{ij}) \quad (i = 1,2,\cdots,n;\ j = 1,2,\cdots,m) \tag{7-2}$$

式中，$e_i$ 为第 $i$ 项指标的信息熵；$P_{ij}$ 为式（7-1）中所得到的比重。

再次，确定评价指标的权重，计算第 $i$ 个指标的熵权 $W_i$，其计算公式为

$$W_i = (1 - e_i) \Big/ \sum_{i=1}^{n} (1 - e_i) \tag{7-3}$$

式中，$W_i$ 为第 $i$ 项指标的熵权。

### 7.2.3 居民生计脆弱性评价方法

1. 居民生计脆弱性单项维度测算方法

基于 VSD 模型的脆弱性分析和可持续生计分析框架，将自然保护区居民生计脆弱性分为三个维度，即暴露度、敏感性和适应能力，各个单项维度运用综合评价法进行测算（胡永宏，2000）。

1）居民生计脆弱性评价的暴露度测算方法

自然保护区居民生计脆弱性评价的暴露度计算公式为

$$E = \sum_{i=1}^{n} (E_i \times V_{E_i}) \tag{7-4}$$

式中，$E$ 为自然保护区居民暴露度指数；$E_i$ 为风险暴露程度；$V_{E_i}$ 为风险暴露度的权重。

2）居民生计脆弱性评价的敏感性测算方法

自然保护区居民生计脆弱性评价的敏感性计算公式为

$$S = \sum_{i=1}^{n} (S_i \times V_{S_i}) \tag{7-5}$$

式中，$S$ 为自然保护区居民敏感性指数；$S_i$ 为风险敏感程度；$V_{S_i}$ 为敏感性的权重。

3）居民生计脆弱性评价的适应能力测算方法

自然保护区居民生计脆弱性评价的适应能力计算公式为

$$A = \sum_{i=1}^{n} (A_i \times V_{A_i}) \tag{7-6}$$

式中，$A$ 为自然保护区居民适应能力指数；$A_i$ 为适应能力平均标准值；$V_{A_i}$ 为适应能力的权重。

2. 居民生计脆弱性评估模型

根据 Hahn 等（2009）对于生计脆弱性定量评估方法，自然保护区生计脆弱性被定义为暴露度、敏感性和适应能力三者的函数，计算公式为

$$\mathrm{LVI} = (E - A) \times S \tag{7-7}$$

式中，LVI 为自然保护区居民生计脆弱性指数；$E$ 为暴露度；$A$ 为适应能力；$S$ 为敏感性。当 LVI 为正数时，代表居民生计脆弱性水平较高，且数值越大代表脆弱程度越高；当 LVI 为负数时，代表居民生计脆弱性水平低，即居民抵御风险能力较强，适应能力较强，且数值越小代表居民生计脆弱性越低。

# 7.3 研究案例区概况和研究数据来源

## 7.3.1 研究案例区概况

黄楮林自然保护区地理位置介于 118°39′38″～118°51′19″E，26°15′29″～26°22′41″N，位于福建省福州市闽清县境内，总面积为 12 513.30hm$^2$。该自然保护区始建于 1985 年，2012 年 1 月通过国务院批准成立国家级自然保护区。黄楮

林自然保护区主要保护对象为中亚热带南缘基带常绿阔叶林以及多样性生物，属于森林生态系统类型自然保护区。黄楮林自然保护区行政区域涉及福建省福州市闽清县4个乡（镇）18个行政村、1个乡办林场和1个国有林场（袁宁博和陈传明，2014），黄楮林自然保护区缓冲区内有雄江镇梅洋村、汤下村和马池村3个行政村，实验区内包括雄江镇的梅雄村、西山村、芹洋村、安岭村、桥头村、凤山村、梅山村、梅台村和尚坑村9个行政村，东桥镇的大溪村、安仁溪村和义由村3个行政村，梅溪镇的樟洋村和石郑村2个行政村，桔林乡的尚德村1个行政村。目前黄楮林自然保护区内人口约1800人，当地居民主要从事种植业、养殖业和旅游业。

## 7.3.2 研究数据来源

1. 数据收集

通过黄楮林自然保护区当地居民问卷调查获得的研究数据，基于代表性和可达性原则，本次调查区域选取了福建省福州市闽清县雄江镇的梅雄村、汤下村、安岭村、梅洋村、梅台村、尚坑村和马池村7个行政村，东桥镇的大溪村和安仁溪村2个行政村，其中，梅洋村、汤下村和马池村位于黄楮林自然保护区的缓冲区内，梅雄村、安岭村、梅台村、尚坑村、大溪村和安仁溪村位于黄楮林自然保护区的实验区内。梅雄村选取41户居民、汤下村选取37户居民、安岭村选取32户居民、梅洋村选取30户居民、梅台村选取28户居民、尚坑村选取26户居民、马池村选取23户居民、大溪村选取18户居民、安仁溪村选取15户居民进行问卷调查。问卷调查时间为2017年7～8月、2018年3～4月两个时段，调查对象以户为单位，选取每户家庭中年满18周岁的居民，共发放250份调查问卷，收回有效调查问卷244份，回收率达到97.60%。为了深入了解黄楮林自然保护区当地居民生计情况和弥补数据的不足，在问卷调查过程中，对部分家庭进行了深度访谈。将调查数据与黄楮林自然保护区所在地福建省福州市闽清县的统计年鉴数据进行对比，发现调查数据的结果能较准确地反映黄楮林自然保护区当地居民的实际情况，具有后期研究的实际意义和价值。

2. 数据处理

因为通过黄楮林自然保护区当地居民问卷调查得到每个指标数据的量纲不同，为了指标数据标准的统一，应该对每个指标数据进行标准化处理，以消除指标数据的量纲，使得指标数据之间具有可比性。采用SPSS软件进行数据的极差

标准化处理，使得处理后每个数据均介于 0 ~ 1。计算公式为

$$Q_j = \frac{\overline{X_j} - X_{\min}}{X_{\max} - X_{\min}} \tag{7-8}$$

式中，$Q_j$ 为指标层中第 $j$ 项指标数据的标准化值；$\overline{X_j}$ 为指标层中第 $j$ 项指标平均值；$X_{\max}$ 与 $X_{\min}$ 分别为指标层中第 $j$ 项指标的最大值与最小值。

# 7.4 黄楮林自然保护区居民生计脆弱性评价

## 7.4.1 黄楮林自然保护区居民生计脆弱性评价指标及权重

利用熵权法，计算黄楮林自然保护区居民生计脆弱性评价指标的权重。首先，基于黄楮林自然保护区当地居民问卷调查的数据，通过 Microsoft Excel 软件，利用式（7-8）对调查问卷数据进行极差标准化处理，使得数据均位于 0 ~ 1。

其次，运用 Matlab 软件计算各项评价指标的熵值，黄楮林自然保护区居民生计脆弱性评价指标体系分为三个维度：暴露度 $E$、敏感性 $S$、适应能力 $A$。分别构建暴露度、敏感性、适应能力的矩阵。各维度均有下属指标，其中，暴露度下属指标共 11 项，敏感性下属指标共 8 项，适应能力下属指标共 17 项。利用式（7-1）和式（7-2）对各维度下的评价指标进行熵值计算。

再次，采用 Matlab 软件计算各个评价指标的熵权，将各指标熵值代入式（7-3），计算获得黄楮林自然保护区居民生计脆弱性评价指标的各项权重（表 7-4）。

**表 7-4 黄楮林自然保护区居民生计脆弱性评价指标及权重**

| 目标层 | 准则层 | 指标层 | 测度指标 | 权重 |
|---|---|---|---|---|
| 自然保护区居民生计脆弱性 | 暴露度（$E$） | 自然风险 | 自然灾害（$E_1$） | 0.0826 |
| | | | 用水质量下降（$E_2$） | 0.0976 |
| | | 物质风险 | 住房设施损毁（$E_3$） | 0.0872 |
| | | | 家庭固定财产损失（$E_4$） | 0.0936 |
| | | 人力风险 | 家庭成员健康问题（$E_5$） | 0.0847 |
| | | | 劳动力流失（$E_6$） | 0.0953 |
| | | 金融风险 | 农业亏损（$E_7$） | 0.0872 |
| | | | 自营工商业亏损（$E_8$） | 0.0904 |
| | | | 补偿标准偏低（$E_9$） | 0.0820 |

续表

| 目标层 | 准则层 | 指标层 | 测度指标 | 权重 |
|---|---|---|---|---|
| 自然保护区居民生计脆弱性 | 暴露度（$E$） | 社会风险 | 政策波动（$E_{10}$） | 0. 1073 |
| | | | 社会网络瓦解（$E_{11}$） | 0. 0921 |
| | 敏感性（$S$） | 风险担心程度 | 遭遇自然灾害（$S_1$） | 0. 1674 |
| | | | 家庭财产损失（$S_2$） | 0. 1308 |
| | | | 医疗负担（$S_3$） | 0. 1211 |
| | | | 赡养老人负担（$S_4$） | 0. 1019 |
| | | | 子女教育负担（$S_5$） | 0. 0562 |
| | | | 农业亏损（$S_6$） | 0. 1926 |
| | | | 经商亏损（$S_7$） | 0. 1239 |
| | | | 政策波动（$S_8$） | 0. 1061 |
| | 适应能力（$A$） | 自然资本 | 家庭人均耕地面积（$A_1$） | 0. 0617 |
| | | | 家庭人均林地（$A_2$） | 0. 0666 |
| | | 物质资本 | 牲畜拥有数量（$A_3$） | 0. 0578 |
| | | | 房屋建筑状况（$A_4$） | 0. 0570 |
| | | | 家庭固定资产（$A_5$） | 0. 0567 |
| | | | 公共基础设施（$A_6$） | 0. 0592 |
| | | 人力资本 | 家庭整体劳动能力（$A_7$） | 0. 0569 |
| | | | 户主受教育程度（$A_8$） | 0. 0596 |
| | | 金融资本 | 家庭农业收入（$A_9$） | 0. 0570 |
| | | | 家庭非农业收入（$A_{10}$） | 0. 0574 |
| | | | 家庭借贷能力（$A_{11}$） | 0. 0634 |
| | | | 生态补偿金额（$A_{12}$） | 0. 0567 |
| | | 社会资本 | 家庭成员领导潜力（$A_{13}$） | 0. 0576 |
| | | | 参与社会组织（$A_{14}$） | 0. 0588 |
| | | | 外出务工人数比（$A_{15}$） | 0. 0581 |
| | | | 居民信任度（$A_{16}$） | 0. 0565 |
| | | 生计策略 | 生计多样化（$A_{17}$） | 0. 0590 |

## 7. 4. 2　黄桤林自然保护区居民生计脆弱性评价

基于黄桤林自然保护区当地居民问卷调查获得的研究数据，通过数据标准化处理和评价指标权重确定的结果，利用式（7-4）~式（7-7），计算获得黄楮林自然保护区居民生计脆弱评价的单项维度指标值和总指数（表 7-5）。

**表 7-5　黄楮林自然保护区居民生计脆弱性**

| 指标层 | 指标值 |
| --- | --- |
| 暴露度（$E$） | 0. 391 |
| 敏感性（$S$） | 0. 494 |
| 适应能力（$A$） | 0. 537 |
| 生计脆弱性（LVI） | -0. 072 |

由单项维度测算公式定义可知，评价指标的取值范围为 0 ~ 1。根据黄楮林自然保护区居民生计脆弱性单项维度评价结果，暴露度指标值为 0. 391，处于偏低水平。根据暴露度的定义，指标值越低代表自然保护区居民面临的风险冲击程度越轻，因此，黄楮林自然保护区居民面临的风险冲击程度较轻。敏感性指标值为 0. 494，处于中等水平，说明黄楮林自然保护区居民对于生计风险的担心程度适中，反映出当地居民对于生计风险较不敏感。适应能力指标值为 0. 537，处于中等水平，表明黄楮林自然保护区居民面临风险的适应能力一般。黄楮林自然保护区居民生计脆弱性指数为-0. 072，指数为负数，说明黄楮林自然保护区居民抵御风险能力较强，生计脆弱性水平不高。

为了精准剖析黄楮林自然保护区居民生计脆弱性的状况，将黄楮林自然保护区以不同功能区域和不同生计类型进行划分，更加准确地探寻黄楮林自然保护区居民生计脆弱性产生的原因。

1. 黄楮林自然保护区不同功能区居民生计脆弱性评价

自然保护区依据生态服务和社会发展划分为核心区、缓冲区和实验区，黄楮林自然保护区内核心区的居民已经全部迁出，缓冲区和实验区尚有部分村庄。缓冲区相较于实验区而言，资源利用限制更多，对当地居民生计影响程度更为严重。因此，根据黄楮林自然保护区范围和界限，选取黄楮林自然保护区缓冲区和实验区的居民调查数据，通过调查数据标准化处理和评价指标权重确定，利用式（7-4）~式（7-7），分别计算获得黄楮林自然保护区内缓冲区和实验区居民生计脆弱评价的指标值（表 7-6）。

表 7-6 黄楮林自然保护区不同功能区居民生计脆弱性

| 指标层 | 缓冲区指标值 | 实验区指标值 |
| --- | --- | --- |
| 暴露度（*E*） | 0. 437 | 0. 344 |
| 敏感性（*S*） | 0. 544 | 0. 444 |
| 适应能力（*A*） | 0. 531 | 0. 544 |
| 生计脆弱性（LVI） | -0. 061 | -0. 089 |

从表 7-6 可知，黄楮林自然保护区内缓冲区居民暴露度为 0. 437，实验区居民暴露度为 0. 344，缓冲区居民受到的生计风险冲击更加严重。这是因为缓冲区相较于实验区受到更多资源环境利用和生态保护政策的限制，尽管提供了生态补偿，但当地居民的生产生活方式发生了改变，加剧了生计脆弱性。黄楮林自然保护区内缓冲区居民敏感性为 0. 544，实验区居民敏感性为 0. 444，表示缓冲区居民面临风险的可能性较实验区居民略高。这是由于缓冲区地理位置、交通设施条件的局限，与外界联系度不强，当地居民生计类型主要从事农业生产，而自然灾害和农业亏损造成农作物减产、土地损毁和农产品囤积等一系列问题，致使当地居民收入减少。在适应能力方面，黄楮林自然保护区内缓冲区和实验区居民的相差较小。

从表 7-6 可以看出，黄楮林自然保护区内缓冲区居民生计脆弱性指数为 -0. 061，实验区居民生计脆弱性指数为-0. 089。生计脆弱性指数为负数代表黄楮林自然保护区内缓冲区和实验区居民生计脆弱性水平均较低，适应能力大于风险冲击程度。从总体上看，黄楮林自然保护区居民根据功能区域划分不同，生计脆弱性存在区域性差异，即自然保护区从缓冲区至实验区，暴露度和敏感性逐渐降低，适应能力逐渐升高，生计脆弱性总体水平逐渐降低。

2. 黄楮林自然保护区不同生计类型居民生计脆弱性评价

根据黄楮林自然保护区当地居民的家庭生计类型数量状况，将生计类型只有一项的纯农业户和非农业户归为单一生计类型的居民，生计类型超过一项的一兼户和二兼户等归为多种生计类型的居民（赵雪雁等，2016）。基于黄楮林自然保护区不同生计类型居民的调查数据，通过调查数据标准化处理和评价指标权重确定，利用式（7-4）~式（7-7），分别计算获得黄楮林自然保护区单一生计类型和多种生计类型居民生计脆弱评价的指标值（表 7-7）。

表 7-7　黄楮林自然保护区不同生计类型区居民生计脆弱性

| 指标层 | 单一生计类型的指标值 | 多种生计类型的指标值 |
| --- | --- | --- |
| 暴露度（$E$） | 0. 391 | 0. 374 |
| 敏感性（$S$） | 0. 464 | 0. 524 |
| 适应能力（$A$） | 0. 476 | 0. 529 |
| 生计脆弱性（LVI） | -0. 039 | -0. 081 |

从表 7-7 可知，黄楮林自然保护区单一生计类型居民的暴露度指数为 0. 391，多种生计类型居民的暴露度为 0. 374，表明单一生计类型居民受到风险冲击影响较大。主要原因在于单一生计类型居民包括纯农业户和非农业户，非农业户比例较少，纯农业户仅仅以种植业或者水产养殖作为家庭生计活动，当遭遇自然灾害的时候，首当其冲影响的是农作物收成，造成农作物质量下降、农业减产等一系列农业亏损。单一生计类型居民的敏感性指数为 0. 464，多种生计类型居民的敏感性指数为 0. 524，多种生计类型居民敏感性指数略高。这主要是因为家庭从事的生计方式种类较多，生计遭遇风险的可能性也较大。单一生计类型居民的适应能力为 0. 476，多种生计类型居民的适应能力为 0. 529，多种生计类型居民的适应能力较强。

从表 7-7 可以看出，黄楮林自然保护区单一生计类型的居民生计脆弱性指数为-0. 039，多种生计类型的居民生计脆弱性指数为-0. 081，表明单一生计类型居民生计脆弱性高于多种生计类型居民，在适应能力方面单一生计类型居民低于多种生计类型居民。主要原因在于纯农业户和非农业户只从事单一生计类型，受到自然灾害、政策波动等因素冲击后损失严重，造成生计水平下降，生计脆弱性水平升高。

# 7. 5　黄楮林自然保护区居民生计脆弱性的原因分析

## 7. 5. 1　基础设施建设不足

在调查中发现，黄楮林自然保护区居民对于基础设施满意度总体水平处于中等，得分最低的是交通满意度，主要原因在于黄楮林自然保护区的缓冲区和实验区在道路建设上存在较大差异。福建省福州市闽清县雄江镇的梅雄村、梅台村等，属于黄楮林自然保护区实验区的外围村庄，位于国道两侧，公共交通工具较为齐全，家家都有摩托车、汽车等代步工具，出行便利。而黄楮林自然保护区缓冲区内部的西山村、汤下村和梅洋村等，缺乏公共交通工具，尤其是尚坑村和马池村，这两个村庄位于河流对岸，特殊的地理位置致使尚坑村和马池村的居民出行只能依靠半小时一班的摆渡船，遇到台风天气或者水位过高的时候，渡船停止营运，出行较为不便。

### 7.5.2 自然灾害频发

福建省福州市为沿海地区，属于亚热带海洋性季风气候，台风和洪涝灾害频发。福州市所管辖的闽清县（黄楮林自然保护区所在地）同样因为台风多发频发，造成洪涝灾害。洪灾不仅造成严重的财产损失，甚至造成人员伤亡。自然灾害对于农业生产和居民收入无疑是强烈的冲击，包括土地、房屋毁坏，农作物减产等方面。因此，黄楮林自然保护区当地的防灾减灾救灾工作应该得到重视。

### 7.5.3 农产品滞销严重

黄楮林自然保护区经济作物以柑橘和橄榄等为主，尽管水果在数量和品质上都占有一定的优势，但由于家家户户都种植柑橘和橄榄，在销售中，农产品在流通过程存在信息不对称、产销组织化偏低等一系列问题，导致农产品滞销，当地居民容易遭遇“产量越高，损失越重”的境遇。

### 7.5.4 生计类型单一

从黄楮林自然保护区不同生计类型居民分析中可知，从事单一生计类型的居民更容易受到风险冲击，导致生计活动受到制约。单纯的农业生产容易受到自然灾害、政策波动等因素的影响，生计多样化有助于降低生计脆弱性。目前黄楮林自然保护区当地从事农业生产的大多数为中老年劳动力，文化水平低和科技水平落后，限制了居民选择多样的生计方式。建立黄楮林自然保护区使得当地社区经济发展受到制约，致使居民生计技能培训的投入降低，造成当地居民生计技能的缺乏。

### 7.5.5 生态补偿标准低

在调查中发现，黄楮林自然保护区大多数当地居民对现行生态补偿政策不满，生态补偿标准低是最主要的原因。目前黄楮林自然保护区最主要的生态补偿方式为现金补偿，当地居民认为生态补偿标准低，不能从根本上满足居民的基本生产生活需要，严重影响当地居民生态保护积极性，难以体现生态价值和市场价值。

## 7.6 结论与建议

### 7.6.1 结论

黄楮林自然保护区当地居民生计脆弱性指数为-0.072，说明居民抵御风险能力较强，生计脆弱性水平不高。其中，暴露度指数为 0.391，处于偏低水平，表明居民面临的生计风险冲击程度较轻；敏感性指数为 0.494，处于中等水平，说明居民对生计风险较不敏感；适应能力指数为 0.537，处于中等水平，表明居民面临生计风险的适应能力一般。

黄楮林自然保护区缓冲区居民生计脆弱性指数为-0.061，实验区居民生计脆弱性指数为-0.089，说明当地居民生计脆弱性水平较低，居民生计的适应能力大于风险冲击程度。黄楮林自然保护区当地居民根据功能区域划分不同，生计脆弱性存在区域性差异，即自然保护区从缓冲区至实验区，暴露度和敏感性逐渐降低，适应能力逐渐升高，居民生计脆弱性水平逐渐降低。

黄楮林自然保护区的单一生计类型居民生计脆弱性指数为-0.039，多种生计类型居民生计脆弱性指数为-0.081，表明单一生计类型居民生计脆弱性高于多种生计类型居民。

黄楮林自然保护区当地居民生计脆弱性的主要原因包括基础设施建设不足、自然灾害频发、农产品滞销严重、生计类型单一和生态补偿标准低。

### 7.6.2 建议

1. 加强基础设施建设，完善减灾救灾制度

完善基础设施是农村地区社会经济发展的重要支撑，农村公路是区域经济发展的“动脉”，也是改善农村民生的重要保障，不仅仅带来出行上的方便，更带动了产业的快速发展。目前黄楮林自然保护区内基础设施建设情况总体良好，水、电、光纤网络均通入各家各户；但是少数村庄依然交通不便，制约经

济发展，造成居民生活困难。基础设施建设也有利于救灾工作的开展，通过减灾救灾制度的建设能够减少当地居民的损失。除此之外，应该向居民普及防灾减灾的注意事项，全面认识、有效预防农业灾害，不仅便于政府部门和社会救灾工作的开展，同时，居民在灾害来临时能够做到从容面对，快速恢复农业生产。

2. 完善农产品流通体系，加强农产品市场信息化建设

保障农产品流通体系的高效运行不仅能够保证农产品质量，也能提高生产与销售的效率。加强乡村道路建设，尽快形成连接市场、农村居民点和生产地的路网体系。加强果蔬等农产品的储存、冷藏、运输、销售和检验检测等设施建设，最大限度地减少农产品运输中的损耗，保证其质量与安全。市场信息化有助于加快农产品的集散效率，让黄楮林自然保护区当地居民更加清晰快速地了解市场信息，避免由于信息了解不全面而主观分析市场，造成农产品囤积。通过不同形式的媒体，如农副产品网络、报纸、广播和电视等，实时、准确地发布农产品相关信息，建立信息中介服务，预测市场信息，指导农业生产，使居民及时掌握市场动态，促进农副产品的流通。

3. 提高人力资本水平，加强劳动力生计技能培训

黄楮林自然保护区当地绝大多数中年劳动力受教育程度较低，缓冲区和实验区青年劳动力流失情况较为严重，导致当地居民生计类型过于单一。加强职业培训，有助于提高劳动者的文化素质和职业技能，调整职业结构，提高居民的谋生能力。目前黄楮林自然保护区当地从事农业生产的居民大多数受教育程度较低，影响了农业生产的效率。通过各级政府、黄楮林自然保护区管理局以及当地企业对居民进行农业生产技术的培训，对当地居民在农作物种植和水产养殖等方面提供技术支持，提高黄楮林自然保护区当地居民种植业和养殖业的生产效率和居民的收入水平。

4. 合理地发展生态旅游

黄楮林自然保护区自然资源和环境保护较好，风景秀丽，生态旅游资源丰富，尤其是温泉、溪流、森林和人文景观，具有较大的开发价值。同时黄楮林自然保护区所在地闽清县紧临着福建省会城市福州市，316 国道和京福高速公路横穿全县。首先，应科学合理地开展黄楮林自然保护区生态旅游，避免超负荷旅游对风景资源和森林生态环境造成破坏，以取得较好的社会经济效益。其次，根据黄楮林自然保护区当地自然景观、景点的特色，结合宣教工作，可开展多种多样

的旅游项目，如生态游乐、森林休闲度假、森林科普教育旅游等。再次，目前黄楮林自然保护区生态旅游基础较薄弱，只有部分基础设施可供利用，需要完善自然保护区当地旅游基础设施，提高游客的环境保护意识，提醒游客保护生物多样性、注意卫生、防火和安全事宜。

# 第8章 自然保护区居民生计与生态保护耦合协调评价

**本章提要**：进行自然保护区居民生计与生态保护耦合协调评价，对促进自然保护区居民生计与生态保护协调发展具有重要作用。采用问卷调查法、熵权法、居民生计与生态保护的评价模型、耦合度模型、耦合协调度模型和有序Logistic回归分析法，以福建省将乐龙栖山国家级自然保护区（简称龙栖山自然保护区）为研究案例区，进行自然保护区居民生计与生态保护的耦合协调评价以及协调发展政策的实证研究。结果表明，龙栖山自然保护区生态保护成效综合水平相对滞后于居民生计发展综合水平，并且各个村庄之间存在差异；居民生计与生态保护耦合状况处于颉颃阶段，但是各个村庄之间差异不大；居民生计系统与生态保护系统的耦合协调处于濒临失调状态，并且各个村庄之间存在较大差异。龙栖山自然保护区居民对生态保护政策的满意程度大小排序为：能源替代、天然林保护、生态补偿和退耕还林政策；年龄对能源替代政策的影响通过了95%的显著性检验，年龄越大居民满意程度越低；职业对天然林保护政策影响通过了99%的显著性检验，从事种植业居民满意程度最高；居住地位置对生态补偿政策的影响通过了99%的显著性检验，区内居民满意程度低于区外居民；年龄对生态补偿政策的影响通过了95%的显著性检验，年龄越大居民满意程度越低；居住地位置对退耕还林政策的影响通过了95%的显著性检验，区外居民满意程度比区内居民高；年龄对退耕还林政策的影响通过了95%的显著性检验，年龄越大居民满意程度越低。龙栖山自然保护区居民对生计发展政策认知的重要程度大小排序为：生计技能培训、生态旅游、替代生计和生态移民政策；受教育程度对生计技能培训政策的影响通过了99%的显著性检验，受教育程度越高居民认知越高；居住地交通情况对生态旅游政策的影响通过了99%的显著性检验，居住地交通条件越便利居民认知越高；年龄对替代生计政策的影响通过了99%的显著性检验，年龄越大居民认知越低；性别对替代生计政策的影响通过了95%的显著性检验，男性居民认知高于女性居民；居住地交通情况对生态移民政策的影响通过了99%的显著性检验，居住地距离公路越远的居民认知越高；年龄对生态移民政策的影响通过了99%的显著性检验，年龄越大居民认知越低。最后，提出自然保护区居民生计与生态保护协调发展对策。

## 8.1 引　　言

通过居民生计和生态保护的评价，能够为居民生计与生态保护协调发展提供科学依据。近年来，居民生计和生态保护评价的研究受到国内外学术界的广泛关注，在居民生计评价方面，研究者基于可持续生计分析框架，构建居民生计评价的指标体系，从居民的生计资本、生计策略和生计结果等方面，通过案例进行居民生计评价（Thapa，2013；尚婷婷和曹玉昆，2019），研究表明，居民生计评价对了解居民生计状况、降低其生计脆弱性和规避生计风险等方面具有重要作用（Charlotte et al.，2015；杨锐等，2018；李双等，2019）；另外，在生态保护评价方面，学术界普遍认为生态保护评价对于维持生态系统的平衡和健康具有重要意义，研究者运用生态保护评估的框架和方法，通过生态保护评价指标体系的建立，从景观条件、生物条件、生态过程和环境条件等方面，对生态保护进行评价（Mohit et al.，2017；陶聪，2019），研究认为生态保护评价提升了管理的有效性和布局的合理性，对保护大尺度生态过程、物种和生态系统等具有较大贡献（Behara et al.，2012；Carolyn et al.，2015；肖练练等，2017；代云川等，2019）。长期以来，解决居民生计与生态保护之间的协调发展问题，主要依靠行政命令和法律法规等手段，由于忽视了居民生计发展的客观需要，加剧了居民生计与生态保护的矛盾。研究认为，实施生态保护客观上制约了居民的生存空间和资源利用，致使居民的收入减少和生活不便，降低了居民生计水平，造成居民生计与生态保护之间的冲突（Bremer et al.，2014；沈满洪等，2012；黎洁，2017）。为了更好地促进居民生计与生态保护的协调发展，政府部门和学术界进行了许多有益的实践和探索，政府部门试图通过授权居民资源利用、提供小额信贷、发展生态旅游、提供生计技能培训、开展社区林业项目等，增加居民利益以获得其对生态保护的支持。学术界研究认为，“社区共管”是统筹和协调居民生计与生态保护之间关系的有效管理模式，“社区共管”的主要目标是居民生计可持续发展和生态保护的结合，该模式指出要获得生态保护的理想效果，就必须考虑居民对资源的依赖和需求（Persha et al.，2011；Benoit et al.，2013；段伟，2016；刘上洋，2017）。综上所述，目前居民生计和生态保护的评价多是单方面的，缺少居民生计与生态保护之间耦合协调评价及其空间差异分析，而且鲜见以自然保护区作为研究案例区的相关研究；针对居民生计与生态保护的协调发展问题，虽然学术界和政府进行了较多有益的探索和实践，但是相关内容主要集中在管理模式和项目激励等方面，少有涉及从居民生计与生态保护的政策角度，通过政策的分析和模拟，进行居民生计与生态保护协调发展的政策设计，难以获得居民生计与生态保护协调发展的理想效果。

建立和管理自然保护区对保护自然环境、拯救珍稀濒危生物物种、维护自然生态平衡等方面具有重要的作用。但是，由于自然保护区多位于经济欠发达地区，居民对当地资源环境的依赖度高，而自然保护区建立以后，限制了当地居民对资源环境的利用，对居民生计资本和传统的生产方式造成重要影响，导致居民生计发展与生态保护之间的矛盾，居民是自然保护区生态保护最主要的利益相关者，生态和居民是共生关系，因此，科学评价居民生计与生态保护耦合协调程度，对促进居民生计与生态保护协调发展具有重要作用。本章选取龙栖山自然保护区作为研究案例区，对龙栖山自然保护区居民生计与生态保护耦合协调进行评价，分析龙栖山自然保护区居民生计与生态保护协调发展政策，对自然保护区资源环境保护和居民生计可持续发展具有重要意义，可为同类型自然保护区进行相关研究提供借鉴。

## 8.2 研究方法

### 8.2.1 问卷调查法

基于相关专家的咨询，设计“自然保护区居民生计与生态保护耦合协调评价的调查问卷”。调查问卷内容包括四个部分：第一部分为自然保护区居民生计资本的调查，主要包括居民生计的自然资本、物质资本、人力资本、金融资本和社会资本等方面；第二部分为居民生计策略的调查，主要包括居民生计多样化方面；第三部分为居民生计结果的调查，主要包括居民的家庭收入和生活满意度等方面；第四部分为居民对自然保护区生态保护政策及其生计发展政策的态度与认知，主要包括居民对生态保护政策的满意程度和生计发展政策重要程度的认知、居民对生态保护认知、居民对生态补偿感知和生态环境变化感知等方面。

调查问卷的问题设计采用封闭式和开放式结合，封闭式问题在题后给出若干选项填选，开放式问题由调查对象填写具体认知和看法。通过 25 位本专业相关专家对调查问卷进行内容效度检验（非常可行 15 人、比较可行 9 人、一般可行 1 人），检验结果符合研究要求。

### 8.2.2 熵权法

采用熵权法确定评价指标的权重，熵权法是一种客观的赋权法，通过客观信息获得值来确定评价指标的权重，该方法很大程度上避免了主观因素对评价指标权重确定的影响，使评价结果更加接近实际情况。其中，当某项评价指标在不同区域（村庄）之间差别较大时，说明该项评价指标的信息含量较大，其权重值相应较大；反之则较小。评价指标权重的计算步骤如下：

(1) 计算 $i$ 区域（村庄）指标中第 $j$ 项评价指标值的比重。

计算 $i$ 区域（村庄）指标中第 $j$ 项评价指标值的比重，其计算公式为

$$P_{ij} = (X'_{ij}) \Big/ \sum_{i=1}^{m} (X'_{ij}) \tag{8-1}$$

式中，$P_{ij}$ 为数据标准化后 $i$ 区域（村庄）指标中第 $j$ 项评价指标值的比重；$m$ 为区域（村庄）个数；$X'_{ij}$ 为数据标准化后的指标值。

(2) 计算第 $j$ 项指标的熵值。

计算第 $j$ 项指标的熵值，其计算公式为

$$e_j = (-k) \times \sum_{i=1}^{m} (P_{ij} \times \ln P_{ij}) \tag{8-2}$$

式中，$e_j$ 为第 $j$ 项评价指标的熵值，其值的范围为 $[0,1]$；$k$ 值为 $1/\ln m$。

(3) 计算第 $j$ 项指标的权重。

计算第 $j$ 项指标的权重，其计算公式为

$$W_j = (1 - e_j) \Big/ \sum_{j=1}^{n} (1 - e_j) \tag{8-3}$$

式中，$W_j$ 为第 $j$ 项评价指标的权重；$e_j$ 为第 $j$ 项评价指标的熵值；$n$ 为评价指标的数量。

### 8.2.3 评价模型

假设 $x_i(i = 1,2,\cdots, h)$ 为自然保护区居民生计系统的评价指标，$y_j(j = 1, 2,\cdots,v)$ 为自然保护区生态保护系统的评价指标，那么，自然保护区居民生计系统和生态保护系统的评价模型分别为

$$f(x) = \sum_{i=1}^{h} (a_i \times x_i) \tag{8-4}$$

$$g(x) = \sum_{j=1}^{v} (b_j \times y_j) \tag{8-5}$$

式中，$f(x)$ 和 $g(x)$ 分别为自然保护区的居民生计系统和生态保护系统的评价值，每个系统评价值越高，说明系统发展状况越好，反之，则系统发展状况越差；$a_i$ 和 $b_j$ 分别为自然保护区的居民生计系统和生态保护系统各评价指标的权重；$x_i$ 和 $y_j$ 分别为自然保护区的居民生计系统和生态保护系统各评价指标的标准化值。

## 8.2.4　耦合度模型

根据耦合概念，参考相关学者的研究成果（Massimo et al.，2020；祝恩元等，2017），根据其内涵建立耦合度模型，自然保护区居民生计与生态保护的耦合度模型为

$$C = \sqrt{[f(x) \times g(y)] / [f(x) + g(y)]^2} \tag{8-6}$$

式中，$C$ 表示自然保护区居民生计系统与生态保护系统的耦合度，其取值范围为 [0,1]。当 $C$ 值越接近 1，表明自然保护区居民生计系统与生态保护系统的联系越紧密、交互耦合性越强；反之，说明居民生计系统与生态保护系统的交互耦合性越弱。参照相关学者的研究成果（Wang et al.，2020；王萍等，2018；周迪和王雪芹，2019），依据耦合度值大小，将耦合度划分为 6 个等级（表 8-1）。

**表 8-1　耦合度划分标准**

| $C$ 值 | 0 | (0,0.3] | [0.3,0.5) | [0.5,0.8) | [0.8,1) | 1 |
|---|---|---|---|---|---|---|
| 等级 | 极低 | 低水平 | 颉颃 | 磨合 | 高水平 | 最高 |

## 8.2.5　耦合协调度模型

由于耦合度只能反映自然保护区居民生计系统与生态保护系统之间相互作用的大小，无法反映自然保护区居民生计系统与生态保护系统的协调发展程度，所以，采用耦合协调度模型，分析自然保护区居民生计系统与生态保护系统交互耦合的协调程度。其模型为

$$T = \alpha f(x) + \beta g(y) \tag{8-7}$$

$$D = \sqrt{C \times T} \tag{8-8}$$

式中，$T$ 为自然保护区居民生计系统与生态保护系统的耦合协调指数；$\alpha$ 和 $\beta$ 均为待定的权重，因为居民生计系统与生态保护系统的重要程度相同，故 $\alpha = \beta = 0.5$；$D$ 为自然保护区居民生计系统与生态保护系统的耦合协调度，其取值范围为 $[0,1]$，$D$ 值越大，表明两个系统交互耦合的协调程度越高，反之，则两个系统交互耦合的协调程度越低。参考相关学者的研究成果（Ariken et al.，2020；徐爽和胡业翠，2018；朱晓柯和万志芳，2019；姜旭和卢新海；2020；杨亮洁等，2020），对自然保护区居民生计系统与生态保护系统的耦合协调度进行划分（表 8-2）。

**表 8-2 耦合协调度划分标准**

| 耦合协调类型 | 区间 | 耦合协调类型 | 区间 |
|---|---|---|---|
| 极度失调型 | [0,0.1) | 勉强协调型 | [0.5,0.6) |
| 严重失调型 | [0.1,0.2) | 初级协调型 | [0.6,0.7) |
| 中度失调型 | [0.2,0.3) | 中级协调型 | [0.7,0.8) |
| 轻度失调型 | [0.3,0.4) | 良好协调型 | [0.8,0.9) |
| 濒临失调型 | [0.4,0.5) | 优质协调型 | [0.9,1] |

## 8.2.6 有序 Logistic 回归分析法

由于自然保护区居民对生态保护和生计发展政策的认知答案为有序分类变量，考虑到采用线性模型会存在很大缺陷，且研究目的是分析因变量取某个值的概率与自变量的关系，因此，运用 SPSS 软件进行有序 logistic 回归分析，建立自然保护区居民对生态保护和生计发展政策认知与其影响因素之间的回归模型。假设“政策”认知程度分为 $M$ 个等级，并以第 $m$ 个等级为参考类别，则对应有序 Logistic 回归分析模型应该有 $M-1$ 个函数，所以，累积的 Logistic 模型可表示为（刘钢等，2017）

$$\ln\left[\frac{p(y \leqslant m)}{1 - p(y \leqslant m)}\right] = u_m + \sum_{j=1}^{m} (\beta_j \times x_j)\ [m = 1,2,\cdots,(M-1)] \tag{8-9}$$

式中，$m$ 为居民“政策”选择的满意程度或重要程度的等级；$u_m$ 为第 $m$ 个模型的截距；$x_j$ 为第 $j$ 个自变量；$p(y \leqslant m)$ 为因变量 $y$ 小于等于 $m$ 的概率；$\beta_j$ 为回归系数，表示自变量对因变量的影响方向与程度。

通常用优势比（odds ratio，OR）解释 Logistic 回归系数，如果 $x_j$ 的回归系数

为 $\beta_j$，那么 OR 值为 exp（$\beta_j$），用于说明自变量变化一个单位导致因变量产生的变化。具体来说，如果 $\beta_j > 0$，那么 $OR = \exp(\beta_j) > 1$，也就是说自变量 $x_j$ 每增加一个单位，事件 $p(y \leqslant m)$ 发生的可能性便提高 $\exp(\beta_j)$ 倍；如果 $\beta_j < 0$，那么 $OR = \exp(\beta_j) < 1$，也就是说自变量 $x_j$ 每增加一个单位，事件 $p(y \leqslant m)$ 发生的可能性便降低 $\exp(\beta_j)$ 倍；如果 $\beta_j = 0$，那么 $OR = \exp(\beta_j) = 1$，也就是说自变量 $x_j$ 对事件 $p(y \leqslant m)$ 发生的可能性一致，该因素对事件发生没有影响。

## 8.3 研究案例区概况和研究数据来源

### 8.3.1 研究案例区概况

龙栖山自然保护区地处福建省三明市将乐县西南部，北靠将乐县的黄潭镇，东南临白莲镇，西连万全乡，西南与福建省三明市明溪县交界。地理位置为 26°35′47″～26°49′56″N，116°46′41″～116°59′24″，总面积为 15 693.00hm$^2$。龙栖山自然保护区始建于 1984 年，当年 9 月经福建省三明市将乐县人民政府批准为县级自然保护区，1989 年 10 月经福建省人民政府批准为省级自然保护区，1998 年 8 月经国务院批准为国家级自然保护区，1999 年 12 月经中国科学技术协会批准，成立龙栖山全国科普教育基地。龙栖山自然保护区主要保护对象为森林生态系统和生物多样性，属于森林生态系统类型自然保护区（胡欣欣，2009）。龙栖山自然保护区行政区域涉及福建省三明市将乐县的白莲镇、黄潭镇、万全乡和南口乡等 4 个乡（镇）12 个行政村，当地居民主要生计活动为种植农作物和经济作物、畜禽和水产养殖、砍伐毛竹、外出务工、生态旅游等，年龄较大的居民留在家中从事种植业、养殖业和毛竹生产，而年轻居民大多选择外出务工，少部分参与生态旅游。

### 8.3.2 研究数据来源

1. 数据收集

基于龙栖山自然保护区当地居民问卷调查获得的研究数据，根据交通可达性和代表性的原则，选取龙栖山自然保护区建立和管理后，当地居民生产生活受影响较大的余家坪村、龙井村、田角村、石排场村、小沛村、上地村、里山村、外山村和沙溪子村 9 个村庄开展调查。问卷调查时间为 2018 年 7～8 月、2019 年

2～3 月两个时段，调查对象以户为单位，选取每户家庭中年满 18 周岁的居民，共发放调查问卷 220 份，回收 201 份调查问卷，其中，有效调查问卷 189 份。调查方式为面对面的形式，并对调查问卷中的疑点给予回答，有效地提高调查问卷的回答质量和回收率。

2. 数据处理

**1）数据的标准化处理**

由于问卷调查获取的原始数据在量纲或测量度上不统一，需要对问卷调查的数据进行无量纲化处理以去除单位，使得问卷调查的数据具有可比性，方便进一步分析。利用 SPSS 软件，对问卷调查的数据进行极差标准化处理，经过处理后，使得问卷调查获得的所有数据都位于 0～1。其计算公式为

$$X'_{ij}=\frac{X_{ij}-X_{ij(\min)}}{X_{ij(\max)}-X_{ij(\min)}} \tag{8-10}$$

式中，$X'_{ij}$ 为 $i$ 村庄指标中第 $j$ 项评价指标的标准化值；$X_{ij}$ 为 $i$ 村庄指标中第 $j$ 项评价指标的数据实际值；$X_{ij(\max)}$ 和 $X_{ij(\min)}$ 分别为 $i$ 村庄指标中第 $j$ 项评价指标的数据实际值中的最大值与最小值。

**2）数据的满意（重要）程度等级处理**

采用 Microsoft Excel 软件对调查问卷数据进行统计和处理。调查问卷数据包括两个方面，第一方面是居民对生态保护政策的满意程度，按照满意、较满意、一般满意、较不满意和不满意 5 个等级，分别赋予 5 分、4 分、3 分、2 分和 1 分；第二方面是居民对生计发展政策的重要程度认知，按照重要、较重要、一般重要、较不重要和不重要，分别赋予 5 分、4 分、3 分、2 分和 1 分。以平均分值作为分析每个指标满意（重要）程度的依据，其计算公式为

$$Y_n=[(5\times A_n)+(4\times B_n)+(3\times C_n)+(2\times D_n)+(1\times E_n)]/T \tag{8-11}$$

式中，$Y_n$ 为第 $n$ 个指标的满意（重要）程度平均分值；$A_n$ 为认为第 $n$ 个指标“满意”或“重要”的人数；$B_n$ 为认为第 $n$ 个指标“较满意”或“较重要”的人数；$C_n$ 为认为第 $n$ 个指标“一般满意”或“一般重要”的人数；$D_n$ 为认为第 $n$ 个指标“较不满意”或“较不重要”的人数；$E_n$ 为认为第 $n$ 个指标“不满意”或“不重要”的人数；5 分、4 分、3 分、2 分、1 分分别为 5 个等级的分值；$T$ 为有效调查问卷数，$T=189$。

## 8.4 龙栖山自然保护区居民生计与生态保护耦合协调评价

### 8.4.1 居民生计与生态保护耦合协调评价的指标体系及其权重

1. 居民生计与生态保护耦合协调评价的指标体系

为了分析龙栖山自然保护区居民生计与生态保护之间的耦合协调状况，通过相关文献的查阅、专家咨询、与龙栖山自然保护区管理部门的管理人员深度访谈，并结合龙栖山自然保护区当地实际情况和数据的可获取性，构建龙栖山自然保护区居民生计和生态保护耦合协调评价的指标体系。其中，在龙栖山自然保护区居民生计的评价指标体系方面，主要包括居民的生计资本（自然资本、人力资本、物质资本、金融资本和社会资本）、生计策略（生计多样化指数）、生计结果（家庭年收入、生活满意度）；在龙栖山自然保护区生态保护的评价指标体系方面，主要包括生态保护认知（保护物种认知、保护法律法规认知）、生态补偿（生态补偿金）、生态环境变化感知（保护意识变强、野生动物增加、生态环境变好）。

2. 居民生计与生态保护耦合协调评价指标的权重

通过龙栖山自然保护区当地居民问卷调查获得的研究数据，结合龙栖山自然保护区所在地乡（镇）政府以及龙栖山自然保护区管理局提供的相关数据，采用式（8-10）对调查问卷数据进行极差标准化处理，使得调查问卷数据均位于0～1。接着，运用式（8-1）～式（8-3）计算得到龙栖山自然保护区居民生计和生态保护的评价指标权重，详见表8-3和表8-4。

**表8-3 龙栖山自然保护区居民生计评价指标的赋值和权重**

| 子系统 | 评价指标 | 分类及赋值 | 权重 |
|---|---|---|---|
| 生计资本 | 自然资本 | 值/村庄 | 0.1374 |
| | 人力资本 | 值/村庄 | 0.1448 |
| | 物质资本 | 值/村庄 | 0.1137 |
| | 金融资本 | 值/村庄 | 0.0916 |
| | 社会资本 | 值/村庄 | 0.1230 |

续表

| 子系统 | 评价指标 | 分类及赋值 | 权重 |
|---|---|---|---|
| 生计策略 | 生计多样化 | 值/村庄 | 0.1514 |
| 生计结果 | 家庭收入 | 元/村庄 | 0.1265 |
| | 生活满意度 | 值/村庄 | 0.1116 |

**表 8-4　龙栖山自然保护区生态保护评价指标的赋值和权重**

| 子系统 | 评价指标 | 分类及赋值 | 权重 |
|---|---|---|---|
| 生态保护认知 | 保护物种认知 | 每个村知道人数占比 | 0.0919 |
| | 法律法规认知 | 每个村知道人数占比 | 0.1476 |
| 生态补偿 | 生态补偿金 | 元/村庄 | 0.1295 |
| 生态环境变化感知 | 保护意识变强 | 非常不明显为 1，不明显为 2，一般为 3，明显为 4，非常明显为 5 | 0.2416 |
| | 野生动物增加 | 非常不明显为 1，不明显为 2，一般为 3，明显为 4，非常明显为 5 | 0.1771 |
| | 生态环境变好 | 非常不明显为 1，不明显为 2，一般为 3，明显为 4，非常明显为 5 | 0.2123 |

## 8.4.2　龙栖山自然保护区居民生计和生态保护的评价

基于龙栖山自然保护区当地居民问卷调查数据标准化处理和评价指标权重确定的结果，利用式（8-4）和式（8-5），计算获得龙栖山自然保护区及其 9 个村庄的居民生计和生态保护的评价值（图 8-1）。

从图 8-1 可知，龙栖山自然保护区大部分村庄生态保护综合水平相对滞后于居民生计综合水平，这可能是因为龙栖山自然保护区管理部门关于自然保护区相关知识宣传不到位（主要是自然保护区了解法律法规的居民相对较少）。另外，龙栖山自然保护区所在地各个村庄之间存在差异性，余家坪村、田角村、小沛村、外山村和里山村等 5 个村庄居民生计综合水平优于生态保护综合水平，而龙井村、石排场村、上地村和沙溪子村等 4 个村庄居民生计综合水平滞后于生态保护综合水平。

从龙栖山自然保护区居民生计综合水平来看，即从图 8-1 可知，龙栖山自然保护区所在地的 9 个村庄居民生计综合水平相差较小，综合水平的最高值和最低值之间相差 0.4549。其中，外山村的居民生计综合水平最高，为 0.6961，这主

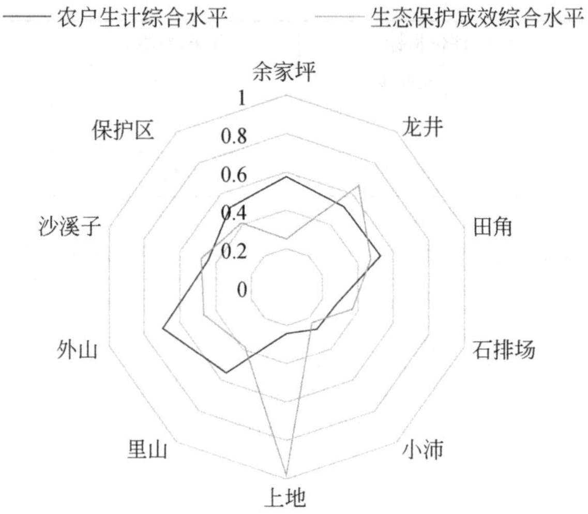


图 8-1　龙栖山自然保护区居民生计和生态保护的评价结果

要是由于外山村居民生计的金融资本和社会资本在 9 个村庄最多；余家坪村的居民生计综合水平较高，主要是因为其地理位置较好，政府出资在余家坪修建了龙栖山自然保护区自然博物馆和旅游服务设施（宾馆、停车位和餐馆），到龙栖山自然保护区游玩的游客，基本上吃住都在余家坪，所以，余家坪村当地居民与外界沟通多，居民生计策略多样（买土产品、经营餐馆等）；上地村的居民生计综合水平最低，为 0.2412，在调查中发现，龙栖山自然保护区建立后关闭了上地村附近的造纸厂，造成部分居民失业，居民失去原有生计方式，却没有新的生计策略，只能从事传统的农业生计活动，从而降低了上地村居民生计的综合水平。

从龙栖山自然保护区居民生态保护综合水平来看，即从图 8-1 可以看出，龙栖山自然保护区所在地的 9 个村庄的生态保护综合水平相差大，生态保护综合水平的最高值和最低值之间相差 0.7516。其中，上地村的生态保护综合水平最高，为 0.9804，根据实地访谈可知，上地村的居民对龙栖山自然保护区相关知识认知程度明显高于其他村庄；小沛村的生态保护综合水平最低，为 0.2288；这可能是因为小沛村位于龙栖山自然保护区的边缘，其生态环境受人类活动影响较大，小沛村居民对生态环境变化感知的评分较低。

### 8.4.3　龙栖山自然保护区居民生计与生态保护的耦合度

依据龙栖山自然保护区居民生计与生态保护的评价结果，运用式（8-6），计算获得龙栖山自然保护区及其 9 个村庄的居民生计与生态保护的耦合度（表 8-5），结合表 8-1 的耦合度划分标准，分析龙栖山自然保护区及其 9 个村庄的居民生计与生态保护的耦合状况。

**表 8-5 龙栖山自然保护区居民生计与生态保护的耦合度及等级**

| 村庄 | 耦合度（$C$） | 耦合阶段 | 村庄 | 耦合度（$C$） | 耦合阶段 |
|---|---|---|---|---|---|
| 余家坪 | 0.4596 | 颉颃 | 上地 | 0.3981 | 颉颃 |
| 龙井 | 0.4966 | 颉颃 | 里山 | 0.4915 | 颉颃 |
| 田角 | 0.4993 | 颉颃 | 外山 | 0.4902 | 颉颃 |
| 石排场 | 0.4953 | 颉颃 | 沙溪子 | 0.4996 | 颉颃 |
| 小沛 | 0.4982 | 颉颃 | 自然保护区 | 0.4970 | 颉颃 |

根据表 8-1 的耦合度划分标准，当耦合度 $C$ 值介于 0.3 ~ 0.5 的时候，表明居民生计与生态保护的两个系统处于颉颃阶段，耦合状况属于居民生计与生态保护的两系统相互抗衡，既冲突又协调。

从表 8-5 可以看出，龙栖山自然保护区及其 9 个村庄居民生计与生态保护的两个系统耦合度都介于 0.3981 ~ 0.4996。其中，上地村的居民生计与生态保护耦合度值最小，为 0.3981；沙溪子村的耦合度值最大，为 0.4996。根据耦合度等级划分标准，龙栖山自然保护区各个村庄居民生计与生态保护的两个系统都处于颉颃阶段。另外，从表 8-5 可知，龙栖山自然保护区居民生计与生态保护的耦合度值为 0.4970，表明其耦合状况处于颉颃阶段。

### 8.4.4 龙栖山自然保护区居民生计与生态保护的耦合协调度

根据龙栖山自然保护区居民生计与生态保护的评价结果，结合龙栖山自然保护区居民生计与生态保护的耦合状况分析，利用式（8-7）和式（8-8），计算得到龙栖山自然保护区及其 9 个村庄的居民生计与生态保护的耦合协调度（表 8-6），根据表 8-2 的耦合协调度划分标准，分析龙栖山自然保护区及其 9 个村庄的居民生计与生态保护的耦合协调情况。

**表 8-6 龙栖山自然保护区居民生计与生态保护的耦合协调度及等级**

| 村庄 | 耦合协调度（$D$） | 协调等级 | 村庄 | 耦合协调度（$D$） | 协调等级 |
|---|---|---|---|---|---|
| 余家坪 | 0.4357 | 濒临失调 | 上地 | 0.4931 | 濒临失调 |
| 龙井 | 0.5400 | 勉强协调 | 里山 | 0.4801 | 濒临失调 |

续表

| 村庄 | 耦合协调度（$D$） | 协调等级 | 村庄 | 耦合协调度（$D$） | 协调等级 |
|---|---|---|---|---|---|
| 田角 | 0.4993 | 濒临失调 | 外山 | 0.5340 | 勉强协调 |
| 石排场 | 0.4010 | 濒临失调 | 沙溪子 | 0.4809 | 濒临失调 |
| 小沛 | 0.3529 | 轻度失调 | 自然保护区 | 0.4800 | 濒临失调 |

依据表8-2的耦合协调度划分标准，当耦合协调度的值介于0.3～0.4，表明居民生计与生态保护的两个系统耦合协调度处于轻度失调状态；当耦合协调度的值介于0.4～0.5，表明居民生计与生态保护的两个系统耦合协调度处于濒临失调状态；当耦合协调度的值介于0.5～0.6，表明居民生计与生态保护的两个系统耦合协调度处于勉强协调状态。

从表8-6可以看出，龙栖山自然保护区各个村庄居民生计系统与生态保护系统的耦合协调度介于0.3529～0.5400，各村庄之间居民生计系统与生态保护系统耦合协调度的差异较大，其中，龙井村和外山村的耦合协调较好，其耦合协调度值分别为0.5400和0.5340，这两个村庄居民生计系统与生态保护系统的耦合协调等级均为勉强协调；小沛村的耦合协调度最小，其耦合协调度值为0.3529，该村庄居民生计系统与生态保护系统的耦合协调处于轻度失调状态；田角村、上地村、沙溪子村、里山村、余家坪村和石排场村6个村庄的耦合协调度值都介于0.4～0.5，这6个村庄居民生计系统与生态保护系统的耦合协调等级均为濒临失调。另外，从表8-6可知，龙栖山自然保护区的耦合协调度值为0.4800，说明龙栖山自然保护区居民生计系统与生态保护系统的耦合协调处于濒临失调状态。

## 8.5 龙栖山自然保护区居民生计与生态保护协调发展政策分析

### 8.5.1 调查对象的社会经济特征

调查对象中男性所占比例较多，为57.67%，女性占42.33%；调查对象的年龄为18～80岁，其中，51岁及以上的居民占调查对象总人数的34.92%，31～50岁的居民占52.38%，30岁及以下的居民占12.70%；具有高中及以上文化程度的居民占调查对象总人数的26.98%，初中文化程度的居民占49.21%，小学及以下文化程度的居民占23.81%；居住地距离公路近的居民占调查对象总人数的48.15%，距离公路远的居民占51.85%；居住地位于自然保护区的区内居民占调查对象总人数的67.20%，自然保护区的区外居民占32.80%；从事种植业的居民占调查对象总人数的 32.80%，从事林业的居民占 15.87%，从事养殖业的居民占 8.99%，从事其他职业的居民占 42.34%（表 8-7）。

**表 8-7 调查对象的基本信息**

| 项目 | 指标 | 频次/人 | 比例/% |
|---|---|---|---|
| 性别 | 男 | 109 | 57.67 |
| | 女 | 80 | 42.33 |
| 年龄 | 18～30 岁 | 24 | 12.70 |
| | 31～50 岁 | 99 | 52.38 |
| | 51～80 岁 | 66 | 34.92 |
| 受教育程度 | 小学及以下 | 45 | 23.81 |
| | 初中 | 93 | 49.21 |
| | 高中及以上 | 51 | 26.98 |
| 交通情况 | 距离公路近 | 91 | 48.15 |
| | 距离公路远 | 98 | 51.85 |
| 居住地位置 | 区内 | 127 | 67.20 |
| | 区外 | 62 | 32.80 |
| 职业 | 种植业 | 62 | 32.80 |
| | 林业 | 30 | 15.87 |
| | 养殖业 | 17 | 8.99 |
| | 其他职业 | 80 | 42.34 |

## 8.5.2 龙栖山自然保护区居民对生态保护政策的满意程度

调查发现，有 38.64% 的被调查者对龙栖山自然保护区生态保护政策感到满意，有 61.36% 感到不满意。不同生态保护政策对居民的生产生活产生了不同影响，因此，居民对生态保护政策具有不同的满意程度。龙栖山自然保护区生态保护政策主要包括能源替代、天然林保护、生态补偿、退耕还林等方面。基于龙栖山自然保护区当地居民问卷调查数据的收集和整理，运用式（8-11），计算获得龙栖山自然保护区居民对生态保护政策的满意情况，龙栖山自然保护区居民对生态保护政策的认知，按照满意程度大小排序为：居民对能源替代政策的满意程度平均分值为 4.08 分，居民对天然林保护政策的满意程度平均分值为 3.59 分，居民对生态补偿政策的满意程度平均分值为 2.94 分，居民对退耕还林政策的满意程度平均分值为 2.41 分，居民对其他政策的满意程度平均分值为 1.98 分（表 8-8）。

**表 8-8 龙栖山自然保护区居民对生态保护政策的满意程度**

| 满意程度等级 | 能源替代 | 天然林保护 | 生态补偿 | 退耕还林 | 其他政策 |
| --- | --- | --- | --- | --- | --- |
| 满意/人 | 94 | 42 | 31 | 18 | 4 |
| 较满意/人 | 42 | 94 | 4 | 31 | 18 |
| 一般满意/人 | 31 | 18 | 94 | 4 | 42 |
| 较不满意/人 | 18 | 4 | 42 | 94 | 31 |
| 不满意/人 | 4 | 31 | 18 | 42 | 94 |
| 平均分值/分 | 4.08 | 3.59 | 2.94 | 2.41 | 1.98 |

1. 居民对能源替代政策的满意程度

在龙栖山自然保护区实施生态保护过程中，为了保护资源和环境、减少林木资源消耗，要求当地居民逐步减少薪材在能源消费结构中的比重，电和液化气逐渐替代薪材成为当地居民主要能源消费类型。调查发现，龙栖山自然保护区当地居民对能源替代政策的满意程度高，其满意程度平均分值为 4.08 分。

这主要有以下原因：首先，随着龙栖山自然保护区的建立和管理，当地社区基础设施得到较大改善，自然保护区当地众多村庄都已经通路和通电，为电和液化气成为当地居民主要的能源消费类型提供了前提条件。其次，龙栖山自然保护区当地海拔较高，地势起伏较大，上山砍伐薪柴存在安全隐患；尤其是青年劳动力流失严重，人口以老人和小孩为主，当地劳动力缺乏，使得当地居民比较容易接受更加安全和方便的电和液化气。再次，当地居民表示能源消费支出在家庭总支出中的比重不高，再加上当地各级政府为了维护龙栖山自然保护区资源环境和推动加快农村新能源建设步伐，对当地居民使用电和液化气等提供一定补贴，因此，能源替换政策对当地居民的家庭收入和支出影响不大。总体上看，龙栖山自然保护区当地居民认为能源替代政策利远大于弊，所以，居民对能源替代政策的满意程度高。

2. 居民对天然林保护政策的满意程度

天然林保护政策主要是针对龙栖山自然保护区的核心区和分布有古老和珍稀树木（千年红豆杉）的区域，禁止任何人类活动。龙栖山自然保护区管理局借助报刊和网络等相关媒体，宣传龙栖山自然保护区珍稀树种及其对生态环境的重要性和相关的法律法规，使得当地居民对其有深刻了解，当地居民基本上都知道自然保护区的重点保护树种，并且树立了绝不能砍树的观念。当然，天然林保护政策致使以伐木为生的少部分居民生计受到一定影响，其不得不放弃传统的生计方式，而政府对其没有额外补助。

调查发现，当地大部分居民表示龙栖山自然保护区实施天然林保护政策后，当地植被覆盖率上升，滑坡、泥石流等自然灾害减少，居民感受到天然林保护带来的益处，同时，天然林保护的区域大部分海拔较高、地势陡峭，当地居民生计活动范围基本不涉及这些区域。因此，当地居民对天然林保护政策的满意度较高，其满意程度平均分值为 3. 59 分。

3. 居民对生态补偿政策的满意程度

龙栖山自然保护区实施生态保护后，禁止当地居民砍伐树木和限制砍伐毛竹、采集野生林产品、薪材采伐等生产生活活动，导致其收入减少和生活成本增加，为弥补当地居民的损失，相关部门对当地居民进行生态公益林补偿和煤气补贴；另外，居民被禁止捕杀野生动物，致使龙栖山自然保护区野生动物的种群数量增加，危害家畜和破坏农作物，给当地居民造成损失，却没有任何补偿。

这主要是由于生态补偿制度不完善和生态补偿金低，难以弥补龙栖山自然保护区生态保护给居民带来的损失。另外，由于生态补偿金属于输血式补偿方式，居民表示生态补偿金只能暂时解决其生计面临的问题，不是长久之策，难以从根本上解决居民生计可持续发展的问题。因此，龙栖山自然保护区居民对生态补偿政策的满意程度不高，其满意程度平均分值仅为 2. 94 分。

4. 居民对退耕还林政策的满意程度

长期以来，龙栖山自然保护区居民利用当地自然资源以维持生计，其中利用耕地资源进行农作物和经济作物生产是当地居民最为重要的谋生方式；而龙栖山自然保护区实施生态保护之后，采取退耕还林政策，致使当地居民的农作物种植和经济作物种植等方面受到极大限制，造成居民从利用农地资源进行农作物生产和经济作物生产中获得收入明显下降，对当地居民生计造成较大影响。因此，龙栖山自然保护区居民对退耕还林政策满意度低，其满意程度平均分值只有 2. 41 分。

5. 居民对其他政策的满意程度

龙栖山自然保护区其他生态保护政策是指设置生态管护公益岗位政策，提供生态管护公益岗位有助于增加居民收入；但是，通过调查得知，由于生态管护公益岗位数量有限，大多数居民难以从中获得收益。所以，龙栖山自然保护区居民对其他政策满意度低，其满意程度平均分值仅有 1. 98 分。

### 8.5.3 龙栖山自然保护区居民对生态保护政策满意程度的群体差异

为了分析龙栖山自然保护区居民对生态保护政策满意程度的群体差异，选取居民的社会经济特征作为自变量，运用有序 Logistic 回归模型分析法，剔除模型中不显著的影响因素，并在有序 Logistic 回归模型接受平行线检验下，获得龙栖山自然保护区居民对生态保护政策满意程度影响的回归结果（表 8-9）。

**表 8-9 龙栖山自然保护区居民对生态保护政策满意程度影响的回归结果**

| 变量 | | 能源替代 | | 天然林保护 | | 生态补偿 | | 退耕还林 | |
|---|---|---|---|---|---|---|---|---|---|
| | | $\beta$ | OR | $\beta$ | OR | $\beta$ | OR | $\beta$ | OR |
| 年龄 | 18～30 岁 | 1.114 * | 3.05 | | | 1.273 * | 3.57 | 1.275 * | 3.58 |
| | 31～50 岁 | 0.652 * | 1.92 | | | 0.478 * | 1.61 | 0.788 * | 2.20 |
| | 51～80 岁（参照组） | 0ª | | | | 0ª | | 0ª | |
| 居住地位置 | 区内 | | | | | −1.483 ** | 0.23 | −1.005 * | 0.37 |
| | 区外（参照组） | | | | | 0ª | | 0ª | |
| 职业 | 种植业 | | | −0.922 ** | 0.40 | | | | |
| | 林业 | | | −2.989 ** | 0.05 | | | | |
| | 养殖业 | | | −1.800 ** | 0.17 | | | | |
| | 其他职业（参照组） | | | 0ª | | | | | |

* 和 ** 分别表示通过 95% 和 99% 的显著性检验，0ª 表示参照组。

1. 居民的年龄对能源替代政策满意程度的影响

从表 8-9 可以看出，龙栖山自然保护区居民的年龄对能源替代政策满意程度的影响通过了 95% 显著性检验，18～30 岁和 31～50 岁年龄段的居民对能源替代政策满意程度增加 1 个等级的可能性，分别是 51～80 岁年龄段居民的 3.05 倍和 1.92 倍。这说明了在其他条件不变的情况下，居民的年龄越大，对能源替代政策满意程度越低。

这主要是由于薪材作为龙栖山自然保护区当地居民传统的能源消费类型，老一辈中的大部分居民仍然在使用传统的柴火灶台，难以接受新能源的利用方式，并且这一部分居民的生态环境保护意识相对较为薄弱，不愿支付生态环境保护的成本。

2. 居民的职业对天然林保护政策满意程度的影响

从表 8-9 可知，龙栖山自然保护区居民的职业对天然林保护政策满意程度的影响通过了 99% 显著性检验，以其他职业被调查居民为参照组，从事种植业、林业和养殖业的居民对天然林保护政策满意程度增加 1 个等级的可能性，分别是参照组的 0. 40 倍、0. 05 倍和 0. 17 倍。这表明从事林业的居民对天然林保护政策的满意度最低，其次是养殖业和种植业。

这主要是因为龙栖山自然保护区实施天然林保护政策之后，当地从事林业生产的居民失去砍伐木材、采运劳务等方面的收入来源，这部分居民面临着生计问题，因此，从事林业生产的居民满意程度低；另外，对于从事养殖业和种植业的居民而言，龙栖山自然保护区实施天然林保护政策之后，自然保护区的区内人为干扰减少，致使野生动物种群数量显著增加，野生动物破坏农作物和家禽以及房屋造成居民的损失，所以，从事养殖业和种植业的居民满意程度不高。

3. 居民的居住地位置和年龄对生态补偿政策满意程度的影响

从表 8-9 可以看出，龙栖山自然保护区居民的居住地位置对生态补偿政策满意程度的影响通过了 99% 显著性检验，居住在龙栖山自然保护区的区内居民对生态补偿政策满意度增加 1 个等级的可能性是区外居民的 0. 23 倍。这主要是由于距离龙栖山自然保护区越近，居民受到生态补偿政策影响越大，家庭受到损失越多，对生态补偿标准要求越高，因此，居民对生态补偿政策满意程度也就越低。

另外，从表 8-9 可知，龙栖山自然保护区居民的年龄对生态补偿政策满意程度的影响通过了 95% 显著性检验，18 ~ 30 岁和 31 ~ 50 岁年龄段居民对生态补偿政策满意程度增加 1 个等级的可能性，分别是 51 ~ 80 岁年龄段居民的 3. 57 倍和 1. 61 倍。这主要是因为居民年龄越大，其对当地自然资源依赖程度越大，所以，居民对生态补偿政策满意程度越低。

4. 居民的居住地位置和年龄对退耕还林政策满意程度的影响

从表 8-9 可以看出，龙栖山自然保护区居民的居住地位置对退耕还林政策满意程度的影响通过了 95% 显著性检验。耕地是龙栖山自然保护区当地居民生计最重要的自然资本，龙栖山自然保护区退耕还林政策实施之后，自然保护区区内的居民的耕地面积大幅度减少，致使其收入下降；而居住在龙栖山自然保护区区外的居民，其在自然保护区区内所占耕地比例较少，退耕还林政策对其经济利益影响相对较小；所以，龙栖山自然保护区的区外居民对退耕还林政策满意程度比区内居民高。

另外，从表8-9可知，龙栖山自然保护区居民的年龄对退耕还林政策满意程度的影响通过了95%显著性检验，18～30岁和31～50岁年龄段居民对生态补偿政策满意程度增加1个等级的可能性，分别是51～80岁年龄段居民的3.58倍和2.20倍，也就是说居民的年龄与退耕还林政策满意程度存在着负相关的关系，居民的年龄越大，其退耕还林政策满意程度越低。这主要是由于年龄较大的居民固守传统生产生活模式，不愿意或者难以改变现有的生计方式，同时考虑到其子孙后代还要继续以耕地为生，因此，年龄较大的居民对退耕还林政策满意程度较低。

## 8.5.4 龙栖山自然保护区居民对生计发展政策的认知

通过龙栖山自然保护区当地居民问卷调查数据的收集和整理，利用式（8-11），计算获得龙栖山自然保护区居民对生计发展政策的认知情况，龙栖山自然保护区居民对生计发展政策的认知，按照重要程度大小排序为：居民对生计技能培训政策认知的重要程度平均分值为3.71分，居民对生态旅游政策认知的重要程度平均分值为3.32分，居民对替代生计政策认知的重要程度平均分值为3.02分，居民对生态移民政策认知的重要程度平均分值为2.65分，居民对其他政策认识的重要程度平均分值为2.30分（表8-10）。

**表8-10 龙栖山自然保护区居民对生计发展政策重要程度的认知**

| 重要程度等级 | 生计技能培训 | 生态旅游 | 替代生计 | 生态移民 | 其他政策 |
|---|---|---|---|---|---|
| 重要/人 | 60 | 51 | 48 | 24 | 6 |
| 较重要/人 | 51 | 60 | 6 | 48 | 24 |
| 一般重要/人 | 48 | 24 | 60 | 6 | 51 |
| 较不重要/人 | 24 | 6 | 51 | 60 | 48 |
| 不重要/人 | 6 | 48 | 24 | 51 | 60 |
| 平均分值/分 | 3.71 | 3.32 | 3.02 | 2.65 | 2.30 |

1. 居民对生计技能培训政策的认知

龙栖山自然保护区实施的天然林保护和退耕还林等生态保护政策，在一定程度上限制了当地居民对资源和环境的利用，造成当地农业用地减少，劳动力资源相对过剩；同时，由于龙栖山自然保护区当地居民受教育程度较低，缺乏农业生产技术和非农生计技能，影响了居民生计的可持续发展。龙栖山自然保护区当地居民认为解决其生产生活面临问题的有效且可持续的政策就是生计技能培训，通过生计技能培训可以提高当地居民自身劳动能力和拓宽就业范围，减轻居民对当地自然资源和环境的依赖程度。所以，对于龙栖山自然保护区当地居民来说，生计技能培训政策在生计发展政策中是最重要的，其重要程度平均分值为 3.71 分。

### 2. 居民对生态旅游政策的认知

生态旅游是指在不干扰自然地域、保护自然资源和生态环境的前提下，依托优越的自然生态环境和特有的人文生态景观，选用生态友好方式，开展生态体验和生态教育等旅游方式。龙栖山自然保护区在保护自然资源和生态环境的前提下，允许在实验区和缓冲区开展生态旅游活动，并且对进入的旅游人数进行严格控制，集中在基础设施较完善的余家坪村（有宾馆、停车位），具有空间集中分布的特点；龙栖山自然保护区当地居民由于缺乏资金和信息，只能通过摆小摊卖土特产（笋干、茶树菇等）和经营特色饭馆等方式，参与小规模的生态旅游经营，而规模较大宾馆主要由外地投资商经营，因此，生态旅游对当地居民收入影响有限。

在调查中发现，龙栖山自然保护区大多数居民认为生态旅游对其生计改善具有重要作用，选择生态旅游政策重要程度高的居民表示，通过电视和报刊等媒体知道生态旅游作为一种新的生计方式，能够增加就业机会，提高家庭收入；龙栖山自然保护区依托其丰富的自然和人文资源，开展生态旅游能够改变当地居民以农业活动和外出务工为主的生计方式；而选择生态旅游政策重要程度较低的原因可能有以下两个方面：第一方面是居民认为目前难以从生态旅游中获得较大的收益，生态旅游经营主要被外地经营者垄断；第二方面是龙栖山自然保护区严格控制游客量，游客有限致使其投资回报率不高。总体上看，龙栖山自然保护区多数居民认为生态旅游政策对其生计可持续发展具有较重要作用，其重要程度平均分值为 3.32 分。

### 3. 居民对替代生计政策的认知

龙栖山自然保护区实施生态保护政策，在一定程度上限制了当地居民对资源环境的利用，因而，居民认为替代生计对增加家庭收入和提升生计水平等方面具有重要作用。调查发现，龙栖山自然保护区实施生态保护之后，当地经济作物和毛竹的生产经营等方面受到限制，而仅仅依靠种植粮食获取的经济收入较低；另外，龙栖山自然保护区生态旅游发展对当地社会经济发展的带动能力有限，仅仅能够为景区附近居民提供一些就业机会；由于龙栖山自然保护区当地公共基础设施不完善，特色产业发展的条件差且不充分，提供的就业机会少，所以，龙栖山自然保护区居民认为替代生计政策在生计发展政策中的重要程度不高，其重要程度平均分值为 3.02 分。

4. 居民对生态移民政策的认知

龙栖山自然保护区当地居民认为生态移民政策的重要性较低，这主要有以下方面的原因，一方面，受“安土重迁”思想的影响，居民表示其祖祖辈辈都生活在龙栖山自然保护区及周边地区，已经习惯了当地的生产和生活方式，所以，居民不愿意离开故土；另一方面，由于龙栖山自然保护区当地居民文化水平较低和缺乏替代生计技能，居民觉得如果离开难以保证和维持基本生活状况。另外，目前生态移民的标准是一家一次性补贴 5.0 万元，调查发现，有 87.89% 的被调查对象认为移民补贴低；因此，当地居民对生态移民政策认可度不高，自愿搬迁的居民相对较少。尽管大部分当地居民对于生态移民政策不感兴趣，但居住在龙栖山自然保护区核心区和缓冲区的居民，因为居住地偏僻，交通不方便和生产生活条件落后，希望利用生态移民政策搬迁到交通便利和生计条件较好的地方；与此同时，龙栖山自然保护区当地中青年的居民思想较开放，接受新事物、新环境的能力较强，认为实施生态移民政策使其有更多的发展机会，当地中青年的居民给予生态移民政策较高的重要度。

5. 居民对其他政策的认知

龙栖山自然保护区其他生计发展政策是指创业扶持政策。由于当地居民较少接受创业培训，居民的创业缺少政府的金融支持、缺乏创业过程中的跟踪指导，因此，龙栖山自然保护区居民认为其他政策在生计发展政策中的重要程度低，其重要程度平均分值只有 2.30 分。

### 8.5.5 龙栖山自然保护区居民对生计发展政策认知的影响因素

为了探讨龙栖山自然保护区居民对生计发展政策重要程度认知的影响因素，选取居民的社会经济特征作为自变量，运用有序 Logistic 回归模型分析法，剔除模型中不显著的影响因素，并在有序 Logistic 回归模型接受平行线检验下，获得龙栖山自然保护区居民对生计发展政策重要程度认知影响的回归结果（表 8-11）。

**表 8-11 龙栖山自然保护区居民对生计发展政策重要程度影响的回归结果**

| 变量 | | 生计技能培训 | | 生态旅游 | | 替代生计 | | 生态移民 | |
|---|---|---|---|---|---|---|---|---|---|
| | | $\beta$ | OR | $\beta$ | OR | $\beta$ | OR | $\beta$ | OR |
| 交通情况 | 距离公路远 | | | -2.886** | 0.13 | | | 1.763** | 5.83 |
| | 距离公路近（参照组） | | | 0[a] | | | | 0[a] | |
| 年龄 | 18~30 岁 | | | | | 1.293** | 3.64 | 1.074** | 2.93 |
| | 31~50 岁 | | | | | 1.455** | 4.28 | 0.892** | 2.44 |
| | 51~80 岁（参照组） | | | | | 0[a] | | 0[a] | |
| 性别 | 男 | | | | | 0.533* | 1.70 | | |
| | 女（参照组） | | | | | 0[a] | | | |
| 受教育程度 | 小学及以下 | -3.708** | 0.02 | | | | | | |
| | 初中 | -0.948** | 0.39 | | | | | | |
| | 高中及以上（参照组） | 0[a] | | | | | | | |

* 和 ** 分别表示通过 95% 和 99% 水平上的显著性检验，0[a] 表示参照组。

1. 居民的受教育程度对生计技能培训政策重要程度认知的影响

从表 8-11 可知，龙栖山自然保护区居民的受教育程度对生计技能培训政策重要程度认知的影响通过了 99% 的显著性检验，以居民受教育程度中的“高中及以上”为参照组，“小学及以下”和“初中”文化程度居民给予生计技能培训政策重要程度增加 1 个等级的可能性分别为“高中及以上”文化程度的 0.02 倍和 0.39 倍，这说明生计技能培训意愿最为强烈的是“高中及以上”文化程度的居民。

这主要是因为受教育程度高的居民，具有较强的接受新事物的能力和开阔的视野，能意识到知识技术的重要性，愿意通过参加生计技能培训提高其职业技能和综合素质，实现稳定就业。所以，龙栖山自然保护区居民的受教育程度越高，其对生计技能培训政策重要程度认知也越高。

2. 居民居住地的交通情况对生态旅游政策重要程度认知的影响

从表 8-11 可知，龙栖山自然保护区居民居住地的交通情况对生态旅游政策重要程度认知的影响通过了99%的显著性检验，居住地距离公路远的居民给予生态旅游政策重要程度增加1个等级的可能性是距离公路近的0.13倍。

这主要是由于居住地位于公路附近的居民参与生态旅游有明显优势，大部分旅店和餐馆集中在交通便利的地方；而居住地距离公路较远的居民，受时间和距离以及交通条件的限制，从事生态旅游活动的成本较高，投资回报率低。因此，居住在交通条件便利地方的居民对生态旅游政策重要程度认知，要高于居住在交通条件落后地方的居民。

### 3. 居民的年龄和性别对替代生计政策重要程度认知的影响

从表8-11可知，龙栖山自然保护区居民的年龄对替代生计政策重要程度认知的影响通过了99%的显著性检验，与51～80岁年龄段居民相比，18～30岁和31～50岁年龄段的居民给予替代生计政策重要程度增加1个等级的可能性分别为3.64倍和4.28倍。这主要是因为年龄大的居民倾向于固守传统的生产生活模式，部分老人具有恋山和恋故土情结，不愿意离开祖祖辈辈生产生活的地域；而年龄小的居民具有冒险精神，接受新事物和新知识的速度快，有较强从事非农产业的意识。所以，龙栖山自然保护区居民的年龄越大，其对替代生计政策重要程度认知也越低。

另外，从表8-11可以看出，龙栖山自然保护区居民的性别对替代生计政策重要程度认知的影响通过了95%的显著性检验，相较于女性而言，男性对替代生计政策给予更高的重要等级，重要程度增加1个等级的可能性男性是女性的1.70倍。这可能与传统的社会性别意识、男女劳动分工有关，女性更多地承担抚养孩子、赡养老人等家庭责任，降低其非农就业的可能性，减少劳动时间；男性居民的体力、社交能力和风险意识比女性更强。所以，男性比女性更愿意选择做生意和外出打工等替代生计。

### 4. 居民的居住地交通情况和年龄对生态移民政策重要程度认知的影响

从表8-11可知，龙栖山自然保护区居民居住地的交通情况对生态移民政策重要程度认知的影响通过了99%的显著性检验，距离公路远的居民给予生态移民政策重要程度增加1个等级的可能性是距离公路近的5.83倍。这主要是因为居住地离公路较远，交通不便，居民希望能够通过生态移民转移到交通便利地方，利于其生产和生活。

另一方面，从表8-11可以看出，龙栖山自然保护区居民的年龄对生态移民政策重要程度认知的影响通过了99%的显著性检验，18～30岁和31～50岁年龄段居民给予生态移民政策重要程度增加1个等级的可能性分别是51～80岁年龄段居民的 2.93 倍和 2.44 倍，也就是说年龄大的居民认为生态移民政策在其经济活动中的重要程度不高。这主要是由于年龄大居民的思想较为保守，祖辈都生活在龙栖山自然保护区及其周边地区，已经习惯了原有的生产生活方式，自愿搬迁的居民相对较少，对生态移民政策产生抵触情绪。

## 8.5.6 自然保护区居民生计与生态保护协调发展的政策启示

1. 鼓励居民参与生态保护的政策启示

自然保护区居民作为当地资源环境的利用者和生态保护的执行者，其生计行为直接影响了自然保护区生态保护的效果，在自然保护区生态保护过程中起着重要的作用。所以，政府和自然保护区管理部门应尊重居民生存和生计发展的诉求，在自然保护区的天然林保护和退耕还林等生态保护政策实施过程中，明确居民的权利和义务，采取相关政策解决居民的土地权和资源使用权以及资源收益分配权，引导居民积极参与自然保护区生态保护的工作，促进居民对自然保护区生态保护从被动保护转变为主动保护，以实现自然保护区居民生计与生态保护协调发展的目标。

2. 完善生态补偿制度的政策启示

在自然保护区实施生态保护政策的过程中，限制了当地居民对自然资源和环境的利用，导致居民的损失，主要体现在居民发展权受限制和野生动物肇事等方面，自然保护区当地居民为生态保护付出了很大代价，但是缺少对居民进行补偿，缺乏完善的生态补偿制度，从而影响了居民生计的可持续发展。生态补偿是调整生态保护与损害资源环境的主体间利益关系的制度安排，对自然保护区居民生计和生态保护协调发展具有激励作用。所以，政府和自然保护区管理部门应该从生态补偿的主体、客体、标准、方式、资金来源、途径和立法等方面完善自然保护区生态补偿制度，以实现自然保护区生态保护效果以及当地居民生计改善的目标。

3. 促进居民生计可持续发展的政策启示

自然保护区大多数居民对当地自然资源依赖程度较高，当地居民依赖自然资源而采取的生计策略主要有采集薪柴、采伐竹木、采集林副产品、农作物种植和经济作物种植等，当地自然资源对维持居民生计和规避生计风险以及改善生计状况等方面具有重要作用。然而，自然保护区实施退耕还林和天然林保护等生态保护政策之后，极大地限制了当地居民对自然资源的利用，致使居民从利用自然资源进行采集薪柴、采伐竹木、采集林副产品、农作物种植和经济作物种植中获得的收入明显下降，影响了居民生计的可持续发展。所以，需要政府和自然保护区管理部门从居民的生计技能培训和生计替代等方面，对居民生计的可持续发展进行政策扶持。

在生计技能培训的政策方面，通过政府和自然保护区管理部门以及当地企业，组织居民参与农业生产技术的培训，为居民农作物种植和经济作物种植提供技术支持；另外，政府和自然保护区管理部门通过制定优惠政策，以增加自然保护区当地居民的新就业机会，同时对居民进行非农就业的技能培训，促使其尽快地适应新的行业；通过政府和自然保护区管理部门实行的农业生产技术和非农就业技能的培训政策，可以提高居民生计能力，改善居民生计状况，促进自然保护区当地居民生计的可持续发展。

在居民生计替代选择的政策方面，通过政府和自然保护区管理部门生态产业发展政策的指导，引导居民积极参与生态产业，同时带动相关产业发展；另外，通过政府政策扶持对资源依赖型传统农业进行改造，促进居民选择环境友好型农业的生计类型；通过生态产业发展和传统农业改造等相关政策的扶持，为自然保护区居民寻找合理的替代生计，增加居民生计类型，提升居民抵抗生计风险能力，以促进居民生计的可持续发展。

## 8.6 结论与对策

### 8.6.1 结论

从居民生计和生态保护的评价来看，龙栖山自然保护区生态保护成效综合水平相对滞后于居民生计综合水平，并且龙栖山自然保护区所在地的各个村庄之间存在差异性，余家坪村、田角村、小沛村、外山村和里山村等 5 个村庄居民生计综合水平优于生态保护成效综合水平，而龙井村、石排场村、上地村和沙溪子村等 4 个村庄居民生计综合水平滞后于生态保护成效综合水平。

从居民生计与生态保护的耦合状况来看，龙栖山自然保护区居民生计与生态保护的耦合度值为 0.4970，表明龙栖山自然保护区居民生计与生态保护耦合状况处于颉颃阶段。并且龙栖山自然保护区所在地的各个村庄之间差异不大，各村庄的居民生计与生态保护耦合度值都介于 0.3 ~ 0.5，居民生计与生态保护的两个系统都处于颉颃阶段，居民生计系统与生态保护系统相互抗衡，既冲突又协调。

从居民生计与生态保护的耦合协调情况来看，龙栖山自然保护区居民生计与生态保护的耦合协调度值为0.4800，居民生计系统与生态保护系统的耦合协调处于濒临失调状态。但是，龙栖山自然保护区所在地的各个村庄之间居民生计系统与生态保护系统耦合协调度差异较大，其中，龙井村和外山村的居民生计系统与生态保护系统的耦合协调等级均为勉强协调，田角村、上地村、沙溪子村、里山村、余家坪村和石排场村 6 个村庄的居民生计系统与生态保护系统的耦合协调等级均为濒临失调，而小沛村的居民生计系统与生态保护系统的耦合协调处于轻度失调状态。

从龙栖山自然保护区居民生计与生态保护协调发展政策来看，龙栖山自然保护区居民对生态保护政策的满意程度大小排序为：能源替代、天然林保护、生态补偿和退耕还林政策。居民的年龄对能源替代政策满意程度的影响通过了 95% 的显著性检验，并且年龄越大居民对能源替代政策满意程度越低；居民的职业对天然林保护政策满意程度的影响通过了 99% 的显著性检验，并且从事林业的居民满意程度最低，而从事种植业的居民满意程度最高；居民的居住地位置对生态补偿政策满意程度的影响通过了 99% 的显著性检验，并且区内居民对生态补偿政策满意程度低于区外居民；居民的年龄对生态补偿政策满意程度的影响通过了 95% 的显著性检验，并且年龄越大居民对生态补偿政策满意程度越低；居民的居住地位置对退耕还林政策满意程度的影响通过了 95% 的显著性检验，并且区外居民对退耕还林政策满意程度比区内居民高；居民的年龄对退耕还林政策满意程度的影响通过了 95% 的显著性检验，并且年龄越大居民对退耕还林政策满意程度越低。

龙栖山自然保护区居民对生计发展政策认知的重要程度大小排序为：生计技能培训、生态旅游、替代生计和生态移民政策。居民的受教育程度对生计技能培训政策重要程度认知的影响通过了 99% 的显著性检验，并且受教育程度越高居民对生计技能培训政策重要程度认知越高；居民居住地的交通情况对生态旅游政策重要程度认知的影响通过了 99% 的显著性检验，并且居住地交通条件越便利居民对生态旅游政策重要程度认知越高；居民的年龄对替代生计政策重要程度认知的影响通过了 99% 的显著性检验，并且年龄越大居民对替代生计政策重要程度认知越低；居民的性别对替代生计政策重要程度认知的影响通过了 95% 的显著性检验，并且男性居民对替代生计政策重要程度认知高于女性居民；居民居住地的交通情况对生态移民政策重要程度认知的影响通过了 99% 的显著性检验，并且居住在距离公路远的地方的居民对生态移民政策重要程度认知高于居住在距离公路近的地方的居民；居民的年龄对生态移民政策重要程度认知的影响通过了99%的显著性检验，并且年龄越大的居民对生态移民政策重要程度认知越低。

## 8.6.2 对策

1. 完善生态补偿制度，采取多种生态补偿方式

目前龙栖山自然保护区最主要的生态补偿形式是生态公益林补偿，标准为每人每年600.0～700.0元。在调查中发现，有75.0%的受访者对生态补偿政策表示不满，认为生态补偿标准过低。主要是因为龙栖山自然保护区进行生态保护，限制了居民开发利用当地自然资源，同时野生动物致害事件增多，使得生态补偿金额难以弥补居民的损失；生态补偿标准过低导致当地居民参与生态保护的积极性不高，妨碍了生态保护政策的实施，不利于协调龙栖山自然保护区居民生计与生态保护的关系。因此，政府和龙栖山自然保护区管理部门应该根据当地实际情况，适当地提高生态补偿标准，保护当地居民的利益，以提升居民参与生态保护的积极性；同时应该适当听取当地居民的意见，充分重视野生动物致害事件，制定和完善野生动物肇事的补偿制度。

龙栖山自然保护区当地居民生计资本不足，生计缺乏可持续性。因此，当地政府不应该对居民只单一地进行公益林补偿，需要采取多样化的生态补偿方式，调查发现，当地居民更希望政府给予相应的优惠政策和扶持项目，以提升生计水平。龙栖山自然保护区管理局需要向当地部分居民（家庭困难且短时间内无法采取其他生计方式改变现状）提供就业岗位，如护林员、巡护员和协管员，吸引自然保护区当地居民积极参与到自然保护区管理中，就地消化剩余劳动力，减轻自然保护区生态保护对居民生计带来的负面影响。

2. 加强生计技能培训，提高人力资本水平

龙栖山自然保护区当地绝大部分中年劳动力受教育程度为小学水平，自然保护区当地就业机会缺乏，青壮年劳动力流失严重。由于劳动力受教育程度低，龙栖山自然保护区当地居民对自然资源的依赖性较大，居民缺乏农业生产技术和非农生计技能，居民收入来源过于单一（青年劳动力在外从事流水线工作；留在自然保护区当地的中老年只能从事农业活动）。因此，龙栖山自然保护区当地各级政府应该对中青年劳动开展就业和创业的教育培训，从而提高其生产技术水平和就业能力。另外，各级政府部门应加强对龙栖山自然保护的教育投入，加强基础教育工作，提高自然保护区当地青少年的教育水平，提升居民的文化程度，增强

居民生计的人力资本。

### 3. 加强宣传和教育，鼓励居民参与生态移民

自然保护区生态保护措施能否落到实处，能否实现预定目标，关键在于当地居民对生态保护工作的认知和参与度。目前龙栖山自然保护区生态保护政策大部分是依靠当地政府由上而下推行的，生态保护工作也取得了一定成效。但是，通过调查和访问可知，这种由上而下推行的生态保护工作，在很大程度上忽视了当地居民的经济利益，致使当地大部分居民感觉自身利益受损，引起居民对自然保护区管理的不满。在调查中发现，这主要是由于管理部门宣传工作不到位，使得当地居民对管理部门产生误解。因此，政府和龙栖山自然保护区管理部门应该加大宣传力度，公开生态公益林补偿标准，使得当地居民充分了解管理部门工作性质和范围以及生态补偿资金分配依据，有助于改善当地居民与自然保护区管理部门的关系，以促进居民对自然保护区工作的理解，对提高居民生态保护参与意愿具有积极作用。

由于龙栖山自然保护区以生态保护为主，当地居民不可避免地会受到生态保护政策的影响，留在当地的居民只能依靠自然资源维持其基本生计，难以达到生计可持续发展的目标。所以，政府和龙栖山自然保护区管理局应该有针对性地对当地居民进行思想教育，让其真正地了解生态移民与扶贫、生态保护之间的关系，自愿进行生态移民。另外，生态移民政策需要逐步实施，首先将居住在生态环境敏感地方和高度分散的居民有计划地移出，然后关注移民的后续生产生活，在社会福利、养老保险和生计扶持等方面给予优惠政策。

### 4. 加强基础设施建设，改善居民生计条件

“要致富，先修路”这句话反映了加强基础设施建设是促进社会经济发展的重要条件，是改善民生的重要保障。目前龙栖山自然保护区当地基础设施建设情况总体较差，虽然水和电基本上通入每家每户，但是自然保护区网络覆盖率较低，对外交通和联系不便；出入龙栖山自然保护区只有一条仅 4m 宽的土石路，路面坑洼不平，且路段弯道较多；自然保护区内没有小学和中学，学生只能就近到县、乡（镇）的学校就读，未成年人接受教育困难且成本高；龙栖山自然保护区当地医疗卫生条件差，难以满足居民的需求；调查发现，龙栖山自然保护区居民对当地电网、交通、教育和医疗等基础设施评价的满意度低，自然保护区内的信息、交通、教育和医疗等基础设施条件明显不足，严重制约了当地经济发展，造成当地居民生活困难，影响了居民生计的可持续发展。

基础设施建设投资成本高、见效周期长，龙栖山自然保护区当地居民生计困

难，难以通过自己筹钱来改善基础设施条件，需要通过政府部门解决。龙栖山自然保护区当地政府部门可以逐步改善当地基础设施状况，首先，应该整修出入自然保护区的道路，解决当地居民的出行问题，这也有利于外来人员进入自然保护区，促进当地生态旅游业的发展；其次，龙栖山自然保护区当地可以通过整合教育资源，建立教学质量较好的小学，减轻当地居民子女受教育成本的压力；再次，加大网络设施投入，尽早实现户户通网的目标；最后，针对龙栖山自然保护区当地的实际情况，应该增加公共卫生投入，改善医疗条件。

# 第9章 自然保护区居民生计可持续发展的保障机制

**本章提要**：通过自然保护区居民生计可持续发展保障机制的构建，缓解自然保护区生态保护和居民生计发展之间的矛盾，是自然保护区居民生计可持续发展的重要保证。按照自然保护区居民生计可持续发展的要求，从居民生计可持续发展的政策保障、资金保障、生态补偿长效机制和发展生态旅游保障体系等方面，建立自然保护区居民生计可持续发展的保障机制。其中，自然保护区居民生计可持续发展的政策保障包括生态补偿政策、生态旅游政策、生计技能培训政策、生计类型多样化政策等方面，资金保障包括开拓多渠道的资金来源、建立资金管理委员会，生态补偿的长效机制包括长效机制框架的设计、界定生态补偿的主体和客体、确定生态补偿标准、选择生态补偿方式、完善生态补偿法律法规等方面，生态旅游发展的保障体系包括构建完善的生态旅游管理体系、建立和健全法律和法规体系、构建多元化的投资体系、建立人力资源的保障体系。

## 9.1 自然保护区居民生计可持续发展的政策保障

### 9.1.1 居民生计可持续发展的生态补偿政策

生态补偿是纠正生态保护外部性环境的政策，生态补偿政策具备实现生态环境保护理想效果和居民生计可持续发展的双重目标。生态补偿政策对自然保护区居民可持续生计具有正向显著的影响效应，生态补偿政策不仅可以直接提升居民的可持续生计水平，还可以通过增殖部分生计资本间接地提升居民可持续生计水平，因此，完善、优化和实施态补偿政策，对于促进自然保护区居民生计可持续发展具有重要作用。

优化和促进自然保护区居民生计可持续发展的生态补偿政策主要体现在生态补偿模式创新政策和生态保护技术创新政策等方面，在生态补偿模式创新政策方面，政府和自然保护区管理部门制定不同时期和不同区域的生态补偿模式组合形式，通过不同生态补偿模式的组合和实施，在一定程度上培育和增强自然保护区当地居民的生计资本，使得居民能够合理地选择生计策略，从而促进了居民生计可持续水平的提升；与此同时，在生态补偿模式创新政策实施过程中，通过引入非政府组织、当地企业和旅游公司等生态补偿的核心利益相关者，运用排污权交易和产权交易等市场补偿方式，通过创新生态补偿制度，降低自然保护区生态补偿和生态保护的成本，改善居民的生计状况和增强居民的生计能力，从而提升自然保护区当地居民可持续生计水平。

另外，在生态保护技术创新方面，政府和自然保护区管理部门通过加强自然保护区生态保护技术创新的投入，能够提升当地居民的生态保护技术和生计技能的水平，减少居民生态保护和生计活动的成本以及提高生活质量，从而促进自然保护区当地居民可持续生计水平的提升。

### 9.1.2 居民生计可持续发展的生态旅游政策

对于自然地理环境比较特殊的自然保护区当地居民来说，要改变其对自然环境和资源的高度依赖性，发展生态旅游是一个较好的途径和方式。自然保护区发展生态旅游具有天然的资源环境优势，生态旅游发展势必会对当地居民生计的变迁产生重要影响。

政府和自然保护区管理部门可以依据自然保护区的实际情况，制定依托自然保护区当地自然环境和人文因素的特色产业与生态旅游业的融合发展模式，通过融合发展模式政策的实施，促进自然保护区当地产业之间的良好互动，而居民可以通过参与民宿经营、农家乐接待等服务以及生态旅游商品的开发，寻找到合理的替代生计，增强居民生计的金融资本和自然资本，与此同时，在一定程度上提升居民生计的人力资本、社会资本和物质资本，提高了居民收入水平和生计能力，改善了居民的生计状况，从而实现自然保护区当地居民生计可持续发展的目标。

另外，由于自然保护区当地居民对生态旅游政策的理解不透彻，缺乏参与生态旅游接待服务的技能，再加上居民参与生态旅游经营的高投入以及办理各种经营手续的复杂性，对于资金和社会资源比较缺乏的居民来说是一个巨大的门槛。鉴于此，政府和自然保护区管理部门应该加强对发展生态旅游政策的宣传与解读，对现有生态旅游经营户（特别是有意向参与生态旅游经营的居民）进行集中培训与指导，提升居民生态旅游接待和服务的理论水平和技术能力；同时，政府相关管理部门应该简化贷款程序，加大居民参与生态旅游的资金支持力度。通过政府和自然保护区管理部门的生态旅游政策宣传和指导，引导居民积极参与生态旅游产品和项目的开发，增加居民的就业机会和收入水平，促进自然保护区当地居民生计的可持续发展。

### 9.1.3 制定居民生计技能培训政策

居民生计技能培训政策的制定对于自然保护区当地居民生计能力提升具有重要作用，自然保护区当地居民生计技能培训政策主要包括非农就业技能培训政策和农业生产技术培训政策两个方面。在居民非农就业技能培训政策方面，通过政府制定优惠政策，增加自然保护区当地居民的就业机会，同时对居民进行非农就业的技能培训，提高居民非农就业技术能力，使其尽快地适应新的行业，以提升居民的生计能力和收入水平，提高居民生活满意度，实现自然保护区当地居民生计的可持续性。

在居民农业生产技术培训政策方面，各级政府和自然保护区管理部门以及当地企业等邀请相关专家和技术人员，定期派送从事农业生产的专家和技术人员，组织自然保护区当地居民参与农作物和经济作物种植以及养殖业的技术培训，为当地居民进行农业生产提供技术支持，提高农业生产的科技含量和效率，增强居民生计能力，提升其收入水平，降低居民生计脆弱性，从而促进自然保护区当地居民生计的可持续发展。

### 9.1.4 完善居民生计类型多样化政策

依据自然保护区的特点，通过政府规划和确定自然保护区的功能分区，根据各个功能区（实验区、缓冲区和核心区）的功能定位、自然地理环境和社会经济条件的差异性，当地居民合理地选择不同的生计类型。自然保护区实验区内居民可以利用当地优越的生态旅游资源，在政府和自然保护区管理部门生态旅游发展政策的指引下，积极参与开发生态旅游的基础设施、项目和产品等，通过开发生态旅游带动当地相关产业的发展；另外，自然保护区实验区内居民还可以依托当地丰富的农林资源开发旅游商品，利用优越的环境资源条件发展经济作物等，增加就业机会和家庭收入。因此，通过政府和自然保护区管理部门的政策扶持，自然保护区实验区内居民可以选择生态旅游及其相关产业、生态农业等生态产业型的生计类型，提升当地居民生计多样化水平，降低其脆弱性，实现自然保护区当地居民生计的可持续性。

在自然保护区缓冲区内居民可以通过政府和自然保护区管理部门的政策扶持，对当地资源依赖型的传统农业进行改造，通过农业生产技术培训政策，提高农业生产的科技含量，实现当地居民资源依赖型传统生计的改变。所以，在政府和自然保护区管理部门的政策扶持下，自然保护区缓冲区内的居民可以选择环境友好型的农业生计类型，以促进自然保护区生态保护成效和居民生计改善目标的实现。

在政府和自然保护区管理部门的生态移民政策指引下，自然保护区核心区居民，一方面通过生态移民获得补偿资金，安置生活和发展生产，另一方面通过政府和自然保护区管理部门实施的非农生计技能培训政策，提升自然保护区当地居民生计能力，增加就业机会和提高收入水平，在一定程度上规避了由于异地搬迁带来的生计风险。因此，通过政府和自然保护区管理部门的生态移民政策扶持，自然保护区核心区当地居民可以选择生态移民型的生计类型，以实现自然保护区当地居民生计的可持续性。

在政府和自然保护区管理部门的相关政策指引下，通过生态产业发展、农业生产技术培训和生态移民等方面的政策扶持，能够实现自然保护区当地居民生计类型多样化，降低居民生计脆弱性和提升居民抵抗生计风险能力，促进自然保护区当地居民生计的可持续发展。

## 9.2 自然保护区居民生计可持续发展的资金保障

### 9.2.1 开拓多渠道的资金来源

自然保护区居民生计可持续发展和生态保护的资金主要来源于财政渠道、社会渠道和市场渠道。自然保护区主要保护对象为自然生态系统和生物多样性，自然保护区的各项经费开支主要由中央政府提供，近年来中央财政专项基金的投入也在增加，财政渠道中的上级财政转移支付和中央财政专项基金是自然保护区居民生计可持续发展和生态保护资金的主要来源。

社会渠道主要是指社会各界对自然保护区的直接捐助或者间接捐助资金来源，随着社会经济发展和人类生态环境保护意识的增强，社会各界通过直接捐助或者间接捐助形式使得资金不断提高；社会渠道中的国际援助（直接捐助）和发行生态彩票（间接捐助）是自然保护区居民生计可持续发展和生态保护较重要的资金来源。

另外，市场渠道中的生态补偿税费主要是以对生态环境产生或者可能产生不良影响的生产、经营、开发者为征收对象，以生态环境保护、整治和恢复为主要内容，向受益者征收的税费；市场渠道中的生态补偿税费可以成为自然保护区居民生计可持续发展和生态保护补充的资金来源。

### 9.2.2 建立资金管理委员会

建立自然保护区居民生计可持续发展和生态保护的资金管理委员会，以确保资金来源多元化和畅通，是实现自然保护区居民生计可持续发展和生态保护理想效果的一项基础性工作。通过国家财政直接拨款、向自然保护区当地旅游公司和相关企业征收生态补偿金、捐赠、发行生态彩票等，筹集自然保护区居民生计可持续发展和生态保护的资金，用于自然保护区的居民生计可持续发展、资源环境保护、生态恢复和生态补偿等方面。

建立由自然保护区管理部门、当地政府和社区居民等组成的资金管理委员会，负责自然保护区居民生计可持续发展和生态保护工作的协调、监督、仲裁、惩罚与奖励等相关事务。按照国家相关部门对资金管理的要求，根据自然保护区居民生计可持续发展和生态保护的目标、资金利用的原则和对象等，通过资金管理委员会对资金进行统一管理，为自然保护区居民生计可持续发展和生态保护提供资金保障。

## 9.3 建立自然保护区生态补偿的长效机制

自然保护区的建立和管理对改善区域生态环境、保护生物多样性、恢复生态服务功能、维护国家生态安全等具有重要意义；但是，与此同时，自然保护区建立和维护过程中在一定程度上限制了居民对当地资源环境的利用，造成大多数当地居民收入减少，而居民没有得到相应的补偿，当地居民生计面临着缺少资金和生态补偿制度缺失等问题，从而影响了自然保护区居民生计的可持续发展。因此，需要根据自然保护区的实际情况，通过利益相关者分析和居民意愿调查准确地界定自然保护区生态补偿主体和客体，依据居民发展权限制损失、动物肇事损失和居民受偿意愿制定自然保护区生态补偿标准，通过问卷调查和专家咨询合理地选择自然保护区生态补偿方式，从生态补偿的主体、客体、标准、方式和法律法规等方面，建立自然保护区生态补偿的长效机制，以促进自然保护区居民生计的可持续发展。

### 9.3.1 长效机制框架的设计

自然保护区生态补偿长效机制是为了维护自然保护区生态系统服务功能或者

特定物种的持续存在和发展，协调各利益相关者之间关系的具有激励效应的制度安排。以保护生态为目标，生态保护激励行为是将资源环境外部性进行内部化，运用政策、经济和市场等手段，调整资源环境行为背后的经济利益关系，实现社会公平的目的。自然保护区生态补偿长效机制研究中的核心问题是生态补偿主体和客体的确定、生态补偿标准的制定、生态补偿方式的选择等，通过合理设计自然保护区生态补偿长效机制的框架（图 9-1），解决“谁来补、补给谁、补多少和怎么补”等方面的问题，实现自然保护区当地居民生计可持续性和生态保护成效的目标。

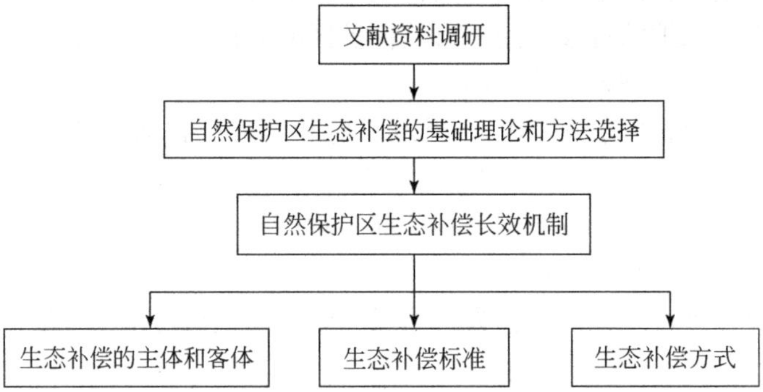


图 9-1　自然保护区生态补偿长效机制的框架

## 9.3.2　界定生态补偿的主体和客体

自然保护区利益相关者是指能够影响自然保护区建设和发展，或者受到自然保护建设和发展影响的个人或组织。通过关键信息人员访谈和居民问卷调查的结果，确定自然保护区生态补偿的利益相关者主要包括当地居民、自然保护区管理部门、旅游部门、企业、各级政府等。采用利益相关者分析法，在明确自然保护区价值类型和形式的前提下，确定不同层次的受益者和补偿者，根据“谁受益，谁付费”原则，确定自然保护区生态补偿主体为旅游部门、排污企业和各级政府等，这些支付主体除政府外均通过使用自然保护区的资源环境，成为自然保护区生态效益的主要受益者（表 9-1）；生态补偿客体为当地居民，自然保护区当地居民为保护资源环境而出让其部分权利，例如，产业结构调整后从农业生产活动中得到的收入下降，或者从利用自然保护区资源环境中所获得的收入减少，属于受到损害的一方，应该得到补偿。

**表 9-1　自然保护区的价值取向**

| 价值类型 | | 价值形式 | 受益方 |
|---|---|---|---|
| 使用价值 | 直接使用价值 | 植物、动物产品（非国家保护、珍稀濒危动植物） | 自然保护区管理部门 |
| | | 景观游憩、科普教育价值 | 旅游公司 |
| | 间接使用价值 | 调节气候、水文、土壤养分循环 | 各级政府、自然保护区管理部门 |
| | | 净化环境 | 排污企业 |
| 使用或非使用价值 | 选择价值 | 人们为将来选择利用保护区资源环境愿意付出费用 | 各级政府、自然保护区管理部门 |
| 非使用价值 | 存在价值、遗产价值 | 维持生物多样性，保护濒危、珍稀物种 | 国家、全球 |

基于此，通过生态补偿支付主体的意愿调查，可以获得自然保护区生态补偿主体为公共利益的代表者为各级政府、受益的企业和旅游部门；通过问卷调查，可以得到自然保护区生态补偿客体为当地居民。

## 9.3.3　确定生态补偿标准

依据自然保护区居民的发展机会成本和资源环境利用受到限制的损失、动物肇事造成的损失，结合居民生态补偿金标准选择受偿意愿的调查，确定自然保护区生态补偿标准。首先，采用机会成本法，计算得到自然保护区居民生计发展的机会成本；其次，通过居民的意愿调查得知自然保护区居民资源环境利用受到限制的损失数额、动物肇事造成的损失数额；然后，通过自然保护区居民生态补偿金选择受偿意愿的调查，得到自然保护区居民选择的生态补偿金值；最后，通过计算获得自然保护区居民损失与居民生态补偿金选择的数据范围，以此作为自然保护区生态补偿标准确定的依据。

## 9.3.4　选择生态补偿方式

自然保护区生态补偿方式主要有现金补偿、实物补偿、政策补偿和技术补偿等。其中，现金补偿是指各级政府、资源开发者、受益者拿出资金用于治理和恢复由于资源开发带来的生态破坏，通过政府财政转移支付、减免税收、信用担保贷款、补偿金和赠款等方式进行补偿；自然保护区当地社区经济发展落后，当地居民为了维持生计，认为现金补偿更为直接、方便。

实物补偿是指补偿主体以物质、劳动力和土地等作为补偿手段，缓解补偿对象部分的生产要素和生活要素问题，改善补偿对象的生活状况以增强其生产能力。实物补偿能够帮助自然保护区当地居民发展生态经济产业，增加当地居民收入，提高居民生计水平。

政策补偿是指上级政府对自然保护区当地居民的权利和机会补偿，通过制定各项优先权和优惠待遇的政策，调整产业结构，扶持自然保护区当地居民进行生产转型，补偿居民放弃原有生计方式所付出的机会成本的损失。

技术补偿是指开展免费的智力服务，提供无偿技术咨询和指导，提高受补偿者的组织管理水平和生产技能；向自然保护区定期派送技术人员，一方面可以帮助自然保护区的建设和管理，促进自然保护区可持续发展；另一方面对自然保护区当地居民进行非农就业技能和农业生产技术的培训，促进当地居民非农就业机会的增加以及农业生产效率的提升。

### 9.3.5 完善生态补偿法律法规

无论是政府财政转移支付还是市场经济手段的生态补偿机制都需要相关法律法规作为依据，所以，在《中华人民共和国自然保护区管理条例》中应该体现生态补偿的相关条款和规章制度，包括自然保护区生态补偿实施的依据、原则、方针、模式、途径和策略等；将自然保护区生态补偿的相关条款和规章制度纳入《中华人民共和国自然保护区法》中，以法律法规形式确立自然保护区生态补偿的主体、客体、标准、方式和资金来源等内容。通过完善自然保护区生态补偿的法律法规，促进自然保护区生态补偿长效机制的构建，实现自然保护区当地居民生计可持续发展和生态保护成效双赢目标的实现。

## 9.4 自然保护区生态旅游发展的保障体系

### 9.4.1 构建完善的生态旅游管理体系

自然保护区生态旅游管理是以生态学为原理，以生态保护为前提，以实现生态环境、旅游经济和社会道德优化为目标，通过科学、有效的方式对自然保护区生态旅游开发实行管理的决策过程。根据自然保护区的功能、主要保护对象、生态旅游资源特征等，从政府管理、企业管理、社区管理和环境管理等方面，建立自然保护区生态旅游管理体系。其中，政府管理包括实行“依法治旅”、对生态旅游的规划与促进、对生态旅游的控制与监督等方面；企业管理的核心是创建绿色企业，包括树立绿色旅游企业形象和绿色品牌、培育绿色营销观念、开发绿色产品、提供绿色服务、培养绿色员工和注重绿色宣传等；社区管理的核心是社区共管，社区共管就是让自然保护区当地居民充分参与生态旅游，使得居民在生态旅游发展中获益，提升居民生计水平；环境管理主要包括生态旅游项目立项阶段的环境影响评价、施工期的“生态化”管理以及运营期的生态环境监测和环境审计等工作。

## 9.4.2 建立和健全法律和法规体系

“以法兴游”“以法治游”是自然保护区生态旅游发展的必经之路，目前我国对生态旅游的各项标准和规定不甚明确，生态旅游的经营管理与开发都缺乏统一、专门、系统的法律依据，致使生态旅游在一定程度上无法可依，产生了一系列的问题。应建立和健全自然保护区生态旅游的法律和法规体系，将生态旅游的原则、理念、标准等用法律法规的形式确定下来，界定自然保护区生态旅游开发的战略地位、对策、步骤、目标及各级政府权限职责，确保自然保护区生态旅游开发和经营管理做到有法可依。另外，实行“一区一法”，强化自然保护区生态旅游开发的地方执法，加强执法队伍的建设，利用法律杠杆使生态旅游各个利益相关方有法可依、有章可循，建立统一的生态旅游规范的服务标准、完善生态旅游的市场竞争规则。

## 9.4.3 构建多元化投资体系

自然保护区生态旅游发展需要资金作为保障，需要引进市场机制，在产权、统一规划、保护自然资源和生态环境等基本原则不变的前提下，积极引导和鼓励有实力的民营和外资企业参与自然保护区生态旅游资源的开发和建设，多渠道筹集资金，构建政府投资、企业投资和私人投资的多元化投资体系。政府投资主要用于生态旅游基础设施、重要旅游服务设施和具有间接效益、长远效益的生态旅游项目，企业投资主要集中于收益直接、回收较快、具有一定规模的旅游项目，私人投资主要用于市场所需要的中低层次的生态旅游项目，私人投资能起到完善和补充的作用。

### 9.4.4 建立人力资源保障体系

自然保护区生态旅游要实现可持续发展，需要高水平的政府决策人员、从事生态旅游专业的科技人员、从事生态环境教育的科普人员、兼具生态学知识和生态旅游以及市场知识的自然保护区管理人员、具有生态科学知识的经营人员、具有生态旅游和自然科学知识的导游人员等。培养与生态旅游相适应的专业旅游人才，形成从决策管理层到科研层到服务人员的人才队伍，使科研、管理和基层服务工作相配套。根据自然保护区的实际情况，制定相关的优惠政策，采取措施引进一些有专业知识和丰富经验的旅游经营管理、旅游形象策划的高水平专业人才，同时聘请旅游院校专业教师和企业管理人员对在岗旅游管理人员和导游人员进行集中培训，使他们熟知自然保护区生态旅游资源的特征、分布、数量、景观特色、保护物种、动植物区系及其形成演变等相关知识，使旅游管理人员成为具有生态、旅游和市场等多方面知识的管理人才，使导游人员成为具有旅游和自然科学知识的科普教育者和宣传者，提高自然保护区生态旅游的管理水平和服务质量，以促进自然保护区生态旅游的发展，实现自然保护区资源环境保护和当地居民生计可持续发展的目标。

# 参 考 文 献


埃莉诺·奥斯特罗姆 . 2000. 公共事物的治理之道——集体行动制度的演进 . 余逊达，陈旭东译 . 上海：上海三联书店 .

白兰 . 2015. 贵州省脆弱生态环境与贫困耦合关系研究 . 贵阳：贵州大学硕士学位论文 .

庇古 . 2006. 福利经济学 . 朱泱，张胜纪，吴良健译 . 北京：商务印书馆 .

蔡志海 . 2010. 汶川地震灾区贫困村农户生计资本分析 . 中国农村经济，(12)：55-67.

陈传明 . 2011. 福建武夷山国家级自然保护区生态补偿机制研究 . 地理科学，31（5）：594-599.

陈传明 . 2012. 闽西梅花山国家级自然保护区的生态补偿机制——基于当地社区居民的意愿调查 . 林业科学，48（8）：127-132.

陈传明 . 2015. 武夷山国家级自然保护区景观生态格局分析与评价 . 生态科学，34（5）：142-146.

陈传明，侯雨峰，吴丽媛 . 2018. 自然保护区建立对区内居民生计影响研究——基于福建武夷山国家级自然保护区 272 户区内居民调研 . 中国农业资源与区划，39（1）：219-224.

陈娅玲，于正军，杨昆 . 2017. 生态旅游发展对西藏乡村农牧民家庭的生计影响——以林芝鲁朗镇扎西岗村为例 . 西藏民族大学学报，38（5）：131-137.

崔德华 . 2008. 西方风险社会理论及其对我国构建社会主义和谐社会的启示 . 济南：山东大学硕士学位论文 .

崔晓明，陈佳，杨新军 . 2017. 乡村旅游影响下的农户可持续生计研究——以秦巴山区安康市为例 . 山地学报，35（1）：85-94.

代云川，薛亚东，张云毅，等 . 2019. 国家公园生态系统完整性评价研究进展 . 生物多样性，27（1）：104-113.

邓天仙，任晓冬 . 2017. 自然保护区周边社区农户生计现状与发展研究——以草海周边两个自然村为例 . 湖北农业科学，56（20）：3971-3974，3979.

丁金梅，李霞，文琦 . 2017. 能源开发区生态补偿方式对农户生计影响研究——以榆林市为例. 地理与地理信息科学，33（6）：80-86.

段伟 . 2016. 保护区生物多样性保护与农户生计协调发展研究 . 北京：北京林业大学博士学位论文 .

段伟，刘倩倩，雷硕，等 . 2015. 收入多样化、森林依赖度和林业可持续发展——以西部四省 756 户农户数据为例 . 农林经济管理学报，14（6）：606-612.

段伟，赵正，刘梦捷，等 . 2016. 保护区周边农户自然资源依赖度研究 . 农业技术经济，(3)：93-102.

傅斌，王玉宽，徐佩 . 2017. 农户生计与生态系统服务耦合关系研究进展 . 生态经济，33（1）：142-145，151.
高文军，石晓帅 . 2015. 政府主导型“造血式”流域生态补偿模式研究 . 未来与发展，（8）：15-17.
谷国锋，黄亮，李洪波 . 2010. 基于公共物品理论的生态补偿模式研究 . 商业研究，（3）：33-36.
谷丽萍，方天堃，郭永清，等 . 2007. 退耕还林工程对会泽县农户的影响 . 林业调查规划，32（3）：83-86.
谷雨，王青 . 2013. 新时期不同类型农户生计脆弱性研究——以重庆市合川区为例 . 湖北农业科学，52（7）：1715-1720.
郭洁，赵宁 . 2012. 利益平衡视野下自然保护区农民利益保护研究 . 社会科学辑刊，（1）：84-86.
郭劲光 . 2006. 我国农村脆弱性贫困再解构及其治理 . 改革，（11）：115-123.
郭连超，陈传明，侯雨峰，等 . 2016. 自然保护区生态保护与居民生计博弈分析 . 资源开发与市场，32（11）：1319-1322，1328.
郭伟和 . 2001. 福利经济学 . 北京：经济管理出版社 .
郭秀丽，周立华，陈勇，等 . 2017. 典型沙漠化地区农户生计资本对生计策略的影响——以内蒙古自治区杭锦旗为例 . 生态学报，37（20）：63-69.
韩锋，王昌海，侯一蕾，等 . 2014. 自然保护区周边社区薪柴消费影响因素分析 . 资源科学，36（5）：971-978.
韩锋，王昌海，赵正，等 . 2015. 农户对自然保护区综合影响的认知研究——以陕西省国家级自然保护区为例 . 资源科学，37（1）：102-111.
韩鹏，黄河清，甄霖，等 . 2012. 基于农户意愿的脆弱生态区生态补偿模式研究——以鄱阳湖区为例 . 自然资源学报，27（4）：625-642.
韩文文，刘小鹏，裴银宝，等 . 2016. 不同地貌背景下民族村农户生计脆弱性及其影响因子 . 应用生态学报，27（4）：1229-1240.
郝文渊，李文博，周鹏 . 2013. 生态补偿与藏东南农牧民可持续生计研究 . 湖北农业科学，52（16）：4016-4022.
何承耕，谢剑斌，钟全林 . 2008. 生态补偿：概念框架与应用研究 . 亚热带资源与环境学报，3（2）：65-73.
何仁伟，刘邵权，刘运伟，等 . 2014. 典型山区农户生计资本评价及其空间格局——以四川省凉山彝族自治州为例 . 山地学报，32（6）：641-651.
洪睿，李波，崇洁 . 2008. 退耕还林（草）工程对农户生活的影响——以皇甫川流域为例 . 林业经济，（2）：19-21.
侯一蕾，温亚利 . 2012. 野生动物肇事对社区农户的影响及补偿问题分析——以秦岭自然保护区群为例 . 林业经济问题，32（5）：388-391.
胡崇德，陈智瑞，贾良珍，等 . 2009. 自然保护区周边社区混农林业探讨 . 现代农业科技，（1）：83-84.

胡国建，陈传明，郭连超 . 2017. 自然保护区农村居民社会观念状况及差异性分析——以福建闽江源国家级自然保护区为例 . 林业经济问题，37（6）：52-56.

胡童，马军 . 2018. 内蒙古草原生态补偿对畜牧业收入的影响研究 . 内蒙古农业大学学报（社会科学版），20（6）：30-34.

胡欣欣 . 2009. 龙栖山国家级自然保护区森林景观格局分析及其生态评价 . 福州：福建农林大学博士学位论文 .

胡永宏 . 2000. 综合评价方法 . 北京：科学出版社 .

胡振通，柳荻，靳乐山 . 2016. 草原生态补偿：生态绩效、收入影响和政策满意度 . 中国人口 · 资源与环境，26（1）：165-176.

黄顺魁 . 2016. 生态资源属性对不同生态补偿方式的影响 . 现代管理科学，（12）：58-60.

蒋明康 . 2015. 中国自然保护区保护成效评估研究概述 . 生态与农村环境学报，31（6）：789-790.

姜旭，卢新海 . 2020. 长江中游城市群城镇化与人居环境耦合协调的时空特征研究 . 中国土地科学，34（1）：25-33.

靳乐山，郭建卿 . 2011. 农村居民对环境保护的认知程度及支付意愿研究——以纳板河自然保护区居民为例 . 资源科学，33（1）：50-55.

靳乐山，魏同洋 . 2013. 生态补偿在生态文明建设中的作用 . 探索，（3）：137-141.

黎洁 . 2005. 西部生态旅游发展中农村社区就业与旅游收入分配的实证研究——以陕西太白山国家森林公园周边农村社区为例 . 旅游学刊，（3）：18-22.

黎洁 . 2017. 农户生计与环境可持续发展研究 . 北京：社会科学文献出版社 .

李聪，黎洁，李亚莉 . 2014. 社会性别视角下的西部贫困山区农户家庭消费结构分析 . 妇女研究论丛，23（1）：22-29.

李飞，唐丽霞，于乐荣，等 . 2013. 农户生活满意度及影响因素分析——基于 10 个村庄的横截面数据 . 西北人口，34（1）：41-46.

李飞，杨栋，王厚全 . 2012. 农户可持续生计框架下的乡村旅游影响研究——以北京市大兴区梨花村为例 . 江苏农业科学，40（8）：405-407.

李国平，郭勇，刘大为，等 . 2015. 自然保护区管理效率评价研究——以牛背梁国家级自然保护区为例 . 旅游学刊，30（3）：76-85.

李海燕，蔡银莺 . 2014. 生计多样性对农户参与农田生态补偿政策响应状态的影响——以上海闵行区、苏州张家港市发达地区为例 . 自然资源学报，29（10）：1696-1708.

李惠梅，张安录 . 2013. 基于福祉视角的生态补偿研究 . 生态学报，33（4）：1065-1070.

李军龙 . 2013. 森林生态补偿对农户生计资本影响的实证研究——以闽江源流域为例 . 宜宾学院学报，13（4）：66-70.

李军龙，滕剑仑 . 2013. 生计资本下农户参与生态补偿行为意愿分析——基于福建省三明地区 48 个村的调查 . 福建农林大学学报（哲学社会科学版），16（5）：15-20.

李军龙，张美艳，陈华文，等 . 2019. 贫困户对生态补偿扶贫满意度及影响因素的实证研究 . 宜宾学院学报，19（7）：88-96.

李茂林，刘春莲，吴显春 . 2015. 旅游开发背景下的民族村寨农户经济行为特征及其优化——

以西江苗寨为例．湖北科技学院学报，(3)：38-40.
李谧，唐伟．2009．当代风险社会理论研究述评．北京行政学院学报，(6)：20-25.
李如友．2016．中国旅游发展与城乡收入关系的空间计量分析．经济管理，9（38）：161-172.
李卅，张玉钧．2017．台湾地区太鲁阁国家公园与原住民关系协调机制研究．中国城市林业，15（3）：26-29.
李双，孙孝平，方彦君．2019．钱江源国家公园体制试点区农户生计资本评价及其空间特征．生物多样性，(1)：64-75.
李文周．2012．戴云山国家级自然保护区发展生态旅游的思考．内蒙古林业调查设计，35（6）：64-66，101.
李霞．2017．能源开发区生态补偿对农户生计影响研究——以榆林市北六县为例．银川：宁夏大学硕士学位论文．
李欣，曹建华，李风琦．2015．生态补偿参与对农户收入水平的影响——以武陵山区为例．华中农业大学学报（社会科学版），(6)：51-57.
李宗利．2017．旅游扶贫与生态补偿协同发展研究——以张家界为例．长沙大学学报，31（1)：46-49.
刘春腊，徐美，周克杨，等．2019．精准扶贫与生态补偿的对接机制及典型途径——基于林业的案例分析．自然资源学报，34（5）：989-1002.
刘钢，宋亚倩，樊力硕，等．2017．基于有序 Logistic 回归的水库移民住房感知实证研究．长江流域资源与环境，26（4）：519-529.
刘静，苗鸿，郑华，等．2009．卧龙自然保护区与当地社区关系模式探讨．生态学报，29（1)：259-271.
刘丽梅，吕君．2010．中国社区参与旅游发展研究述评．地理科学进展，29（8）：1018-1024.
刘上洋．2017．欠发达地区生态与经济协调发展研究．北京：社会科学文献出版社．
刘向华．2016．资源福祉视角下构建我国农业生态补偿体系的思考．生态经济，32（10)：97-100.
刘燕华．2001．脆弱生态环境与可持续发展．北京：商务印书馆．
刘益．2006．旅游开发对社区农户经济影响的时空分异特征研究——以丹霞山、世外桃源景区为例．经济地理，26（4）：706-709.
刘宇晨，张心灵．2018．不同地区牧民对草原生态补偿方式的选择研究．生态经济，32（1)：197-201.
刘宇晨，张心灵．2019．草原生态保护补奖政策对牧户收入影响的实证分析．干旱区资源与环境，33（2)：60-67.
卢松，张捷．2009．古村落旅游社区居民生活满意度及社区建设研究——以世界文化遗产皖南古村落为例．旅游科学，(6)：41-47.
罗辉，梁建忠，黄晓园．2010．自然保护区及周边社区利益主体的博弈分析．贵州大学学报（社会科学版)，28（1)：62-66.
罗俊，赵弘，赵燕霞．2015．大城市周边生态抑制型贫困研究综述．生态经济，31（10)：34-40.

吕君. 2007. 旅游生态安全思想的缘起及其安全状态诊断. 内蒙古财经学院学报，(5)：35-38.
马奔，刘凌宇，秦青，等. 2017. 自然保护区周边农户家庭收入影响因素分析——以四川大熊猫自然保护区为例. 林业经济问题，37 (2)：45-50.
马建章. 1992. 自然保护区学. 哈尔滨：东北林业大学出版社.
毛显强，钟瑜，张胜. 2002. 生态补偿的理论探讨. 中国人口·资源与环境，12 (4)：38-41.
纳列什·辛格，乔纳森·吉尔曼，祝东力. 2000. 让生计可持续. 国际社会科学杂志（中文版），17 (4)：123-129.
潘大东，王平，杨帆，等. 2012. 哈巴雪山自然保护区与周边社区发展的冲突及对策. 安徽农业科学，40 (8)：4667-4670.
庞雯. 2017. 生态补偿对农户生计的影响——以武夷山国家级自然保护区为例. 福州：福建师范大学硕士学位论文.
邱守明，聂铭，朱永杰. 2017. 生态旅游发展如何影响农户收入——云南省国家公园的实证分析. 农村经济，(7)：57-63.
曲笑含，刘晶岚. 2014. 社区居民参与保护区管理意愿影响因素分析——基于北京市的调查. 广东农业科学，41 (1)：218-222.
尚海洋，苏芳. 2012. 生态补偿方式对农户生计资本的影响分析. 冰川冻土，34 (4)：983-989.
尚婷婷，曹玉昆. 2019. 东北虎豹国家公园周边居民可持续生计评价分析. 林业经济，(10)：17-22.
沈满洪，程华，陆根尧. 2012. 生态文明建设与区域经济协调发展战略研究. 北京：科学出版社.
沈满洪，何灵巧. 2002. 外部性的分类及外部性理论的演化. 浙江大学学报：人文社会科学版，32 (1)：152-160.
沈满洪，谢惠明. 2009. 公共物品问题及其解决思路——公共物品理论文献综述. 浙江大学学报：人文社会科学版，39 (6)：133-144.
石智雷，杨云彦. 2012. 家庭禀赋、家庭决策与农村迁移劳动力回流. 社会学研究，(3)：175-181.
帅亮乾，张卉芳. 2013. 退耕还林背景下的农民收入持续增长问题研究——以贵州思南四野屯自然保护区农户为例. 安徽农业科学，41 (6)：2571，2576.
斯科特·拉什，王武龙. 2002. 风险社会与风险文化. 马克思主义与现实，(4)：52-63.
宋莎，刘庆博，温亚利. 2016. 秦岭大熊猫保护区周边社区自然资源依赖度影响因素分析. 浙江农林大学学报，33 (1)：130-136.
宋敏，韩曼曼. 2016. 生态福祉视角下的农地城市流转生态补偿机制：研究进展与框架构建. 农业经济问题，(11)：94-103.
苏芳. 2015. 可持续生计：理论、方法与应用. 北京：中国社会科学出版社.
苏芳，尚海洋. 2013. 生态补偿方式对农户生计策略的影响. 干旱区资源与环境，27 (2)：58-63.
苏芳，郑亚萍. 2018. 甘南牧区劳动力转移背景下留守农户生计策略选择. 干旱区地理，

41（4）：826-832.
孙凤芝，许峰 . 2013. 社区参与旅游发展研究评述与展望 . 中国人口 · 资源与境，23（7）：142-148.
孙润，王双玲，吴林巧，等 . 2017. 保护区与社区如何协调发展：以广西十万大山国家级自然保护区为例 . 生物多样性，25（4）：437-448.
汤青 . 2015. 持续生计的研究现状及未来重点趋向 . 地球科学进展，30（7）：823-833.
唐芳林 . 2017. 国家公园理论与实践 . 北京：中国林业出版社 .
唐丽霞，李小云，左停 . 2010. 社会排斥、脆弱性和可持续生计：贫困的三种分析框架及比较. 贵州社会科学，（12）：4-10.
陶聪 . 2019. 国家公园生态系统评价和管理 . 上海：上海交通大学出版社 .
万绪才，朱应皋，丁敏 . 2002. 国外生态旅游研究进展 . 旅游学刊，17（2）：68-72.
王昌海 . 2014. 农户生态保护态度：新发现与政策启示 . 管理世界，（11）：70-79.
王昌海，温亚利，郝春旭，等 . 2010. 大熊猫自然保护区退耕农户前期满意度及后续退耕意愿研究——以陕西长青自然保护区周边 124 退耕户为例 . 资源科学，32（10）：2030-2037.
王成超，杨玉盛 . 2013. 生态补偿方式对农户可持续生计影响分析 . 亚热带资源与环境学报，8（4）：53-60.
王成超，杨玉盛，庞雯，等 . 2017. 国外生态旅游对当地社区生计的影响研究综述 . 生态学报，37（16）：5556-5564.
王丰年 . 2006. 论生态补偿的原则和机制 . 自然辩证法研究，22（1）：31-35.
王会，赵亚文，温亚利 . 2017. 基于要素报酬的农户自然资源依赖度评价研究——以云南省六个自然保护区为例 . 中国人口 · 资源与环境，27（12）：146-156.
王瑾，张玉钧，石玲 . 2014. 可持续生计目标下的生态旅游发展模式——以河北白洋淀湿地自然保护区王家寨社区为例 . 生态学报，34（9）：2388-2400.
王君，李锦宏 . 2017. 中国自然保护区生态补偿机制构建与反思——基于各方利益主体的博弈视角 . 林业经济问题，37（2）：39-44.
王磊 . 2017. 贫困农户生计风险管理策略研究——基于可持续生计分析框架 . 贵阳学院学报（社会科学版），（5）：49-52.
王蕾，苏杨，崔国发 . 2011. 自然保护区生态补偿定量方案研究——基于“虚拟地”计算方法. 自然资源学报，26（1）：34-47.
王立安，刘升，钟方雷 . 2012. 生态补偿对贫困农户生计能力影响的定量分析 . 农村经济，（11）：99-103.
王萍，李亚丽，颜伟 . 2018. 山西省国家级贫困县多维贫困度与旅游资源耦合度研究 . 经济研究参考，（57）：46-53.
王倩，李春媛，刘玉晓 . 2010. 提高农村居民生活满意度的政策思考 . 天津农业科学，（6）：111-113.
王献溥 . 2011. 生物多样性是我们的生命 . 生命世界，（3）：14-23.
王雅敬，谢炳庚，李晓青，等 . 2016. 公益林保护区生态补偿标准与补偿方式 . 应用生态学报，27（6）：1893-1900.

王一超，郝海广，张惠远，等. 2016. 自然保护区农户参与生态补偿的意愿及其影响因素. 生态与农村环境学报，32（6）：895-900.
王永明，王美霞. 2015. 张家界旅游发展与农户收入的互动效应及影响因素. 经济地理，35（3）：197-202.
王宇，延军平. 2010. 自然保护区村民对生态补偿的接受意愿分析——以陕西洋县朱鹮自然保护区为例. 中国农村经济，（1）：63-73.
韦惠兰，冯茹，范文安. 2008. 生态补偿与林缘社区的可持续生计——以甘肃白水江国家级自然保护区为例. 农村经济，（4）：62-65.
韦惠兰，谢文斌. 2010. 自然保护区林缘社区产业发展研究——以甘肃白水江国家级自然保护区为例. 林业经济，（6）：123-126.
韦惠兰，祁应军. 2016. 农户生计资本与生计策略关系的实证分析——以河西走廊沙化土地封禁保护区外围为例. 中国沙漠，36（2）：540-548.
温亚利，侯一蕾，马奔. 2019. 中国国家公园建设与社会经济协调发展研究. 北京：中国环境出版社.
乌尔里希·贝克. 2004. 世界风险社会. 吴英姿，孙淑敏译. 南京：南京大学出版社.
乌尔里希·贝克，安东尼·吉登斯，斯科特·拉什. 2001. 自反性现代化. 赵文书译. 北京：商务印书馆.
吴承照. 2017. 中国国家公园模式探索2016首届生态文明与国家公园体制建设学术研讨会论文集. 北京：中国建筑工业出版社.
吴承照. 2018. 国家公园是保护性绿色发展模式. 旅游学刊，33（8）：1-2.
吴乐，靳乐山. 2018. 贫困地区生态补偿对农户生计的影响研究——基于贵州省三县的实证分析. 干旱区资源与环境，32（8）：1-7.
吴乐，孔德帅，靳乐山. 2018. 生态补偿对不同收入农户扶贫效果研究. 农业技术经济，（1）：1-12.
吴丽媛，陈传明，侯雨峰. 2016. 中国自然保护区社区农户生计的研究进展. 世界科技研究与发展，38（4）：919-923.
吴伟光，刘强，谢涛，等. 2012. 自然保护区周边农户家庭生活能源消费需求——基于浙江和陕西的实证分析. 农业技术经济，（5）：45-51.
肖练练，钟林生，周睿，等. 2017. 近30年来国外国家公园研究进展与启示. 地理科学进展，（2）：244-255.
谢婷，钟林生，陈田，等. 2006. 旅游对目的地社会文化影响的研究进展. 地理科学进展，25（5）：120-130.
徐建英，孔明，刘新新，等. 2017. 生计资本对农户再参与退耕还林意愿的影响——以卧龙自然保护区为例. 生态学报，37（18）：6205-6215.
徐爽，胡业翠. 2018. 农户生计资本与生计稳定性耦合协调分析——以广西金桥村移民安置区为例. 经济地理，38（3）：142-148.
许恒周，田浩辰. 2018. 农户生计多样化视角下农地确权政策实施效果评估——基于1254份农户问卷的实证研究. 干旱区资源与环境，32（2）：30-36.

薛晓源，刘国良 . 2005. 全球风险世界：现在与未来——德国著名社会学家、风险社会理论创始人乌尔里希 · 贝克教授访谈录 . 马克思主义与现实，(1)：44-55.
闫建忠，吴莹莹，张镱锂，等 . 2009. 青藏高原东部样带农牧民生计的多样化 . 地理学报，64（2）：221-233.
阎建忠，卓仁贵，谢德体，等 . 2010. 不同生计类型农户的土地利用——三峡库区典型村的实证研究 . 地理学报，65（11）：1401-1410.
杨彬如 . 2017. 自然保护区居民生计资本与生计策略 . 水土保持通报，37（3）：113-118，124.
杨亮洁，杨海楠，杨永春，等 . 2020. 基于耦合协调度模型的河西走廊生态环境质量时空格局演化 . 中国人口 · 资源与环境，30（1）：102-112.
杨锐 . 2016. 国家公园与自然保护地研究 . 北京：中国建筑工业出版社 .
杨锐 . 2017. 生态保护第一、国家代表性、全民公益性——中国国家公园体制建设的三大理念 . 生物多样性，25（10）：1040-1041.
杨锐，庄优波，赵智聪 . 2018. 国家公园规划 . 北京：中国建筑工业出版社 .
姚海琴，朋文欢，黄祖辉 . 2016. 家庭型乡村旅游发展对农户收入的影响机制及效果——以浙江、四川和湖南三省为例 . 经济地理，36（11）：169-176.
姚红义 . 2011. 基于生态补偿理论的三江源生态补偿方式探索 . 生产力研究，(8)：17-18，41.
虞慧怡，许志华，曾贤刚 . 2016. 生态补偿绩效及其影响因素研究进展 . 生态经济（中文版），32（8）：170-174.
余中元，李波，张新时 . 2014. 社会生态系统及脆弱性驱动机制分析 . 生态学报，34（7）：1870-1879.
袁梁，张光强，霍学喜 . 2017. 生态补偿对国家重点生态功能区居民可持续生计的影响——基于“精准扶贫”视角 . 财经理论与实践，38（6）：119-124.
袁梁，张光强，霍学喜 . 2017. 生态补偿、生计资本对居民可持续生计影响研究——以陕西省国家重点生态功能区为例 . 经济地理，37（10）：188-196.
袁宁博，陈传明 . 2014. 福建省闽清黄楮林国家级自然保护区管理中利益相关者的博弈分析 . 海南师范大学学报（自然科学版），27（4）：438-443.
袁庆，李清华，徐凌忠，等 . 2009. 农村居民生活满意度及影响因素分析 . 中国公共卫生，(1)：100-102.
翟彬，梁流涛 . 2015. 基于可持续生计的农村反贫困研究——以甘肃省天水贫困地区为例 . 农村经济，(5)：55-60.
占昕，潘文斌，郑鹏，等 . 2017. 闽江河口湿地自然保护区及其周边区域景观自然性评价 . 生态学报，37（20）：6895-6904.
张佰林，杨庆媛，苏康传，等 . 2013. 基于生计视角的异质性农户转户退耕决策研究 . 地理科学进展，32（2）：170-180.
张春丽，佟连军，刘继斌 . 2008. 湿地退耕还湿与替代生计选择的农民响应研究——以三江自然保护区为例 . 自然资源学报，23（4）：568-574.
张东生 . 2016. 沙化土地封禁保护区农户生计可持续性评价 . 内蒙古财经大学学报，14（1）：52-58.

张芳芳，赵雪雁 . 2015. 我国农户生计转型的生态效应研究综述 . 生态学报，35（10）：3157-3164.
张磊磊，支玲 . 2014. 生态补偿对农户生计资本影响的定量分析——以云南省丽江市玉龙县为例 . 森林工程，30（5）：175-180.
张丽 . 2012. 生态补偿对农户生计的影响——以甘南黄河水源补给区为例 . 兰州：西北师范大学硕士学位论文 .
张丽，赵雪雁，侯成成，等 . 2012. 生态补偿对农户生计资本的影响——以甘南黄河水源补给区为例 . 冰川冻土，34（1）：186-195.
张丽琼 . 2016. 旅游发展对乡村社区和农户生计的影响研究 . 西安：西北大学硕士学位论文 .
张维迎 . 1996. 博弈论与信息经济学 . 上海：上海人民出版社 .
张晓蕾，姚顺波 . 2008. 退耕还林对农户消费结构影响的实证研究——以陕北吴起县为例 . 林业经济，30（2）：14-17.
张焱，罗雁，冯璐 . 2017. 滇南跨境山区农户生计资本的量表开发及因子分析 . 经济问题探索，（8）：139-148.
张彦英，樊笑英 . 2011. 论生态文明时代的资源环境价值 . 自然辩证法研究，27（8）：61-64.
张一帆 . 2017. 雷公山自然保护区社区参与研究 . 贵阳：贵州大学硕士学位论文 .
张郁，齐振宏，孟祥海，等 . 2015. 生态补偿政策情境下家庭资源禀赋对养猪户环境行为影响——基于湖北省 248 个专业养殖户（场）的调查研究 . 农业经济问题，（5）：82-90.
赵翠薇，王世杰 . 2010. 生态补偿效益、标准——国际经验及对我国的启示 . 地理研究，29（4）：597-606.
赵锋，杨云彦 . 2009. 外力冲击下水库移民生计脆弱性及其解决机制——以南水北调中线工程库区为例 . 人口与经济，2（4）：1-7.
赵海兰 . 2015. 自然保护区周边社区农户生计状况分析——以陕西长青国家级自然保护区为例. 未来与发展，39（5）：103-108.
赵立娟 . 2014. 灌溉管理改革背景下农户生计脆弱性评估 . 干旱区地理，37（5）：1055-1064.
赵献英 . 1995. 自然保护区在自然资源保护方面的作用和意义 . 自然资源学报，10（3）：279-285.
赵雪雁 . 2011. 生计资本对农牧民生活满意度的影响——以甘南高原为例 . 地理研究，30（4）：687-698.
赵雪雁，董霞，范君君，等 . 2010. 甘南黄河水源补给区生态补偿方式的选择 . 冰川冻土，32（1）：204-210.
赵雪雁，刘春芳，王学良，等 . 2016. 干旱区内陆河流域农户生计对生态退化的脆弱性评价——以石羊河中下游为例 . 生态学报，36（13）：4141-4151.
中国社会科学院社会政策研究中心课题组 . 2005. 失地农民“生计可持续”对策 . 科学咨询，（4）：20-22.
周迪，王雪芹 . 2019. 中国碳排放效率与产业结构升级的耦合度及耦合路径 . 自然资源学报，34（11）：2305-2316.
周觅 . 2013. 社区共管下自然保护区周边社区农民生计改善研究——以云南纳版河流域国家级

自然保护区小糯有上寨为例．湘潭大学学报（哲学社会科学版），37（5）：81-86.
朱建军，胡继连，安康，等．2016. 农地转出户的生计策略选择研究——基于中国家庭追踪调查（CFPS）数据．农业经济问题，37（2）：49-58.
朱烈夫，殷浩栋，张志涛，等．2018. 生态补偿有利于精准扶贫吗？——以三峡生态屏障建设区为例．西北农林科技大学学报（社会科学版），18（2）：42-48.
朱晓柯，万志芳．2019. 林业生态、产业和民生系统耦合协调的动态演进——以黑龙江省国有林区为例．统计与信息论坛，34（2）：55-63.
祝恩元，李俊莉，刘兆德，等．2018. 山东省科技创新与可持续发展耦合度空间差异分析．地域研究与开发，37（6）：25-30.
左其亭，赵春霞．2009. 人水和谐的博弈论研究框架及关键问题讨论．自然资源学报，24（7）：1315-1324.
《2000/2001 年世界发展报告》编写组．2001. 2000/2001 年世界发展报告：与贫困作斗争．世界发展报告翻译组译．北京：中国财政经济出版社．
Roberts M G，杨国安．2003. 可持续发展研究方法国际进展：脆弱性分析方法与可持续生计方法比较．地理科学进展，22（1）：12-22.
Adams W M，Aveling R，Dan B，et al. 2004. Biodiversity conservation and the eradication of poverty. Science，306（56）：1146-1149.
Adiyia B，Vanneste D，Rompaey A V. 2016. The poverty alleviation potential of tourism employment as an off- farm activity on the local livelihoods surrounding Kibale National Park，western Uganda. Tourism and Hospitality Research，17（1）：146-157.
Alix-Garcia J M，Shapiro E N，Sims K E. 2012. Forest conservation and slippage：Evidence from Mexico's national payments for ecosystem services program. Land Economics，（88）：613-638.
Alves P H，Hawes J E，Newton P，et al. 2018. Economic impacts of payments for environmental services on livelihoods of agro- extract communities in the Brazilian Amazon. Ecological Economics，（152）：378-388.
Amoah M，Wiafe E D. 2012. Livelihoods of fringe communities and the impacts on the management of conservation Area：The case of Kakum National Park in Ghana. International Forestry Review，（14）：131-144.
Ansell N，Hajdu F，Blerk L V，et al. 2016. AIDS-affected young peoples access to livelihood assets：Exploring new variant famine in rural Southern Africa. Journal of Rural Studies，（46）：23-34.
Ariken M，Zhang F，Liu K，et al. 2020. Coupling coordination analysis of urbanization and eco-environment in Yanqi Basin based on multi- source remote sensing data. Ecological Indicators，（114）：106-131.
Asquith N M，Varga M T，Wunder S. 2008. Selling two environmental services：In kind payments for bird habitat and watershed protection in Los Negros，Bolivia. Ecological Economic，65（4）：675-684.
Baker N J. 2008. Sustainable wetland resource utilization of Sango Bay through eco- tourism development. African Journal of Environmental Science and Technology，2（10）：326-335.

Barrett C B, Travis A J, Dasgupta P. 2011. On biodiversity conservation and poverty traps. Proceedings of the National Academy of Sciences of the United States of America, 108 (34): 13907-13912.

Behara S, Preetika B, Melanie D, et al. 2012. A socio- ecological assessment aiming at improved forest resource management and sustainable ecotourism development in the mangroves of Tanbi Wetland National Park, The Gambia, West Africa. AMBIO, 41 (5): 513-526.

Benoit G P, Vololomboahangy R R, Zarasoa J N, et al. 2013. Community management of natural resources: A case study from Ankarafantsika National Park, Madagascar. AMBIO, 42 (6): 767-775.

Bernard L, Ostlander N. 2008. Assessing climate change vulnerability in the arctic using geographic information services in spatial data infrastructures. Climatic Change, 87 (1): 263-281.

Berriet-Solliec M, Francois L, Denis L, et al. 2018. Environmentally and socially beneficial outcomes produced by agro- pastoral systems in the Cevennes National Park (France) . Land Use Policy, (8): 169-179.

Berzborn S. 2006. The household economy of pastoralists and wage-labourers in the Richtersveld, South Africa. Journal of Arid Environments, (89): 128-131.

Bhandari P B. 2013. Rural livelihood change? Household capital, community resources and livelihood transition. Journal of Rural Studies, (32): 126-136.

Biggs E M, Watmough G R. 2012. Community- level assessment of factors affecting livelihoods in Nawalparasi district Nepal. Journal of International Development, 24 (2): 255-263.

Bing F, Ming H H. 2013. Study on ecological environment protection and sustainable development strategy in characteristic rural areas. Advanced Materials Research, (16): 1383-1387.

Bragagnolo C, Correia R, Malhado A, et al. 2017. Understanding non- compliance: Local people's perceptions of natural resource exploitation inside two national parks in northeast Brazil. Journal for Nature Conservation, 40 (9): 64-76.

Bremer L L, Farley K A, Lopez- Carr D, et al. 2014. Conservation and livelihood outcomes of payment for ecosystem services in the Ecuadorian Andes: What is the potential for 'Win- Win'. Ecosystem Services, (8): 148-165.

Campbell L M. 1999. Ecotourism in rural developing communities. Annals of Tourism Research, 26 (3): 534-553.

Carpenter S, Mooney H, Agard J, et al. 2009. Science for managing ecosystem services: Beyond the millennium ecosystem assessment. Proceedings of the National Academy of Sciences of the United States of America, 106 (5): 1305-1312.

Ceballos L H. 1987. The future of ecotourism. Mexico Journal, (2): 13-14.

Ceballos L H. 1998. Tourism, ecotourism, and protected areas: The state of nature- based tourism around the world and guidelines for its development. The Geographical Journal, 164 (3): 349-350.

Cetinkaya G, Kambu A, Nakamura K. 2014. Sustainable development and natural resource management: An example from Koprulu Kanyon National Park, Turkey. Sustainable Development, 22 (1): 63-72.

Chambers R, Conway G R. 1992. Sustainable livelihoods: Practical concepts for the 21st century. Brighton: Institute of Development Studies.

Chan K, Balvanera P, Benessaiah K, et al. 2016. Opinion: Why protect nature? Rethinking values and the environment. PNAS, 113 (6): 1462-1465.

Charlotte N, Ricarda M, Paul V, et al. 2015. Collaborative resource management and rural livelihoods around protected areas: A case study of Mount Elgon National Park, Uganda. Forest Policy and Economics, 57 (8): 1-11.

Clements T, John A, Nielsen K, et al. 2010. Payments for biodiversity conservation in the context of weak institutions: Comparison of three programs from cambodia. Ecological Economics, 69 (6): 1283-1291.

Clements T, Milner- Gulland E J. 2015. Impact of payments for environmental services and protected areas on local livelihoods and forest conservation in Northern Cambodia. Conservation Biology, 29 (1): 78-87.

Cranford M, Mourato S. 2011. Community conservation and a two- stage approach to payments for ecosystem services. Ecological Economics, (71): 89-98.

Das M, Chatterjee B. 2015. Ecotourism: A panacea or a predicament? Tourism Management Perspectives, (14): 3-16.

David F. 1999. Ecotorism: An Introduction. London: Routledge.

DFID. 2000. Sustainable Livelihoods Guidance Sheets. London: Department for International Development.

Ehussien R A, Ahmed F A, Salih R R. 2012. Evaluation of the impact of Dinder National Park project on the local community in Dinder area, Sudan. Journal of Life Science and Biomedicine, 2 (3): 101-104.

Ellis F, Bahiigwa G. 2003. Livelihoods and rural poverty reduction in Uganda. World Development, 31 (6): 997-1013.

Ellis F. 2000. Rural livelihoods and diversity in developing countries. Oxford: Oxford University Press.

Engel S, Pagiola S, Wunder S. 2008. Designing payments for environmental services in theory and practice: An overview of the issues. Ecological Economics, (62): 663-674.

Engel S. 2016. The devil in the detail: A practical guide on designing payments for environmental services. International Review of Environmental and Resource Economics, (9): 131-147.

Fan J, Liang Y, Tao A, et al. 2011. Energy policies for sustainable livelihoods and sustainable development of poor areas in China. Energy Policy, (39): 1200-1212.

Foucat V S. 2002. Community- based ecotourism management moving towards sustainability, in Ventanilla, Oaxaca, Mexico. Ocean and Coastal Management, 45 (8): 511-529.

Garbach K, Lubell M, Declerck F. 2012. Payment for ecosystem services: The roles of positive incentives and information sharing in stimulating adoption of silvopastoral conservation practices. Agriculture Ecosystems and Environment, 156 (8): 27-36.

Guha I, Ghosh S. 2007. Does tourism contribute to local livelihoods? A case study of tourism, poverty and conservation in the Indian Sundarbans. Sandee working, (26): 10-16.

Gulay C, Alphonse K, Koji N. 2014. Sustainable evelopment and natural resource management: An example from Koprulu Kanyon National Park, Turkey. Sustainable Development, 22 (1): 63-72.

Hahn M B, Riederer A M, Foster S O. 2009. The livelihood vulnerability Index: A pragmatic approach to assessing risks from climate variability and change. Global Environmental Change, 19 (1): 74-88.

Heckman J J, Ichimura H, Todd P E. 1997. Matching as an econometric evaluation estimator: Evidence from evaluation a job training programme. Review of Economic Studies, 64 (4): 605-624.

Honey M. 2008. Ecotourism and Sustainable Development, Who Owns Paradise? Washington: Island Press.

Ian E M, Kenneth F B, Dewayne D M, et al. 2014. Household poverty dimensions influencing forest dependence at Volcanoes National Park, Rwanda: An application of the sustainable livelihoods framework. Natural Resources, 15 (6): 1031-1047.

Kamanga P, Vedeld P, Sjaastad E. 2009. Forest incomes and rural livelihoods in Chiradzulu District, Malawi. Ecological Economics, 68 (3): 613-624.

Kamrul I, Tapan K N, Mohammed J, et al. 2019. Forest dependency, co-management and improvement of peoples' livelihood capital: Evidence from Chunati Wildlife Sanctuary, Bangladesh. Environmental Development, (26): 100-108.

Karki S T. 2013. Do protected areas and conservation incentives contribute to sustainable livelihoods: A case study of Bardia National Park, Nepal. Journal of Environmental Management, 12 (8): 988-999.

Kates R W, Clark W C, Corell R, et al. 2001. Environment and development. Sustainability science. Science, (292): 641-642.

Katikiro R E. 2016. Improving alternative livelihood interventions in marine protected areas: A case study in Tanzania. Marine Policy, (70): 22-29.

Kirsten D S. 2005. Economic consequences of wetland degradation for local populations in Africa. Ecological Economics, 53 (2): 177-190.

Koning G H, Benitez P C, Munoz F, et al. 2007. Modelling the impacts of payments for biodiversity conservation on regional land use patterns. Landscape and Urban Planning, 83 (4): 255-267.

Liu M C, Yang L, Bai Y Y, et al. 2018. The impacts of farmers' livelihood endowments on their participation in eco-compensation policies: Globally important agricultural heritage systems case studies from China. Land Use Policy, (77): 231-239.

Lockie S. 2013. Market instruments, ecosystem services, and property rights: Assumptions and conditions for sustained social and ecological benefits. Land Use Policy, 31 (6): 90-98.

Luers A L. 2005. The surface of vulnerability: An analytical framework for examining environmental change. Global Environmental Change, 15 (3): 214-223.

Macedo M N, Defries R S, Morton D C, et al. 2012. Decoupling of deforestation and soy production in the southern Amazon during the late 2000s. Proceedings of the National Academy of Sciences of the United States of America, (109): 1341-1346.

Mackay A. 2007. Climate change impacts, adaptation and vulnerability: Contribution of Working Group Ⅱ to the fourth assessment report of the intergovernmental panel on climate change. Journal of Environmental Quality, 37 (6): 2407-2412.

Mahan C G, Young J A, Miller B J, et al. 2015. Using ecological indicators and a decision support system for integrated ecological assessment at two National Park Units in the Mid-Atlantic Region, USA. Environmental Management, 55 (2): 508-522.

Massimo S, Aurelio A, Francesca F, et al. 2020. An ecology and economy coupling model: A global stationary state model for a sustainable economy in the Hamiltonian formalism. Ecological Economics, (27): 106-117.

Mcdermott M, Mahanty S, Schreckenberg K. 2013. Examining equity: A multidimensional framework forassessing equity in payments for ecosystem services. Environmental Science and Policy, (10): 6-11.

Mcnally C G, Uchida E, Gold A J. 2011. The effect of a protected area on the tradeoffs between short-run and long-run benefits from mangrove ecosystems. Proceedings of the National Academy of Sciences of the United States of America, 108 (34): 13945-13950.

Millennium E A. 2005. Ecosystems and Human Well-being: Synthesis. Washington D. C.: Island Press.

Mitchell J, Ashley C. 2010. Tourism and Poverty Reduction: Pathways to Prosperity. London: Taylor & Francis.

Mitchell R, Higham J. 2013. Applying sustainability in National Park management: Balancing public and private interests using a sustainable market orientation model. Journal of Sustainable Tourism, 21 (5): 695-715.

Mohit K, Rohit M, Jyoti P. 2017. Changing landscape of marine National Park and sanctuary, gulf of Kachchh: Ecological assessment of mangroves and coral reefs. Physical Sciences, 87 (4): 889-900.

Moreno S R, Maldonado J H, Wunder S, et al. 2012. Heterogeneous users and willingness to pay in an ongoing payment for watershed protection initiative in the colombian Andes. Ecological Economics, 75 (2): 126-134.

Moser C O. 1998. The asset vulnerability framework: Reassessing urban poverty reduction strategies. World Development, 26 (1): 1-19.

Mustika P L, Birtles A, Welters R, et al. 2012. The economic influence of community based dolphin watching on a local economy in a developing country: Implications for conservation. Ecological Economics, (79): 11-20.

Nantachai P. 2018. Impacts from tourism development and agriculture on forest degradation in Thap Lan

National Park and adjacent areas. Agriculture and Natural Resources, 52 (3): 290-297.

Naughton T L, Alix G J, Chapman C A. 2011. Lessons about parks and poverty from a decade of forest loss and economic growth around Kibale National Park, Uganda. Proceedings of the National Academy of Sciences of the United States of America, 108 (34): 13919-13924.

Nepal S, Spiteri A. 2011. Linking livelihoods and conservation: An examination of local residents' perceived linkages between conservation and livelihood benefits around Nepal's Chitwan National Park. Environmental Management, 47 (5): 727-738.

Nyaupane G P, Poudel S. 2011. Linkages among biodiversity, livelihood, and tourism. Annals of Tourism Research, 38 (4): 1344-1366.

OBrien K L, Leichenko R M. 2000. Double exposure: Assessing the impacts of climate change within the context of economic globalization. Global Environmental Change, 10 (3): 221-232.

Pagiola S, Agustin A, Platais G. 2005. Can payments for environmental services help reduce poverty? An exploration of the issuesand the evidence to date from Latin America. World Development, 33 (2): 237-253.

Pagiola S, Ramirez E, Gobbi J, et al. 2007. Paying for the environmental services of silvopastoral practices in Nicaragua. Ecological Economics, 64 (2): 374-385.

Palmer C, Difalco S. 2012. Biodiversity poverty and development. Oxford Review of Economic Policy, (28): 48-68.

Pascual U, Muradian R, Rodriguez L C, et al. 2010. Exploring the links between equity and efficiency in payments for environmental services: A conceptual approach. Ecological Economics, (69): 1237-1244.

Pechacek P, Li G, Wang L W, et al. 2013. Compensation payments for downsides generated by protected areas. AMBIO, (42): 90-99.

Persha L, Agrawal A, Chhatre A. 2011. Social and ecological synergy: Local rulemaking, forest livelihoods and biodiversity conservation. Science, (331): 1606-1608.

Pietrzyk-Kaszynska A, Cent J, Grodzinska-Jurczak M, et al. 2012. Factors influencing perception of protected areas: The case of nature 200 in Polish Carpathian communities. Journal for Nature Conservation, 20 (5): 284-292.

Pillay M, Rogerson C M. 2013. Agriculture-tourism linkages and pro-poor impacts: The accommodation sector of urban coastal KwaZulu-Natal, South Africa. Applied Geography, (36): 49-58.

Polsky C, Neff R, Yarnal B. 2007. Building comparable global change vulnerability assessments: The vulnerability scoping diagram. Global Environmental Change, 17 (3): 472-485.

Ram K A, Mengistie K, Raju P, et al. 2017. Financial compensation for biodiversity conservation in Ba Be National Park of Vietnam. Journal for Nature Conservation, (35): 92-100.

Ramankutty N, Rhemtulla J. 2012. Can intensive farming save nature? Frontiers in Ecology and the Environment, (10): 455-458.

Ramos A M, Prideaux B. 2014. Indigenous ecotourism in the Mayan Rainforest of Palenque: Empowerment issues in sustainable development. Journal of Sustainable Tourism, 22 (3):

461-479.

Reed M S, Allen K, Attlee A, et al. 2017. A place-based approach to payments for ecosystem services. Global Environmental Change, (43): 92-106.

Reimer J K, Walter P. 2013. How do you know it when you see it? Community-based ecotourism in the Cardamom Mountains of southwestern Cambodia. Tourism Management, 34 (2): 122-132.

Rogerson C. 2012. The tourism-development nexus in sub-Saharan Africa-progress and prospects. Africa Insight, 42 (2): 28-45.

Rosenbaum P R, Rubin D B. 1993. The central role of the propensity score in observational studies for causal effects. Biometrika, 70 (1): 41-55.

Scheyven R, Momsen J H. 2008. Tourism and poverty reduction: Issues for small island states. Tourism Geographies, 10 (1): 22-41.

Scheyven R. 1999. Ecotourism and the empowerment of local communities. Tourism management, 20 (2): 245-249.

Scheyven R. 2011. The challenge of sustainable tourism development in the Maldives: Understanding the social and political dimensions of sustainability. Asia Pacific Viewpoint, 52 (2): 148-164.

Scoones I. 2009. Livelihoods perspectives and rural development. Journal of Peasant Studies, 36 (1): 171-196.

Seroada M R, Ortiz R A. 2018. Costs and perceptions conditioning willingness to accept payments for ecosystem services in a Brazilian case. Ecological Economics, (47): 333-342.

Sharp K. 2003. Measuring Destitution: Integrating Qualitative and Quantitative Approaches in the Analysis of Survey Data. Washington D. C. : IDS working papers.

Sherbinina A D, Vanway W L, Mcsweeney K, et al. 2008. Rural household demographics, livelihoods and the environment. Global Environmental Change, (18): 38-53.

Shoo R A, Songorwa A N. 2013. Contribution of ecotourism to nature conservation and improvement of livelihoods around Amani nature reserve, Tanzania. Journal of Ecotourism, 12 (2): 75-89.

Sime K R. 2008. Conservation and development: Evidence from Thai protected area. Journal of Environmental Economics and Management, 60 (2): 94-114.

Sirivongs K, Tsuchiya T. 2012. Relationship between local residents' perceptions, attitudes and participation towards national protected areas: A case study of Phou Khao Khouay National Protected Area, central Lao PDR. Forest Policy and Economics, (21): 92-100.

Snyman S. 2014. The impact of ecotourism employment on rural household incomes and social welfare in six southern African countries. Tourism and Hospitality Research, 14 (1): 37-52.

Steve W. 2004. Protecting the forest or the people: Environmental policies and livelihoods in the forest margins of Southern Ghana. World Development, 32 (11): 1939-1955.

Stronza A, Gordillo J. 2008. Community views of ecotourism. Annals of Tourism Research, 35 (2): 448-468.

Tesfaye Y, Roos A, Campbell B M, et al. 2011. Livelihood strategies and the role of forest income in participatory managed forests of Dodola area in the Bale highlands, southern Ethiopia. Forest Policy and Economics, 13 (4): 258-265.

Turpie J K, Marais C, Blignaut J N. 2008. The working for water programmer: Evolution of a payments for ecosystem services mechanism that addresses both poverty and ecosystem service delivery in South Africa. Ecological Economics, 65 (4): 788-798.

Vedeld P, Cavanagh C J, Jon P J, et al. 2016. The political economy of conservation at Mount Elgon, Uganda: Between local deprivation, regional sustainability, and global public goods. Conservation and Society, 14 (3): 183-194.

Vedeld P, Jumane A, Wapalila G, et al. 2012. Protected areas, poverty and conflicts a livelihood case study of Mikumi National Park, Tanzania. Forest Policy and Economics, (21): 20-31.

Wang C C, Yang Y S, Zhang Y Q. 2011. Economic development, rural livelihoods, and ecological restoration: Evidence from China. AMBIO, 40 (1): 78-87.

Wang H, Wang E Y, Li Z H, et al. 2020. Study on sealing effect of pre-drainage gas borehole in coal seam based on air-gas mixed flow coupling model. Process Safety and Environmental Protection, (136): 15-27.

Witter R, Satterfield T. 2018. Rhino poaching and the "slow violence" of conservation-related resettlement in Mozambique's Limpopo National Park. Geoforum, (6): 10-19.

Wunder S. 2008. Payments for environmental services and the poor: Concepts and preliminary evidence. Environment and Development Economics, (13): 279-297.

Wunder S, Engel S, Pagiola S. 2008. Taking stock: A comparative analysis of payments for environmental services programs in developed and developing countries. Ecological Economics, 65 (6): 834-852.

Wunscher T, Engel S, Wunder S. 2010. Spatial targeting of payments for environmental services: A tool for boosting conservation benefits. Ecological Economics, 65 (4): 822-833.

Yihew B, Zewdu K T, Mengistu U. 2017. Perception and attitude of pastoralists on livestock-wildlife interactions around Awash National Park, Ethiopia: Implication for biodiversity conservation. Ecological Processes, 6 (1): 1-13.

Zheng H, Brian E R, Liang Y C, et al. 2013. Benefits, costs, and livelihood implications of a regional payment for ecosystem service program. Proceedings of the National Academy of Sciences of the United States of America, 110 (41): 16681-16686.

# 附　录

## 自然保护区居民可持续生计的调查问卷

尊敬的先生（女士）：您好！

为了了解自然保护区居民可持续生计的状况，我们将以问卷调查方式对自然保护区当地居民进行访问，因此，需要向您询问一些相关问题。本次调查采取无记名的形式，会充分保护您的隐私权，调查仅用于科学研究，不存在任何商业目的，请您放心填写。您的意愿和观点对本次科学研究具有重要意义，对促进自然保护区居民生计可持续发展具有重要作用。希望能得到您的配合与支持！非常感谢！

### 第一部分：居民的基本情况

1. 您的性别：　　A. 男　　B. 女

2. 您的家庭所在地：__________县（市、区）__________乡（镇、街道）__________村（居委会）

3. 您的年龄：　　A. 18 ~ 30 岁　　B. 31 ~ 50 岁　　C. 51 ~ 80 岁

4. 您的文化程度：　　A. 大专及以上　　B. 高中或中专　　C. 初中　　D. 小学　　E. 文盲

5. 您的家庭成员：家庭成员共__________人，从事生产经营__________人

6. 您在本地的居住情况：　　A. 外来打工　　B. 本地世家　　C. 外地近年迁入

7. 您的居住地位置：　　A. 自然保护区的区内　　B. 自然保护区的区外

8. 您居住地交通状况：　　A. 距离公路近　　B. 距离公路远

9. 您的职业：　　A. 种植业　　B. 林业　　C. 养殖业　　D. 旅游及相关行业　　E. 外出打工　　F. 经商　　G. 上班　　H. 其他

## 第二部分：自然保护区生态保护对居民可持续生计影响

1. 自然保护区实施生态保护之前，您家的农用地情况：（单位：$hm^2$）

A. 耕地：______　B. 果园：______　C. 茶园：______　D. 毛竹：______

E. 烟叶：______　F. 莲子：______

2. 自然保护区实施生态保护之后，您家的农用地情况：（单位：$hm^2$）

A. 耕地：______　B. 果园：______　C. 茶园：______　D. 毛竹：______

E. 烟叶：______　F. 莲子：______

3. 自然保护区实施生态保护之前，您家的畜禽情况：（单位：头、只）

A. 羊：______　B. 牛：______　C. 猪：______　D. 鸡：______

E. 鸭：______　F. 鹅：______

4. 自然保护区实施生态保护之后，您家的畜禽情况：（单位：头、只）

A. 羊：______　B. 牛：______　C. 猪：______　D. 鸡：______

E. 鸭：______　F. 鹅：______

5. 自然保护区实施生态保护之前，您家的房屋情况：（单位：间、$hm^2$）

A. 数量：______　B. 总面积：______ C. 土木房面积：______

D. 砖瓦房面积：______混凝土房面积______

6. 自然保护区实施生态保护之后，您家的房屋情况：（单位：间、$hm^2$）

A. 数量：______　B. 总面积：______ C. 土木房面积：______

D. 砖瓦房面积：______混凝土房面积______

7. 自然保护区实施生态保护之前，您家农用机械和大件家庭用品情况：（单位：件）

A. 拖拉机：______ B. 收割机：______ C. 汽车：______　D. 电视：______

E. 空调：______　F. 电脑：______

8. 自然保护区实施生态保护之后，您家农用机械和大件家庭用品情况：（单位：件）

A. 拖拉机：______ B. 收割机：______ C. 汽车：______　D. 电视：______

E. 空调：______　F. 电脑：______

9. 自然保护区实施生态保护之前，您家人口：______人。

10. 自然保护区实施生态保护之后，您家人口：______人。

11. 自然保护区实施生态保护之前，您的受教育程度：

A. 大专及以上　B. 高中或中专　C. 初中　D. 小学

E. 文盲

12. 自然保护区实施生态保护之后，您的受教育程度：
A. 大专及以上　B. 高中或中专　C. 初中　D. 小学
E. 文盲
13. 自然保护区实施生态保护之前，您的职业：
A. 种植业　B. 林业　C. 养殖业　D. 旅游业
E. 外出打工　F. 经商　G. 上班　H. 其他
14. 自然保护区实施生态保护之后，您的职业：
A. 种植业　B. 林业　C. 养殖业　D. 旅游业
E. 外出打工　F. 经商　G. 上班　H. 其他
15. 自然保护区实施生态保护之前，您家的收入情况：(单位：元)
年收入________________，其中，农业收入________________，非农业收入________________。
16. 自然保护区实施生态保护之后，您家的收入情况：(单位：元)
年收入________________，其中，农业收入________________，非农业收入________________。
17. 自然保护区实施生态保护之前，您家缺钱的时候能否借到钱？
A. 能　B. 不能
18. 自然保护区实施生态保护之前，如果您能借到钱，那么借钱的渠道和用途是：
(1) 渠道：A. 亲朋好友　B. 银行信贷　C. 高利贷　D. 其他
(2) 用途：A. 农业生产　B. 子女入学　C. 看病　D. 房屋翻修
E. 其他
19. 自然保护区实施生态保护之后，您家缺钱的时候能否借到钱？
A. 能　B. 不能
20. 自然保护区实施生态保护之后，如果您能借到钱，那么借钱的渠道和用途是：
(1) 渠道：A. 亲朋好友　B. 银行信贷　C. 高利贷　D. 其他
(2) 用途：A. 农业生产　B. 子女入学　C. 看病　D. 房屋翻修
E. 其他
21. 自然保护区实施生态保护之前，您家有没有政府工作人员或村民代表：
A. 有　B. 没有
22. 自然保护区实施生态保护之后，您家有没有政府工作人员或村民代表：
A. 有　B. 没有
23. 自然保护区实施生态保护之前，若您对村委会决定持不同意见的时候，您态度是：

A. 从来不提　B. 极少提　C. 偶尔提　D. 有时提

E. 总是提

24. 自然保护区实施生态保护之后，若您对村委会决定持不同意见的时候，您态度是：

A. 从来不提　B. 极少提　C. 偶尔提　D. 有时提

E. 总是提

25. 自然保护区实施生态保护之前，您家是否参加生产小组和经济合作组织？

A. 是　B. 否

26. 自然保护区实施生态保护之后，您家是否参加生产小组和经济合作组织？

A. 是　B. 否

27. 自然保护区实施生态保护之前，在村里您可信任人的情况：

A. 没有　B. 较少　C. 一般　D. 较多

E. 几乎全部

28. 自然保护区实施生态保护之后，在村里您可信任人的情况：

A. 没有　B. 较少　C. 一般　D. 较多

E. 几乎全部

29. 自然保护区实施生态保护之前，您家成员从事的生计类型有：（单位：人）

A. 农作物　B. 莲子　C. 烟叶　D. 毛竹

E. 果树　F. 茶叶　G. 旅游相关　H. 外出打工

I. 经商　J. 水产养殖　K. 其他

30. 自然保护区实施生态保护之后，您家成员从事的生计类型有：（单位：人）

A. 农作物　B. 莲子　C. 烟叶　D. 毛竹

E. 果树　F. 茶叶　G. 旅游相关　H. 外出打工

I. 经商　J. 水产养殖　K. 其他

31. 自然保护区实施生态保护对您替代生计选择重要程度的影响：

| 重要程度等级 | 重要 | 较重要 | 一般重要 | 较不重要 | 不重要 |
| --- | --- | --- | --- | --- | --- |
| 旅游业 | | | | | |
| 经商 | | | | | |

续表

| 重要程度等级 | 重要 | 较重要 | 一般重要 | 较不重要 | 不重要 |
|---|---|---|---|---|---|
| 从事特色产业 | | | | | |
| 外出打工 | | | | | |
| 其他 | | | | | |

32. 自然保护区实施生态保护之后，您家的经济收入变化情况如何？

A. 收入提高　　B. 收入降低　　C. 没有变化　　D. 不清楚

33. 自然保护区实施生态保护之后，您参与生态旅游开发而使得收入增加情况是：

________元/（户·年）

34. 自然保护区实施生态保护之后，限制资源利用使您的收入减少情况是：[单位：元/(户·年)]

（1）限制农地利用减少的收入：________

（2）限制林副产品采集减少的收入：________

（3）限制竹木采伐减少的收入：________

（4）限制打猎减少的收入：________

35. 自然保护区实施生态保护，对您的生计产生哪些不利影响？（可多选，按重要性排序）

A. 限制资源利用　　B. 野生动物肇事

C. 旅游收入分配不均　　D. 忽视居民利益

E. 其他

36. 自然保护区实施生态保护，对您的生计产生哪些有利影响？（可多选，按重要性排序）

A. 发展旅游增加收入　　B. 寻找替代产业

C. 寻找替代能源　　D. 提供政策扶持

E. 其他

37. 目前您在生计方面面临问题有：(可多选，按重要性排序)

A. 缺少资金　　B. 缺乏生计技能

C. 生计方式简单　　D. 缺乏生态补偿制度

E. 其他

38. 自然保护区实施生态保护对您生活满意程度的影响：

| 满意程度等级 | 满意 | 较满意 | 一般满意 | 较不满意 | 不满意 |
| --- | --- | --- | --- | --- | --- |
| 生活环境 | | | | | |
| 家庭生活设施 | | | | | |
| 医疗条件 | | | | | |
| 教育条件 | | | | | |
| 其他 | | | | | |

# 第三部分：生态补偿（生态旅游）对居民可持续生计影响

## 一、对居民可持续生计的自然资本影响

您家里的耕地、园地和滩涂等方面情况（“质量”在对应位置打“√”）

| 类型 | 生态补偿（生态旅游）前 | | | | 生态补偿（生态旅游）后 | | | |
| --- | --- | --- | --- | --- | --- | --- | --- | --- |
| | 面积/$hm^2$ | 质量 | | | 面积/$hm^2$ | 质量 | | |
| | | 差 | 中等 | 好 | | 差 | 中等 | 好 |
| 耕地 | | | | | | | | |
| 果园 | | | | | | | | |
| 茶园 | | | | | | | | |
| 毛竹 | | | | | | | | |
| 烟叶 | | | | | | | | |
| 莲子 | | | | | | | | |
| 滩涂 | | | | | | | | |

## 二、对居民可持续生计的物质资本影响

1. 您家所拥有的牲畜情况：

| 牲畜 | 生态补偿（生态旅游）前 | 生态补偿（生态旅游）后 |
| --- | --- | --- |
| 羊 | | |
| 牛 | | |
| 猪 | | |

续表

| 牲畜 | 生态补偿（生态旅游）前 | 生态补偿（生态旅游）后 |
|---|---|---|
| 鸡/鸭/鹅 | | |
| 其他（请注明） | | |

2. 您家所拥有的房屋：

| 房屋情况 | 生态补偿（生态旅游）前 | 生态补偿（生态旅游）后 |
|---|---|---|
| 数量 | | |
| 总面积 | | |
| 土木房面积 | | |
| 砖瓦房面积 | | |
| 混凝土房面积 | | |

3. 生态补偿（生态旅游）前：

您家各种农用机械（例如：拖拉机、收割机等）、大件家庭用品（如手机、汽车、电视、空调、电脑等）有哪些？

______________________________

4. 生态补偿（生态旅游）后：

您家各种农用机械（例如：拖拉机、收割机等）、大件家庭用品（如手机、汽车、电视、空调、电脑等）有哪些？

______________________________

三、对居民可持续生计的人力资本影响

1. 生态补偿（生态旅游）前，您家人口____人；生态补偿（生态旅游）后，您家人口____人。

2. 请将您家的基本情况填入下表（文化程度、职业、健康的内容，根据以下选项选择合适序号填入表内）。

（1）文化程度：A. 大专及以上　B. 高中或中专　C. 初中
D. 小学　E. 文盲

（2）职业：A. 种植业　B. 采集业　C. 旅游及相关行业
D. 外出打工　E. 运输　F. 经商
G. 上班　H. 上学　I. 其他______

（3）健康：A. 好　B. 较好　C. 一般
D. 偶尔生病　E. 经常患病

| 与您关系 | | 性别 | 年龄 | 文化程度 | | 职业 | | 健康 | |
|---|---|---|---|---|---|---|---|---|---|
| | | | | 生态补偿（生态旅游）前 | 生态补偿（生态旅游）后 | 生态补偿（生态旅游）前 | 生态补偿（生态旅游）后 | 生态补偿（生态旅游）前 | 生态补偿（生态旅游）后 |
| 1 | | | | | | | | | |
| 2 | | | | | | | | | |
| 3 | | | | | | | | | |
| 4 | | | | | | | | | |
| 5 | | | | | | | | | |
| 6 | | | | | | | | | |
| 7 | | | | | | | | | |

四、对居民可持续生计的金融资本影响

1. 生态补偿（生态旅游）前，您家的年收入（包含各种补助/补贴）__________元。其中，您家的农业收入__________元，您家的非农业收入__________元。

2. 生态补偿（生态旅游）后，您家的年收入（包含各种补助/补贴）__________元。其中，您家的农业收入__________元，您家的非农业收入__________元。

3. 目前您家的存款情况：（单位：万元）

A. 1.0 以下　　B. 1.0 ~ 3.0　　C. 3.1 ~ 6.0　　D. 6.1 ~ 9.0

E. 9.0 以上

4. 您家缺钱的时候能否借到钱？

| 能/不能 | 生态补偿（生态旅游）前 | 生态补偿（生态旅游）后 |
|---|---|---|
| 不能 | | |
| 能 | | |

5. 如果第4题选“能”，那么借钱的渠道和用途是什么？

| 借钱渠道/用途 | 类型 | 生态补偿（生态旅游）前 | 生态补偿（生态旅游）后 |
|---|---|---|---|
| 借钱渠道 | 亲朋好友 | | |
| | 银行信贷 | | |
| | 高利贷 | | |
| | 其他（请注明） | | |
| 用途 | 农业生产 | | |
| | 子女入学 | | |
| | 看病 | | |
| | 房屋翻修 | | |
| | 其他（请注明） | | |

五、对居民可持续生计的社会资本影响

1. 生态补偿（生态旅游）前，您家庭成员中有没有政府工作人员或村民代表：

A. 有　　B. 没有

2. 生态补偿（生态旅游）后，您家庭成员中有没有政府工作人员或村民代表：

A. 有　　B. 没有

3. 生态补偿（生态旅游）前，若您对村委会决定持不同意见的时候，您的态度是：

A. 从来不提　　B. 极少提　　C. 偶尔提　　D. 有时提

E. 总是提

4. 生态补偿（生态旅游）后，若您对村委会决定持不同意见的时候，您的态度是：

A. 从来不提　　B. 极少提　　C. 偶尔提　　D. 有时提

E. 总是提

5. （1）您的村里是否有生产小组和经济合作组织（不包括佛事活动）？

（2）您家是否参加生产小组和经济合作组织？

| 问题序号 | 选项 | 生态补偿（生态旅游）前 | 生态补偿（生态旅游）后 |
|---|---|---|---|
| 问题（1） | 有（请注明名称） | | |
| | 没有 | | |

续表

| 问题序号 | 选项 | 生态补偿（生态旅游）前 | 生态补偿（生态旅游）后 |
|---|---|---|---|
| 问题（2） | 参加（请注明名称） | | |
| | 不参加 | | |

6. 生态补偿（生态旅游）前，在村里您可信任人的情况如何？

A. 没有　B. 较少　C. 一般　D. 较多　E. 几乎全部

7. 生态补偿（生态旅游）后，在村里您可信任人的情况如何？

A. 没有　B. 较少　C. 一般　D. 较多　E. 几乎全部

8. 生态补偿（生态旅游）前，您家在村里的亲戚____户，生态补偿（生态旅游）后，____户。

六、对居民的生计策略和生计结果影响

1. 您家分别有多少人从事以下工作？收入大概是多少？

| 生计类型 | 从事人数/人 | | 年收入/元 | | |
|---|---|---|---|---|---|
| | 生态补偿（生态旅游）前 | 生态补偿（生态旅游）后 | 生态补偿（生态旅游）前 | 生态补偿（生态旅游）后 | 生态补偿（生态旅游）前后收入变化 |
| 工资性收入 | | | | | |
| 种地（粮食） | | | | | |
| 种植莲子 | | | | | |
| 烟叶 | | | | | |
| 毛竹 | | | | | |
| 果树 | | | | | |
| 茶叶 | | | | | |
| 旅游相关 | | | | | |
| 外出打工 | | | | | |
| 经商 | | | | | |
| 水产养殖 | | | | | |

2. 根据您家的开支情况，填写下面的表格。

| 消费方式 | 消费金额/元 | | |
|---|---|---|---|
| | 生态补偿（生态旅游）前 | 生态补偿（生态旅游）后 | 生态补偿（生态旅游）前后消费变化 |
| 农业投入（种苗、饲料等） | | | |
| 食品 | | | |
| 医疗 | | | |
| 教育 | | | |
| 能源 | | | |
| 有线电视、网络费 | | | |
| 休闲娱乐 | | | |
| 通信 | | | |
| 其他（注明） | | | |

# 第四部分：居民对自然保护区的认知

## 一、居民对自然保护区生态保护的认知

1. 您对自然保护区实施生态保护所持的态度：

A. 支持　B. 较支持　C. 无所谓　D. 较反对　E. 反对

其中：（1）支持的原因：________________

（2）反对的原因：________________

2. 作为当地居民，您是否愿意参与自然保护区生态保护？

A. 愿意　B. 不愿意

3. 您愿意参与自然保护区生态保护的理由？

A. 带来发展机遇　B. 改善人居环境　C. 参与方便

D. 增强责任感　E. 其他

4. 您不愿意参与自然保护区生态保护的理由？

A. 对自身利益带来不了帮助，带来不了实惠　B. 个人能力不足

C. 个人年事已高　D. 管理机构不支持　E. 没有法律保障

F. 其他

5. 您觉得自然保护区生态保护对您所在地区的生态环境影响情况如何？

A. 影响大　B. 较大　C. 一般　D. 较小　E. 没影响

6. 您是否知道自然保护区主要保护物种？

A. 是　　B. 否　　C. 不清楚

7. 您是否知道自然保护区生态保护的法律法规？

A. 是　　B. 否　　C. 不清楚

8. 您认为自然保护区实施生态保护使得野生动物数量有何变化？

A. 增加　　B. 减少　　C. 不清楚

9. 您认为您自身生态保护意识如何？

A. 强　　B. 较强　　C. 一般　　D. 较弱　　E. 弱

10. 您对自然保护区生态保护政策的认知：

| 生态保护政策 | 满意 | 较满意 | 一般满意 | 较不满意 | 不满意 |
|---|---|---|---|---|---|
| 能源替代 | | | | | |
| 天然林保护 | | | | | |
| 生态补偿 | | | | | |
| 退耕还林 | | | | | |
| 其他 | | | | | |

11. 您对自然保护区生计发展政策的认知：

| 生态保护政策 | 重要 | 较重要 | 一般重要 | 较不重要 | 不重要 |
|---|---|---|---|---|---|
| 生态旅游 | | | | | |
| 替代生计 | | | | | |
| 生计技能培训 | | | | | |
| 生态补偿 | | | | | |
| 其他 | | | | | |

## 二、居民对自然保护区生态旅游的认知

1. 您对自然保护区发展生态旅游所持的态度：

A. 支持　　B. 较支持　　C. 无所谓　　D. 较反对　　E. 反对

其中：（1）支持的原因：______________________

（2）反对的原因：______________________

2. 您是否参与自然保护区生态旅游：

A. 是　　B. 否

3. 您如果选择“B”，那么，您认为其原因是：

A. 文化程度低　　B. 年龄大
C. 家庭劳动力健康程度低　　D. 家庭缺乏劳动力
E. 旅游政策了解度低　　F. 距离景区和公路较远
G. 缺乏资金支持　　H. 无政府帮忙

4. 您如果选择“A”，那么，请您回答以下问题：

（1）您参与自然保护区生态旅游主要源于：
A. 响应政府号召　　B. 自己主动行为
C. 政府物质奖励　　D. 政府强迫行为
E. 其他

（2）您参与自然保护区生态旅游的方式：
A. 农家乐　　B. 导游　　C. 旅游商品
D. 娱乐项目　　E. 其他

（3）您一年中生态旅游经营时间为：
A. 少于1个月　　B. 1～3月　　C. 4～6月
D. 7～9月　　E. 多于9个月

（4）您认为您参与生态旅游经营属于：
A. 领先水平　　B. 中上等　　C. 中等水平
D. 中下等　　E. 下等水平

（5）您认为当地生态旅游可持续发展应该采取什么样措施：
A. 政府加大投入　　B. 加强政策宣传
C. 强化生态环境保护　　D. 改善生态旅游产品
E. 扩大生态旅游规模　　F. 其他（请注明）____________

5. 促进（限制）您发展生态旅游经营的因素：
A. 文化程度较高（低）　　B. 距离景区较近（远）
C. 距离公路较近（远）　　D. 家中劳动力较多（少）
E. 旅游政策的知晓度较高（低）　　F. 资金支持度高（低）
G. 有（没有）老人帮忙　　H. 有（无）小孩的帮忙
I. 亲戚关系比较好（差）　　J. 邻里关系比较好（差）
K. 参与旅游培训较多（少）

## 三、居民对自然保护区生态补偿的认知

1. 自然保护区建设和管理给您造成的损失［单位：元/(户·年)］：

（1）退耕还林（湿）造成的损失：
A. 1000以下　　B. 1000～1500　　C. 1501～2000

D. 2001 ~ 2500　　E. 2500 以上

（2）野生动物对家畜和作物破坏造成的损失：

A. 300 以下　　B. 300 ~ 400　　C. 401 ~ 500

D. 501 ~ 600　　E. 600 以上

（3）限制狩猎造成的损失：

A. 400 以下　　B. 400 ~ 500　　C. 501 ~ 600

D. 601 ~ 700　　E. 700 以上

（4）限制采药造成的损失：

A. 550 以下　　B. 550 ~ 650　　C. 651 ~ 750

D. 751 ~ 850　　E. 850 以上

（5）限制林木采伐造成的损失：

A. 750 以下　　B. 750 ~ 850　　C. 851 ~ 950

D. 951 ~ 1050　　E. 1050 以上

（6）限制放牧造成的损失：

A. 500 以下　　B. 500 ~ 600　　C. 601 ~ 700

D. 701 ~ 800　　E. 800 以上

（7）限制采集薪材造成的损失：

A. 450 以下　　B. 450 ~ 550　　C. 551 ~ 650

D. 651 ~ 750　　E. 750 以上

2. 您认为居民损失是否应该采取生态补偿措施？

A. 应该　　B. 不应该　　C. 不清楚

3. 这些限制资源利用造成损失有生态补偿措施吗？

A. 有　　B. 没有　　C. 不清楚

4. 您对自然保护区生态补偿政策的了解程度：

A. 了解　　B. 较了解　　C. 一般

D. 较不了解　　E. 不了解

5. 您接受过由于保护资源环境而给予的生态补偿吗？

A. 是　　B. 否　　（若“是”，请回答 6 ~ 11；若“否”，跳至 12）

6. 您家是从哪一年开始接受的生态补偿？ __________年

7. 您接受的生态补偿费是由谁支付的（可多选，按重要性排序）？

A. 中央政府　　B. 地方政府　　C. 企业

D. 公司　　E. 其他

8. 支付方是否定期按时支付生态补偿

A. 是　　B. 否

9. 支付方的生态补偿方式是什么？

A. 现金补偿　　B. 实物补偿　　C. 技术补偿

D. 政策补偿　　E. 其他

10. 您认为，当地政府对生态补偿进行监管的程度如何？

A. 严格　　B. 较严格　　C. 一般

D. 较不严格　　E. 不严格

11. 您是否对支付方的生态补偿行为进行建议、监督和举报？

A. 是　　B. 否

若“否”，原因是：

$B_1$. 文化程度低　　$B_2$. 没有途径

$B_3$. 信息不公开　　$B_4$. 其他

12. 您是否愿意接受生态补偿？

A. 是　　B. 否

13. 您愿意接受的生态补偿方式有（可多选，按重要性排序）：

A. 现金补偿　　B. 实物补偿　　C. 技术补偿

D. 政策补偿　　E. 其他

14. 您认为生态补偿政策对自然保护区生态环境改善的作用情况：

A. 作用大　　B. 作用较大　　C. 作用一般

D. 作用较小　　E. 没作用

15. 您认为自然保护区生态补偿费应该由谁支付（可多选，按重要性排序）？

A. 中央政府　　B. 地方政府　　C. 企业

D. 公司　　E. 其他

16. 您认为生态补偿费应该以什么方式支付（可多选，按重要性排序）？

A. 现金　　B. 财政补贴　　C. 税费减免

D. 实物　　E. 其他

17. 您认为生态补偿实施中存在问题有哪些？

A. 补偿不全面　　B. 补偿金额过低　　C. 补偿方式不合理

D. 政策落实不到位　　E. 政府监管不力　　F. 其他

18. 您希望得到哪些帮助（可多选，按重要性排序）？

A. 完善补偿制度　　B. 补偿方式多样化　　C. 提高补偿金额

D. 落实补偿政策　　E. 政府严格监管　　F. 生态移民安置

G. 其他

感谢您对我们调查工作的支持和配合！